用于国家职业技能鉴定

国家职业资格培训教程

YONGYU GUOJIA ZHIYE JINENG JIANDING · GUOJIA ZHIYE ZIGE PEIXUN JIAOCHENG

物流员

（国家职业资格四级）

WULIUYUAN （第2版）

编审委员会

主　任　刘　康
副主任　张亚男
委　员　（按姓氏笔画排列）
　　　　王　东　冯天相　刘　伟　刘永澎
　　　　张　伟　张健雄　陈　蕾　周　岳
　　　　周海明　姚宗明　顾　青

编审人员

主　编　周　岳
编　者　顾　青　张健雄　周　岳　王　东
　　　　姚宗明　冯天相　纪寿文
主　审　顾　青

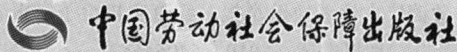
中国劳动社会保障出版社

图书在版编目(CIP)数据

物流员：国家职业资格四级/中国就业培训技术指导中心组织编写.—2版.—北京：中国劳动社会保障出版社，2013
　　国家职业资格培训教程
　　ISBN 978-7-5045-6450-4

Ⅰ.①物… Ⅱ.①中… Ⅲ.①物流-物资管理-技术培训-教材 Ⅳ.①F252

中国版本图书馆CIP数据核字(2013)第198868号

中国劳动社会保障出版社出版发行
(北京市惠新东街1号 邮政编码：100029)
出 版 人：张梦欣

*

三河市华骏印务包装有限公司印刷装订 新华书店经销
787毫米×1092毫米 16开本 12.75印张 269千字
2013年9月第2版 2020年9月第11次印刷
定价：25.00元

读者服务部电话：(010) 64929211/84209101/64921644
营销中心电话：(010) 64962347
出版社网址：http://www.class.com.cn

版权专有　　侵权必究

如有印装差错，请与本社联系调换：(010) 81211666
我社将与版权执法机关配合，大力打击盗印、销售和使用盗版图书活动，敬请广大读者协助举报，经查实将给予举报者奖励。
举报电话：(010) 64954652

前　言

为推动物流师职业培训和职业技能鉴定工作的开展，在物流从业人员中推行国家职业资格证书制度，中国就业培训技术指导中心在完成《国家职业标准·物流师（2004年版）》（以下简称《标准》）制定工作的基础上，组织参加《标准》编写和审定的专家及其他有关专家，编写了《国家职业资格培训教程·物流师》（以下简称《教程》）。

《教程》紧贴《标准》，内容上，力求体现"以职业活动为导向，以职业能力为核心"的指导思想，突出职业培训特色；结构上，针对物流师职业活动的领域，按照模块化的方式，分物流员、助理物流师、物流师、高级物流师4个级别进行编写的。《教程》的基础知识部分内容覆盖《标准》的"基本要求"；技能部分的章对应于《标准》的"职业功能"，节对应于《标准》的"工作内容"，节中阐述的内容对应于《标准》的"技能要求"和"相关知识"。

《国家职业资格培训教程·物流员》适用于对物流员的培训，是职业技能鉴定的指定辅导用书。

中国物流与采购联合会的有关专家对本书的编写提出了宝贵意见，在此一并致谢。

由于时间仓促，不足之处在所难免，欢迎读者提出宝贵意见和建议。

中国就业培训技术指导中心

第 2 版说明

物流被称为第三利润源泉,物流产业的良性发展有力地支持着其他行业的快速发展,是整个社会经济运行的润滑剂,物流产业的发展水平已成为决定一个国家和地区的综合竞争力和生产力发展水平的重要指标。随着我国经济的持续快速发展,物流产业也蓬勃兴起,国内对物流人才的需求量也越来越大。

物流师国家职业资格培训教程(以下简称"老版教程")于2005年出版,迄今已经使用了八年多。在这段时间内,全国物流师培训工作蓬勃开展,积累了许多有用的经验,但还存在一些问题。为了使物流师职业培训和鉴定适应社会各方面的新的要求,而现有的老版教程较难适应物流师实际培训和鉴定的要求,修订迫在眉睫。

一、修订原因

1. 适应物流产业发展的需要

近几年,随着物流产业的发展,物流服务的内容有了一些变化,形成了一些新的物流服务领域和项目(如物联网业务、对物流业务新的阐述等),也淘汰了一些旧的业务(如取消了铁路零担业务),这些都必须在教程中体现出来,才能适应现阶段社会对物流人才的需要。

2. 适应物流宏观管理改革的需要

国家行政机构改革,引起了物流业宏观管理制度和方法的改变,物流服务范围和内容都发生了一些变化,教学内容也应作相应调整,才能跟上经济发展的需要。

3. 培训教材逐步完善的需要

通过这八年来的实际教学和培训工作,参加物流师培训工作的教师和学员在使用过程中发现老版教程的内容、结构存在一些不合理和失误之处。例如当时在编写过程中,限于篇幅,对相关内容,尤其是技能要求方面,没有作相应的展开,更没有作实例阐述,影响了考生对基本概念的理解,也影响了相关技能的培训。另外,老版教程中存在一些文字方面的错误,存在章节方面缺乏系统性和科学性的问题,有必要作一些细腻的调整与处理。

二、修订原则

本次修订主要应把握以下几点原则:

1. 修订教程以物流师国家职业标准(2004年版)为依据,应涵盖国家职业标准中的所有能力要求和知识要求。

2. 尽量增加能力要求中的案例和例题,以增强读者的操作能力。

3. 全书尽可能体现现代物流领域的新鲜科技成果。
4. 本着保持原有模块的原则进行修改。

三、修订内容

职业功能	修订内容	涉及级别
基础知识	增加了物联网、供应链、RFID及应用、EDI、配送的有关法律等内容	各级别
采购	增加采购预算、采购结算、采购市场调查方法、采购市场预测方法、采购和付款业务控制、认证需求计算、投标资格预审等内容	各级别
仓储	增加货运记录编制、数量与质量检验的范围、垫垛、苫盖、公共仓库或合同仓库仓储业务的监控、仓储合同范例、合理库存量的确定和管理、商品保管场所的选址、仓库内部空间决策、物流金融、订货方式的选择、仓储费报价策略等内容	各级别
配送	增加配送中心的类型、DRP的编制、配送运营成本管理、共同配送、基准化管理等内容	各级别
运输	增加汽车货物运输变更、取消合同应办理的手续、运输调度方法、配载运输等内容。删去铁路零担业务的内容	各级别
生产物流	增加以TOC理论为依据的生产物流管理模式、生产物流管理模式的发展等内容。对章节结构进行调整	各级别
国际物流	增加场站收据、国际多式联运货物责任制等内容。对章节结构进行调整	各级别
信息管理	增加地理信息系统在物流中的应用、物流信息系统项目开发等内容。对章节结构进行调整	各级别
培训	增加培训的作用、培训的需求分析等内容	物流师和高级物流师

教材编写永无止境，尽管改版中已做了最大努力，但仍会存在瑕疵，希望使用教材的相关机构、院校和个人读者及时反馈信息，以便教材日臻完善。

目 录

CONTENTS 国家职业资格培训教程

第1章　物品采购 …………………………………………………（1）
　第1节　采购概述 ………………………………………………（1）
　第2节　采购作业执行 …………………………………………（7）
　第3节　采购单证 ………………………………………………（21）

第2章　仓储管理 …………………………………………………（26）
　第1节　商品入库作业 …………………………………………（26）
　第2节　仓储装卸搬运作业 ……………………………………（35）
　第3节　储存作业 ………………………………………………（41）
　第4节　盘点与检查作业 ………………………………………（53）
　第5节　出库作业 ………………………………………………（56）
　第6节　单据制作 ………………………………………………（60）

第3章　配送管理 …………………………………………………（68）
　第1节　配送概述 ………………………………………………（68）
　第2节　分拣作业 ………………………………………………（76）
　第3节　配货作业 ………………………………………………（81）
　第4节　送货作业 ………………………………………………（86）
　第5节　流通加工 ………………………………………………（89）
　第6节　配送单据 ………………………………………………（91）

第4章　运输管理 …………………………………………………（94）
　第1节　运输概述 ………………………………………………（94）

第2节　货物运输作业程序 ……………………………………………………（99）
第3节　集装箱运输作业 …………………………………………………………（112）
第4节　散装及托盘化运输作业 …………………………………………………（115）
第5节　特殊货物运输作业 ………………………………………………………（117）
第6节　运输装卸搬运作业 ………………………………………………………（119）

第5章　生产物流管理 …………………………………………………………（122）

第1节　生产物流 …………………………………………………………………（122）
第2节　物料管理 …………………………………………………………………（138）

第6章　国际货运管理 …………………………………………………………（147）

第1节　国际海上运输实务基础 …………………………………………………（147）
第2节　国际海运主要单证制作 …………………………………………………（152）
第3节　国际航空与铁路运输单证制作 …………………………………………（158）
第4节　国际多式联运方式及单证制作 …………………………………………（165）

第7章　物流信息采集与处理 …………………………………………………（171）

第1节　物流信息采集技术 ………………………………………………………（171）
第2节　POS系统应用 ……………………………………………………………（179）
第3节　物流信息交换、跟踪技术 ………………………………………………（182）
第4节　物流信息系统 ……………………………………………………………（184）

第8章　物流英语专业术语 ……………………………………………………（187）

第1章 物品采购

第1节 采购概述

一、采购的概念

1. 采购的定义

采购是在一定的时间、地点条件下通过交易手段,实现从多个备选供应商中,选择购买能够满足自身需求的原材料和商品的活动过程。

2. 采购的分类

(1) 按照采购的地域范围分为国内采购和国际采购。

1) 国内采购是企业在国内市场采购所需物品的一种行为。国内采购又分为本地市场采购和外地市场采购两种。国内采购可以直接刺激国内需求,拉动国内投资。

2) 国外采购是国内企业直接向国外厂商采购所需物品的一种行为。国外采购的对象为国内暂时无法生产的产品或国外产品价格占明显优势的产品。

(2) 按照采购的时间分为长期合同采购和短期合同采购。

1) 长期合同采购指采购商和供应商通过合同,在1年以上较长的期限内,保持稳定的交易关系。在合同期内,采购方承诺在供应方采购其所需产品,供应方则保证采购方在数量、品种、规格、型号等方面的需要。长期合同采购的供需关系稳定,主要适用于采购方需求量大、需求连续不断的情况。

2) 短期合同采购是指采购商和供应商通过合同实现一次交易,以满足生产经营活动的需要。短期采购双方之间关系不稳定,采购产品的数量、品种随时变化,对采购方来讲有较大灵活性，能够依据变化的市场环境调整供应商。

（3）按照采购对象性质分为有形品采购和无形服务采购。

1）有形物品采购包括：机械设备采购、原材料采购、零部件采购。

2）无形服务采购包括：技术采购、服务采购、工程发包。

（4）按照采购的方式分为议价采购、招标采购和比价采购。

1）议价采购是指由买卖双方直接讨价还价实现交易的一种采购行为，一般不进行公开竞标，而是向固定的供应商直接采购。议价采购时，首先由采购人向供应商分发询价表，邀请供应商报价。如果供应商的报价基本达到预期价格标准，即可签订采购合同，完成采购活动。议价采购主要适用于需求量大、质量稳定、定期供应的大宗物资的采购。

议价采购可节省采购费用和时间，采购时可依据环境变化，对采购规格、数量和价格进行灵活调整，易于和供应商建立稳定的互惠互利关系。但是，议价采购由于缺乏公开性和竞争性，采购价格往往较高。在实际操作中，应该尽量掌握供应商的信息，选择质量优、信誉度高、价格合理的企业为供应商。

2）招标采购是指通过公开招标的方式进行物资和服务采购的一种行为。招标采购时，采购人将采购的所有条件（如货品名称、规格、品质要求、数量、交货期、付款条件、处罚规则、投标押金、投标资格等）详细列明，刊登公告。投标供应商按公告的条件，在规定时间内交纳投标押金，参加投标。招标采购按规定必须有三家及以上供应商进行报价、投标方得开标。开标后，由招标人对投标人所提出的价格、质量、技术水平、交货期限和该投标人的财务状况等因素进行综合评价，确定其中最佳的投标人为中标人，并与其签订合同。招标采购主要适用于需求量大且标准化的产品，或者高技术产品，如计算机、通信产品等。

招标采购主要的特点是公开性，凡符合资质的企业均有权参加投标，有利于做到采购工作的公开、公正、公平，有利于提高采购货品的质量和降低采购货品的价格。招标采购的采购工作组织复杂，运作成本高。在实际操作中应该注意严格遵守采购程序，严防招标底价泄密，做好文档整理和保管工作，防止供应商合谋或者抢标。

3）比价采购是在保证产品质量的前提下，降低采购成本，实行优质优量、优价优量的采购方式。比价采购工作必须遵循"公开、公正、公平"的市场竞争原则。

①比价采购的具体形式

a. 比价定量采购方式。是指对参加比质比价的产品，通过比价确定供货份额，实行优价优量的采购方式。

b. 混合式比质比价采购方式。是指参加比质比价的产品，对其分承包方从技术开发能力、质量保证能力、产品实物质量、交付保证能力、服务质量、价格水平、资金承受能力等方面进行综合评价，通过组合式的比质比价，确定供货量所占比例的采购方式。

c. 扩点比质比价采购方式。是指在公司认证的合格分承包方之外的分承包方，能够生产相关产品并按本公司规定程序通过验证合格，通过优胜劣汰的比质比价，确定供货量所占比例的采购方式。

②比价采购的评选程序

a. 由采购部针对要进行比质比价的产品，向符合参选条件的潜在分承包方发出比质比价采购竞价通知单。

b. 召开评选大会前，采购部技术室会同技术开发部负责完成对各参选分承包方的技术开发能力的打分；会同质量部负责完成对各分承包方质量保证能力以及实物质量的打分；采购部计划室会同财务管理部、生产制造部负责完成对分承包方的交付质量的打分。

c. 采购部在收到分承包方的报价通知书后，根据所定时间和地点以公开方式主持召开评选大会，现场开封各参选分承包方的报价通知书。

d. 评选会邀请本公司技术开发部、质量部、财务管理部、生产制造部、纪委的相关人员和参选方代表参加。

e. 会议主席宣布评委名单，并举手通过评委人选。

f. 由监书人检查各分承包方报价通知书的密封情况，经参选方代表确认无误后，唱书人宣读报价通知书，同时公布参选产品的价格及产品开发能力、质量保证能力、实物质量水平及交付质量的评分结果。

g. 由会议评委根据有关评选原则和供货比例的确定原则进行现场评选，确定中选分承包方及其供货比例。

h. 评选大会后书面公布评选结果，并通报所有参选分承包方。

3. 采购的目标和原则

采购的目标和原则为：在确保适当质量的前提下，以合适的价格采购具有合适数量的产品和服务，并在合适的时间交付到合适的地点，即"5R"。

（1）合适的质量（Right Quality）

质量可认为是对规定的规格和性能的满足，当产品或者服务达到一定的规格和性能时，可认为质量合格。产品或服务的质量是采购的基础因素，因为如果所采购的产品或服务的质量不合适，则不能满足企业生产的质量标准要求。

保证质量应该做到"适当"，如果产品质量过高，会加大采购成本，同时也造成功能过剩；如果所采购原材料质量太差，就不能满足企业生产对原材料品质的要求，会影响到最终产品质量，甚至会危及人民生命财产安全。

所以既要保证采购物品能够达到生产或经营所需要的质量标准，又要做到质量适度。

（2）合适的价格（Right Price）

采购价格的高低是影响采购成本的主要因素，采购中能够做到以"合适的价格"购买到高质量产品或服务是采购的重要任务。采购价格应该做到"公平合理"，因采购价格过高，就会加大采购方的生产成本，会降低产品的竞争力，供应商虽然可赚得一时的利润，但易失去采购客户，不利于形成长久供需关系；如果采购价格过低，供应商利润空间小，或无利可图,将会影响供应商的供货积极性,甚至出现以次充好、降低产品质量以维持供应,时间稍长,采购方将失去一个供应商。

所以,一个合适的价格往往要经过以下几个环节的努力才能获得:首先要了解供应商的报价情况,这不仅要求现有供应商报价,还应该要求一些新供应商报价。获得多渠道的报价后,了解该物品的市价,与企业的预算进行比较。采购人员还要将不同供应商报价中的条件详细分析比较后,得到真实可信的比较结果。然后和供应商协商价格,筛选出价格最适当的2~3个供应商。最后以双方均可接受的价格作为日后的正式采购价格。

(3) 合适的数量(Right Quantity)

货品采购数量直接影响到库存量以及生产和销售的持续进行。在采购中要防止超量采购和少量采购。采购量过大,易出现积压现象;采购量小,可能出现供应中断、采购次数增加,使采购成本增大。

对于较大数量的采购,供应商往往提供一定的价格折扣,但是较大的采购量同样会使库存量和库存成本增加。较大的采购数量获得的折扣价格所带来的好处需要与维持增加的库存所带来的成本相平衡,可按照"经济订购批量"或"拉动式订货量"来进行实际的计算。

在及时掌握需求量的基础上,执行各类物品的库存管理策略,科学确定订货批量和安全库存。

(4) 合适的时间(Right Time)

采购时要选择适当的采购时间,既要保证供应不间断、库存合理,又不能过早采购而出现积压,占用过多的生产资金和仓储面积,加大库存成本。

采购时间受到采购前置期的影响。前置期是指从申购产品或服务到产品进库验收完毕或服务开始的时间。具体包括:采购者确定产品或服务的需求到发出完整的采购订单的时间,供应商完成采购订单所占用的时间,采购产品运达采购者的运输时间,产品验收时间等。

采购要充分利用采购提前期来统筹规划采购物流,合理组织运输,降低运输费用;控制物品在需要时到达,直接送到需要的地方,将库存变成"工作流",既提高了仓库容积的利用率,又提高了物品周转率;减少装卸搬运活动,降低企业采购成本。

(5) 合适的地点(Right Place)

包括合适的供应商的地点和合适的送货地点。供应商离采购者越近,运输费用就越低,机动性就越高,协调沟通就越方便,采购成本自然就越低。

如果采购者需要在多个地点使用同一个供应商的产品,那么就需要决定组织配送的最佳途径。一种方法是,如果采购者有一个中心仓库以及一套内部配送系统,那么供应商只需提供一次整装运输,将货品送到采购者的中心仓库,再由采购者负责按不同要求配送;另一种方法是,采购者可以要求供应商向不同地点进行配送。

在实际的采购作业中,"5R"有时还会存在"效益背反"的情况,企业只有综合考虑才能实现最佳采购,这需要采购者在长期的实际操作中积累经验。

4. 采购制度

(1) 集中制采购制度

集中制采购制度即企业将采购工作集中于一个部门办理。

1) 优点。可以统筹规划供需，避免各自为政产生过多的存货；采购批量大，价格优惠；统一管理，各部门可以相互转用、节约成本等。

2) 缺点。采购流程时效性较差，零星、地域性及紧急采购状况难以适应；采购与使用分离，采购绩效比较差，非共同性物料集中采购并无数量折扣利益。

3) 适用条件。企业产销规模不大，采购量比较小；企业各部门及工厂集中，对采购无因地制宜的要求；企业产品的品种大同小异，集中采购可达到"以量限价"的效果。

集中采购适用的商品对象为：大宗或批量物品、价值高或总价大的物品；关键零部件、原材料；保密程度高，产权约束多的物品；易出问题或已出问题的物品；最好是定期采购物品，以免影响决策中的正常工作。

(2) 分散制采购制度

分散制采购制度即企业将采购工作分散给各需求部门自行办理。一般适用于企业规模比较小、工厂比较分散的区域；另外，在生产设备、贮藏设施、社区的经济责任等方面具有独特的差异性时，采用分散制为宜。

分散采购适用的商品对象为：小批量、单件、价值低，总支出在产品经营费用中所占比重小的物品；分散采购优于集中采购的物品；市场资源有保证、易于送达、较低物流费用的物品；分散采购后，各基层有这方面的采购与检测能力的物品。

(3) 混合制采购制度

混合制采购制度即兼取集中、分散制的优点而成。凡属于共同性物料、采购金额比较大、进口物资等均集中由企业总部的采购部办理；而采购金额小，属因地制宜的、临时性的采购，则授权子企业或分厂执行。

二、采购计划的概念

1. 采购计划的定义

采购计划是指企业根据市场变化的需要，通过各种渠道和方式，向其他企业采购原材料、零部件和产品，以保证计划期内生产或销售等活动正常进行的一种业务计划。

2. 采购计划的分类

采购计划一般可分为独立需求采购计划和非独立需求采购计划两种。

(1) 独立需求采购计划

独立需求采购计划是针对独立需求的物料而制定的采购计划，这种物料的需求与其他物料的需求没有关联，并不是从其他物料的需求中派生出来的需求。

(2) 非独立需求采购计划

非独立需求采购计划是针对非独立需求的物料而制定的采购计划，这种物料的需求与其他物料的需求有关联，或者是从其他物料的需求中派生出来的需求。

3. 采购计划的主要内容

采购计划的主要内容包括：采购认证计划、订单计划、采购预算。采购计划的重点在于确定在什么时间采购、采购多少物料。

（1）采购认证计划

采购认证过程是供应商样件及小批量试制过程及检验过程，采购认证计划所需的资料包括：认证计划说明书（认证物料项目的名称、认证物料数量、认证周期）、开发需求计划、余量需求计划、认证环境资料等。采购认证计划编制的流程如下：

接受开发批量需求→准备环境资料和认证计划说明书→分析与确定开发批量需求、余量需求和认证需求→计算总体认证容量、承接认证量和剩余认证容量→综合平衡需求与容量→确定认证计划。

认证物料数量＝开发样件需求数量＋检验测试需求数量＋样品数量＋机动数量

开始认证时间＝需求认证结束时间－认证周期－缓冲时间

（2）订单计划

订单计划资料包括订单环境资料和订单计划说明书。包括：物料名称、需求数量、到货日期；订单物料的供应商信息；订单比例信息，对多家供应商的物料来说，每个供应商分摊的订单比例；最小包装信息；订单周期（从下单到交货的时间间隔，以天为单位）；附市场需求计划、生产需求计划、订单环境资料等。

采购订单计划应根据市场销售（要货）计划、生产加工计划、实际采购能力以及相关的因素来制定，其步骤流程如下：

接受市场需求或生产物料需求→准备订单资料→分析与确定市场需求和生产需求→计算订单容量→综合平衡需求量和订单容量→制定订单计划。

下单数量＝生产需求量－计划入库量－现有库存量＋安全库存量

下单时间＝要求到货时间－认证周期－订单周期－缓冲时间

（3）采购预算

零售企业的采购预算主要是商品预算和费用预算，相对较简单。制造业采购预算需要涉及原材料、零部件和设备。影响采购预算编制的因素有：物料标准成本的设定、生产效率、预期价格等。

三、采购人员的工作职责

1. 采购员的工作职责

采购员的工作职责包括订购单的下达、物料交货期的控制、材料市场行情的调查、查证进料的品质和数量、进料品质和数量异常的处理、与供应商有关交货期和交货量等方面的沟通协调。

2. 采购文员的工作职责

采购文员的工作职责主要有：各种采购单据与报表的收集、整理与统计；采购品质记录的保管与维护；采购事务的传达等。

第 2 节 采购作业执行

一、采购作业流程

1. 确认需求

要实施采购就一定要搞清楚采购需求，好的采购需求能够合理、客观反映采购物品的主要特征，符合适用原则、非歧视原则，并能够切合市场实际。

确认需求，即在采购之前应该先确定买哪些物料、买多少、何时买、由谁决定等。

任何采购都产生于企业中某个部门确切的需求，有些采购申请来自生产或使用部门，有些采购申请来自销售、广告部门或实验室。通常，不同的部门会使用不同的采购单，但是在尽可能的情况下应该统一采购申请单，并给不同的部门编上各不相同的数字代码。

物料申购单见表1—1，包括以下内容：日期、编号、申请部门、涉及的金额、所需物料的完整描述、所需数量、需要日期、特殊的发送说明、授权申请人的签字等。

表 1—1　　　　　　　　　　　　物料申购单

制造单号：　　　　　　　申购单号：　　　　　　　申购日期：　　年　月　日

产品名称			生产数量			生产日期			
序号	材料名称	规格	标准用量	库存数量	本批采购数量	申购数量	批准数量	备注

批准人：　　　　　　　　　　　　　　　　　　　　　　　　　　　　　申购人：

2. 需求描述

需求描述是对所需的货品或服务的细节，如性能、功能、体积、符号、标志、工艺与方法等技术规格，数量、包装、售后服务、运输及检验方式等加以明确说明，其中，技术规格一方面反映了采购的要求,对预算单位而言,这种要求往往是一种基本要求,另一方面技术规格也是对供应商的评审依据,以便使货源选择及价格谈判等工作能顺利进行。

用来描述所需货品或服务的文字应该统一。为了避免误解可制定合适的货名手册,列出经常购买货品的名称。确保词汇统一性的一个最有效方法是在采购部门保留总目录和库存目录,总目录列出所有使用的项目,而库存目录包括所有在库的货品。这些目录可以做成活页或是制成卡片,或者在计算机中建立数据库。这类目录对于企业中货品描述的一致性会有很大的推动作用,也有助于减少采购申请中出现异常的尺寸或等级要求,并且还能方便会计和仓储部门的工作。

(1) 产品规格描述

1) 品牌或者商标。品牌是用以识别销售者的产品或服务,并使之与竞争对手的产品或服务区别开来的商业名称及其标志,通常由文字、标记、符号、图案和颜色等要素或这些要素的组合构成。

2) 样品。样品可以是印刷的目录(用于评价颜色、版式、纸张质量等),或者是图案(用于评价颜色和布料质量等)。关键问题是确保随后的供应与最初提供的样本相同。

3) 技术规格。包括必需的性能、物理特性(尺寸、强度等)、详细设计、原材料、制造产品或服务的程序/方法、维修要求、操作要求等。

4) 设计规格/图样。包括尺寸、原材料、容许公差、生产工艺等内容。

5) 成分规格。包括原材料各成分的比例搭配等。

6) 功能规格。包括要实现什么、工作环境、操作环境、可用的公用设施的详细资料、界面细节、质量水平、安全水平、衡量绩效的准则。

(2) 服务规格

服务规格主要包括:所提供服务的详细资料,连同可能的客观措施;服务提供的时间和地点;经认可的提供服务的人员姓名;在正常环境下以及紧急情况下所要求的响应时间;支持和备用安排;所需的文件等。

3. 选择供应来源

根据需求说明在原有供应商中选择业绩良好的厂商,通知其报价,或以登报公告等方式公开征求。供应商的选择包括供应商寻找、调查和选择等过程。

(1) 供应商寻找

1) 供应商的信息收集。可通过各种渠道,如互联网、电话簿、商业报纸杂志、工商名录、朋友介绍、同行探讨、广告等方式获取供应商的初步信息,并建立供应商档案。也可通过商品目录、行业期刊、商业介绍和销售代表来寻找供应商及其货物的较详细信息。还可以利用政府统计报告、企业协会、行业协会、商品订货会、产品展销会、产品发布会等官方或民间的信息来源。

2) 供应商的查询。企业收集了供应商信息之后,应从其中选择较适合与企业长期合作的供应商进行查询。查询时要注意以下要点：

①应该有计划、有步骤地将企业对物料需求的有关条件提供给供应商了解，如物料名称、规格、包装要求、品质要求及不良品处理、数量、时间、交货地点、运输要求及费用承担、付款条件等。

②在与供应商接触的过程中，应要求对方提供下列资料：企业简介、产品范围、名录、规格、测试指标说明、价格构成表等，必要时可要求提供样品进行认定。

3) 供应商的筛选。企业应将从供应商处查询到的信息整理成供应商条件比较表，进行初步筛选，从中选出一批供应商作为供应商的调查、评审与开发用。筛选供应商应综合考虑以下因素：价格、品质、保证能力、交货、生产能力、服务质量、财务状况、采购条件、技术指导、售后服务等。

(2) 供应商调查

对供应商的调查可以采取直接访问法，例如发放问卷、面谈、要求供应商提供相关资料。直接访问法的优点是调查有深度、直接性强、灵活性强、准确性强、拒答率低，缺点是调查时间长、成本高、调查质量易受诸多因素干扰。对供应商还可以进行实地考察等方式。这种方法的优点是自然、客观、准确、直接、简单、易行，缺点是时间长、费用高、观察深度不够、限制性较大。在实际操作中，往往把这些方法结合起来使用。

1) 对供应商调查的内容

①材料供应状况。包括产品所用原材料的供应来源、材料的供应渠道是否畅通、原材料的品质是否稳定、供应商在原料来源发生困难时应变能力的高低等。

②专业技术能力。如技术人员的研发能力及素质的高低、各种专业技术能力的高低等。

③品质控制能力。包括品管组织是否健全、品管人员素质的高低、品管制度是否完善、检验仪器是否精密及维护是否良好、原材料的选择及进料检验的严格程度、操作方法及流程管制标准是否规范、成品规格及成品检验标准是否规范、品质异常的追溯是否程序化、统计技术是否科学以及统计资料是否翔实等。

④管理人员水平。管理人员素质的高低、工作经验是否丰富、工作能力的高低等。

⑤机器设备情况。机器设备的名称、规格、厂牌、使用年限及生产能力、新旧、性能及维护状况等。

⑥财务及信用状况。每月的产值、销售额、来往的客户和经营的业绩及发展前景等。

⑦管理规范制度。管理制度是否系统化、科学化，工作指导规范是否完备，执行的状况是否严格等。

2) 问卷调查。问卷调查是使用调查表来实现对供应商的调查。一般来说，一份调查表是由请被调查者回答的一组问题所组成。调查表是非常灵活的，它有许多提问的方法。调查表需要认真仔细地设计、测试和调整，然后才可广泛使用。

3) 实地调查。企业在对供应商进行实地调查时需收集和观察的信息如下：设施和关键设备的使用年限；研究和开发的设施；主要员工的士气和经验；技术流程与控制；客户订货的主要流程；电子订货和开发票的信息系统和兼容性；全面质量管理原则的贯彻；进度安排和优先排序系统的自动化程度；工厂作业管理优异的证据；大客户名单；工会历史和合同到期日；保持原材料库存的行为；设施规模；让供应商早期参与的能力；处理电子交易的技术；订单处理、流程和进度的关键人员责任；环保程序和设施；ISO 9000 或 ISO 14000 认证；监督和检查人员的能力；预警维护程序；检测设备的口径测定和检查；影响进度的主要系统，如 ERP，MRP，DRP；工程和设计能力；持续改进成本和流程方案；健康和安全保证；频繁配送小规模订单的能力；采购技能和实践。

（3）供应商选择

供应商选择的一般步骤如下：

1) 成立供应商评选小组。供应商选择小组应由各部门有关人员组成，包括研究与开发部、技术支持部、采购部、物流管理部、市场部、计划部等。

2) 决定全部的供应商名单。通过供应商信息数据库，以及采购人员、销售人员或行业杂志、网络等媒介渠道了解市场上能提供所需物品的供应商。

3) 决定评审的项目。由于供应商之间的条件存在差异，因此，必须有客观的评分项目作为选拔合格供应商的依据。通常包括下列各项：

①一般经营状况。包括公司成立的历史、负责人的资历、注册资本额、员工人数、完工记录及实绩、主要客户、财务状况等。

②制造能力。包括生产设备新旧、生产能量和人员的利用、厂房距离的远近等。

③技术能力。包括技术自行开发的能力、与国际知名机构技术合作的情况、现有产品或试制样品的技术评估、技术人员人数及受教育程度等。

④管理制度的绩效。包括生产管制流程的顺畅合理、产出效率；物料管理流程的计算机化、生产计划的稳定性；采购作业流程确实掌握材料来源及进度；会计制度为成本计算提供良好的基础等。

⑤品质能力。包括品质管理制度的推行、落实；品质管理手册的制定；品质保证的作业方案；政府机构的评鉴等级等。

4) 确定评审项目的权重。确定代表供应商服务水平的有关因素和重要程度，并据此提出评估指标和权重。评估指标和权重对于不同行业和产品的供应商是不尽相同的。

5) 逐项评估每个供应商的履行能力。考察小组由各部门有关人员组成，技术部门进行技术考察，对企业的设备、技术人员进行分析，考虑将来质量是否能够保证；生产部门考察生产制造系统，了解人员素质、设备配置水平、生产能力、生产稳定性等；财务部门进行财务考核，了解供应商的历史背景和发展前景，审计供应商并购、被收购的可能，了解供应商的经营状况、信用状况，分析价格是否合理，以及能否获得优先权等。

6) 综合评分并确定供应商。在综合考虑多方面的重要因素之后，就可以给每个供应商打出综合评分,选出合格的供应商。

供应商选择过程中常见的问题与对策参见表1—2。

表1—2　　　　　　　　供应商选择过程中常见的问题与对策

问题点	对策
1. 缺乏有系统、有计划的制度	宜先建立一套开发供应商的标准作业办法、流程及计划
2. 选择供应商时间过长	建立或落实开发供应商的时限或家数
3. 缺乏有组织性的开发供应商	宜设立专责人员推动组织,并由主办单位召集相关各方共同协办和参与
4. "多头马车"或缺乏客观的开发供应标准	指定主办单位并制定供应商的评选标准
5. 缺乏开发供应商的正确观念	宜规划教育训练,进行全员共识建设
6. 开发供应商的人员专业性不足	加强专业的访查技能训练
7. 供应商的情报不足	建立供应商情报收集及管理系统,并定期检查及更新
8. 采购人员不会主动开发供应商,只求工作轻松,抱着"多做多错,少做少错,不做不错"的心态	灌输"多做不错,不做大错"的观念,并设定开发供应商的目标
9. 对供应商开发的产品觉得不适用,需学习说"不"的艺术	建立公开、公平、公正的原则和奖惩办法

4. 确定适宜的价格和采购条件

在确定适宜的采购价格时,涉及制作底价、询价、报价和议价等过程。

(1) 了解商品的采购价格

物料的交换价值以货币表示的特定金额即是价格。价格可分为到厂价、出厂价、现金价、期票价、净价、毛价、现货价、合约价等。

1) 到厂价。到厂价是指供应商负责将货品送达买方的工厂或指定地点,此期间所发生的各项费用均由卖方承担。

2) 出厂价。出厂价指卖方的报价中不包括运送责任,即须由买方雇用运输工具,前往卖方的制造厂提货。

3) 现金价。现金价指以现金或相等的方式支付货款。按企业界的习惯,月初送货、月中付款或月底送货、下月中付款,即视同现金交易,并不加计迟延付款的利息。现金价可使卖方免除交易风险,买方享受现金折扣。

4) 期票价。期票价指买方以期票或延期付款的方式来采购货品。通常卖方会加计迟延付款期间的利息于售价中。

5) 净价。净价指卖方实际收到的货款,不再支付任何交易过程中的费用。

6) 毛价。毛价指卖方的报价,可以因为某些因素加以折让。

7) 现货价。现货价指每次交易时,由供需双方重新议定价格,若有签订买卖合约,亦以完成交易后即告终止。在众多的采购项目中,采用现货交易的方式最频繁;买卖双方按交易当时的行情进行，不必承担预立合约后价格可能发生的巨幅波动的风险或困扰。

现货交易是一经成交立即交换的买卖行为，一般是买主即时付款，但也可以采取分期付款和延期交付的方式。

8）合约价。合约价指买卖双方按照事先议定的价格进行交易，合约价格涵盖的期间依契约而定，短的几个月，长的一两年。由于价格议定在先，经常造成与时价或现货价的差异，使买卖时发生利害冲突。合约价属于期货范围，是最后一天的收盘价，例如一个合约的期间是 1 个月，结束的那一天收盘价就是合约价。

9）牌价。牌价指货品标示的价格。牌价有时只是名目价格，而非真实价格，例如，钢管、水泥等价格容易波动的货品，供应商经常提供一份牌价表给买方，表中价格均偏高且维持不变。当买方叫价时，卖方则以调整折扣率来反映时价，亦无须提供新的报价单给买方。对于某些商场，习惯的是不二价，自然牌价就是实际出售的价格。

10）实价。实价指买方实际上所支付的价格。特别是卖方为了达到促销的目的，经常提供各种优惠的条件给买方，例如，数量折扣、免息延期付款、免费运送与安装等。

(2) 制作底价

1) 商品的定价方法

①成本加成法。成本加成法是供应商以其提供的物料所必须投入的成本总额（包括材料、器具损耗、制造成本、运输、管理费用及税赋等），加计预期的利润额数而制定。

②市价法。市价法指价格是供需双方依市场供求行情而确定。当市场进入卖方市场时，价格趋高；反之，当市场进入买方市场时，价格也可能会大大低于其价值。

③投资报酬率法。投资报酬率法是指价格按投资额的预期报酬率，加计其他成本而定。对于某些垄断行业，往往采用这种定价方法。以供电公司的电价为例，抬高电价的依据一向是看投资报酬率。若投资报酬率未达 9.5%，电价即涨。

2) 折扣

①商业折扣。商业折扣是制造商提供给那些作为特殊分销商或者用户的折扣。制造商通常会依赖分销商来销售他们的商品，为了保证商品在选定的渠道中流通，分销商会得到接近于其正常营业成本的商业折扣。对于大批量的销售，制造商自己会直接给予折扣。

②数量折扣。数量折扣可以在购买特定数量商品的时候获得，并且与所购买的数量大致成比例关系。从供应商的观点来看，提供数量折扣的合理性在于采购的数量导致了供应商成本的节约，这就使为其带来成本节约的采购企业能够获得较低的价格。

③累积（数量）折扣。累积折扣根据所购买的商品数量而成比例地变化。但是，订货数量不是根据某一次的采购量确定，而是根据某一时期的总的采购数量来确定。这种折扣常常用来刺激客户的长期惠顾。通过提供累积数量折扣，供应商希望促使企业只从单一的货源订货，而不是从许多货源订货。

3) 物料价格的计算。对于构成价格的各种因素进行科学的分析，并在必要时采取改进措施。这种方法是以合理的材料成本、人工成本及作业方法为基础,算出采购价格。

①基于制造成本的计算方式。计算物料价格的公式如下:

$$P = M \times a + t \times (b + c) \times d + F$$

式中　　P——物料价格;

　　　　M——材料的需要量(表示标准材料的尺寸、形状、标准规格);

　　　　a——材料的单价;

　　　　t——标准时间(主要作业时间+准备时间);

　　　　b——单位时间的工资率;

　　　　c——单位时间的费用率;

　　　　d——修正系数(例如,为了特急品而加班、连夜赶工及试制等);

　　　　F——采购对象的预期利润。

这种方法需要设定各项作业的标准时间,同时也必须算出工资率及费用率。因此,应收集有关标准时间的数值资料以及有关工资率及费用率的调查资料,按各类别、规格予以分类,并加以统计。对于修正系数及预期利润,也应预先决定。

按此科学的方法计算,其依据十分明显,故与卖方交涉之际,具有充分的说服力。但是,若卖方无法接受,则应根据各项目的资料,逐一检讨双方的差距,并互相修正错误,以达成协议。

②经验的计算方式。在实践中,有经验的采购人员可凭自己的判断来算出合理的价格,也利用曾被认为适当的同类产品的价格加以比较分析,并采取必要的修正措施以决定价格。所谓经验的计算方式,就是一种直觉的计算方法。

③基于综合成本的计算方式

物料价格=成本+合理利润

成本=本地制造器材成本+进口器材成本+工程设计成本+安装成本+其他成本

本地制造器材成本=直接原料成本+直接人工成本+间接制造成本+管理成本

进口器材成本=进口器材在国外港口船上交货价格×汇率+保险费及运杂费+关税

工程设计成本=设计人工成本+设计材料成本+间接费用

安装成本=安装人工成本+安装材料成本+工具损耗成本+间接费用

其他成本=财务成本+其他不属于以上的各项成本

合理利润=(本地制造器材成本+进口器材成本+工程设计成本+安装成本+

其他成本)×合理利润率=成本×合理利润率

各项合理利润率需视其资金来源的不同而有所不同,由成本分析人员参考国内外相关行业的投资报酬率、风险率、市场利率以及财政部核定的相关行业利润率,并考虑预付款及成本内是否已包括财务成本等因素分别认真研究。

4)底价制作流程。底价是指采购方打算支付的最高采购价格,底价的制作与物料品种及工程规格有相当密切的关系，其制作过程主要包括：

①确立采购规格。对于常用的物料一般定有统一的规格，并分别编定了物料号码，规格可直接确定。对于非常用的物料以及尚未制定统一规格的其他物料，使用单位或技术部门可参考国家、其他同类或相关机构的标准，由本机构人员按照需要自行设计。对于有些无法事先说明尺寸的物料，可指定厂牌，说明要求条件，或提供样品，作为采购物料的标准。

②进行调查，收集信息。对于一般性货品，企业可通过网络、报纸、杂志、市场调查资料、各工厂厂价、同业公会牌价、过去采购记录或展览会、研讨会等多种渠道自行收集采购价格方面的信息。对于专业化高、技术性强的货品或工程，企业可聘请专业人员进行评估。

③分析信息，估计价格。企业将采购市场调查所得的资料进行整理、分析，编制材料调查报告，并在此科学调查的结果上，估计出所采购货品的价格。

(3) 正确询价

进行询价需要以下几个步骤：

1) 编制询价文件。采购询价文件是供应商进行报价的依据，一个完整、正确、载有足量信息的询价文件可以帮助供应商在最短的时间内提出正确、有效的报价，是进行正确询价的首要条件。一个完整的询价文件中至少应包括以下几个主要内容：询价项目的品名、料号、数量、规格要求、品质要求、交货期要求、包装要求、运送地点与交货方式；买方的付款条件；售后服务与保证期限要求；供应商的报价到期日；保密协定的签署等。

2) 确定被询价对象。采购部门首先要根据采购需求制定被询价供应商的资格条件，对供应商的供货品种、信誉、售后服务网点等进行资格审查，然后根据资格条件以公平的方式确定被询价供应商的名单。一般须选择三家以上供应商作为被询价对象。

3) 发布询价通告。企业选择一定渠道与供应商联络，并向这些供应商发布询价通知书，通知书要附上采购人员与技术人员的姓名以及联络电话，以便进行进一步的沟通。

(4) 处理报价

对报价单的处理一般需要以下几个步骤：

1) 审查报价单。采购部门在接到供应商的报价单后，对其所提供的产品质量、数量、价格以及交货时间、包装、付款条款等方面进行审查。

2) 分析评价报价单。分析评价报价单的采购部门在接到报价单后，对各供应商价格的高低、交货期的长短、付款条件的宽紧、交货地点是否适中等内容进行分析评价，以便选择恰当的供应商。

3) 确定成交供应商。采购部门在完成分析评价工作后，形成评价报告，确定成交的供应商，并将结果通知所有报价的供应商，包括未成交的供应商。

(5) 成功议价

采购者可随供求的变化及时科学合理调整价格，增加企业竞争力。首先要明确议价的目标，并分析掌握的信息，找出双方的异同点，分析双方的实力，制定议价的策略。其次，在议价过程中要掌握以下技巧：具备必胜信念、有耐心、有诚意、善于树立第一印象、营造和睦气氛、表述准确有效、正确的拒绝方式等。

5. 订单安排

价格谈妥后，应办理订货签约手续。订单和合同均属于具有法律效力的书面文件，对买卖双方的要求、权利及义务，必须予以说明。拥有采购信息管理系统的企业，采购人员直接在信息系统中生成订单，在其他情况下，需要订单制作者自行编排打印。通常决定采购对象后会寄发订购单给供应商，以作为双方将来交货、验货、付款的依据。

订购单内容特别侧重交易条件、交货日期、运输方式、单价、付款方式等。根据用途不同，订购单可分为五联：厂商联（第一联），作为厂商交货时的凭证；回执联（第二联），由厂商签认后寄回；物料联（第三联），作为控制存量及验收的参考；申款联（第四联），可取代申购单第二联或验收单；承办联（第五联），制发订购单的单位自存。

通常在订购单的背面会有附加条款的规定，其主要内容包括：

（1）交货方式

1）新品交货，附带备用零件、交货时间与地点等规定。

2）包装及运输方法。包装与物料的品质有密切关系，在采购时应将包装及运输方式加以明确，并对使用包装材料的材质（如纸箱纸质等）、衬垫（如发泡胶等）、标识等加以规定。运输工具的选择（如汽车、火车、轮船或飞机）及运输路线的决定均会影响运费的高低、交货时间的长短及安全程度等，因此对运输方法也应加以明确。

（2）验收方式

检验设备、检验费用、不合格品退换等规定，超交或短交数量的处理。

（3）罚则

延迟交货或品质不符的扣款，停权处分或取消合同的规定。

（4）履约保证

按合同总价百分之几退还或没收的规定。

（5）品质保证

对品质标准低、品质欠佳、交期延误、交货数量不足、服务水准低，以及如何处理等，应预先予以规定。保证期限、无偿或有偿条件等规定。

（6）仲裁或诉讼

买卖双方纷争的仲裁地点或诉讼法院。

（7）付款方法

付款方法在采购中是一个重要的内容。当公司资金较为充裕，可现金购买，从而可在价格、交货期或其他条件上获得补偿；对于资金周转较为困难的，可选择月结30天或月结60天等。付款方法还可用来管理供应商，对于优秀供应商，转账支票的到期日短，反之则长。有些较难采购的物料，初次合作也有预付订金的方式。

(8) 其他

例如，遇上不可抗力因素，如天灾人祸等，出现违约的处理方式。又如，卖方保证买方不受专利权侵害之控诉。

6. 订单跟踪及催货

在实际订单操作过程中，订单、需求、库存三者之间会产生相互矛盾，突出的表现为：因各种原因，订单难以正常执行、需求不能满足导致缺料、库存难以控制。所以，签约订货之后，为促使销售厂商按期、按质、按量交货，应督促厂商依据合约规定交运。

(1) 跟踪

跟踪是对订单所做的例行追踪，以便确保供应商能够履行其货物发运的承诺。同时也使企业了解订单履行中出现的问题，如质量或运输方面的问题，以便采取相应的行动。不同种类的物料，其准备过程也不同，总体上可分为两类，一类是供应商需要按照样品或图样定制的物料，存在加工过程，周期长，变数多；另一类是供应商有库存，不存在加工过程，周期短。大型采购跟踪可派人员实地跟踪，小额采购可通过电话或网络跟踪。

(2) 催货

催货是要求供应商履行发货承诺或加快延误货物的发运。常用的采购催货方法有：

1) 按订单跟催。指按订单预定的进料日期提前一定时间进行跟催。常用的方法有：联单法，是将订购单按日期顺序排列好，提前一定时间进行跟催；统计法，是将订购单统计成报表，提前一定时间进行跟催；跟催法，是制作一个30个格子的跟催箱，将订购单依照日期顺序放入跟催箱，每天跟催相应订单。

2) 定期跟催。于每周固定时间，将要跟催的订单整理好，打印成报表定期统一跟催。

7. 接收和验货入库

供应商按承诺发货后，采购商负责接收和验货入库的人员应做好接货准备，对收到的货物进行验收后，合格的货品才能入库，接收保管员须填写"收货单"，上面应载明收货日期、供应商名称、物料数量、规格等主要数据。对于验收不合格品，通常有以下几种处理方法：返工、返修、退货，或者报废。对于不能进行返工、返修的货品应依据合同规定立即办理退货、退款、补送等手续。对于那些实施了准时制库存管理系统的企业，来自于已经获得认证的供应商的物料可以完全免除接收和检验这两道手续，并被直接送往使用点。

8. 结算

结算是指在收到供应商的货物，并已验收入库，以"入库单"作为货物结算的依据。采购部门依据验收入库单，便可发指令通知财务部门按照合同规定向供应商支付货款，通常情况下有以下几种方式进行货款支付。

(1) 支票

1) 支票的概念。支票是出票人签发一定的金额，委托银行或其他金融机构见票无条件支付给收款人或持票人的票据。支票是无条件支付命令。

2）支票的使用

①支票一般为同城使用。

②禁止签发空头支票。

③不得签发与出票人预留本名的签名样式或印章不符的支票。

(2) 汇票

1）汇票的概念。汇票是由出票人签发的、委托付款人在见票时或指定日期无条件支付一定金额给收款人或持票人的票据。汇票是一种支付命令。汇票的当事人一般有出票人、付款人和收款人，汇票对收款人资格不加限制。

2）汇票的使用

①根据现行结算办法，单位或个人需要支付款项，可将款交当地银行，由银行签发汇票给付款人持往异地办理结算或提取现金。

②商业汇票的使用。已在银行开立账户的法人之间根据买卖合同进行商品交易，可使用商业汇票。签发商业汇票需以合法的商品交易为基础。持票人可持未到期的承兑汇票向开户银行申请贴现，银行扣除贴现日至到期日的利息，付给现款并取得汇票。

(3) 本票

1）本票的概念。本票是出票人签发并承诺自己在见票时无条件支付确定的金额给收款人或持票人的票据。本票的当事人即出票人与收款人，出票人始终是债务人，本票是一种无条件支付的承诺，是自付证券。

2）银行本票的使用。银行本票由银行签发，本票的出票人必须具有支付本票金额的可靠资金来源，并保证支付，出票人的资格由中国人民银行审定。本票自出票日起，付款期最长不得超过两个月。

(4) 汇兑

1）汇兑的概念。汇兑，是汇款人委托银行将款项汇给异地收款人的结算方式。

2）汇兑的种类。汇兑分为信汇和电汇两种。

3）汇兑的内容

①信汇。信汇是汇款人委托银行用邮寄凭证的方式，通知汇入行兑付的一种结算方式。信汇凭证的内容有日期、收款人、金额、账号或住址、汇入行名称、汇款人、汇出地点、汇款用途、汇款人签章等。

②电汇。电汇是汇款人委托银行以拍发电报的方式，通知汇入行付款的一种结算方式。电汇凭证的内容与信汇凭证基本相同。

4）汇兑的特点。这种结算方式便利汇款人向异地主动付款，适用于单位、个体经济户和个人的各种款项结算。个体经济户和个人需要在汇入行支取现金的，可凭填明"现金"字样的汇款凭证到汇入行支取现金。

(5) 异地托收承付

1）异地托收承付的概念。异地托收承付结算是指收款人根据购销合同发货后，委托银行向异地付款人收取款项，并由付款人向银行承认付款的结算方式。

2）异地托收承付的有关规定

①办理异地托收承付结算的款项，必须是商品交易以及因商品交易而产生的劳务供应的款项。代销、寄销、赊销商品的款项不得办理托收承付结算。

②收付双方使用托收承付结算必须签有符合《中华人民共和国合同法》的购销合同，并在合同上明确使用异地托收承付结算方式。

③收付双方办理托收承付结算必须重合同、守信用。收款人对同一付款人发货托收累计三次收不回货款的，银行应暂停其向该付款人办理托收；付款人累计三次提出无理拒付的，银行应暂停其向外办理托收。

④收款人办理托收，必须具有商品确已发运的证件（包括铁路、航运、公路等运输部门签发的运单、运单副本和邮局包裹回执）。

9. 维护采购档案

企业完成一次系统的采购活动后要进行采购总结和采购文件、资料的分类归档，并做好长期保管的工作。一般需要保存的采购档案资料有：

（1）采购合同（订单）目录

目录中所有的合同（订单）都被编号，并指明每个订单是未结的，还是已结的。

（2）采购合同（订单）卷宗

所有的采购合同（订单）副本都按顺序编号后保管在里面。

（3）商品文件

记录所有主要商品或项目的采购情况（日期、供应商、数量、价格和采购订单编号）。

（4）供应商历史文件

列出了与交易金额巨大的主要供应商进行的所有采购事项。

二、采购信息传递与处理

1. 采购中技术装备的使用

为了提高采购效率，加速信息的收集、处理和传递，办公活动进入了办公自动化。办公自动化设备是指计算机类、通信类和办公用机电类设备。支持技术是指计算机技术、现代通信技术、信息处理技术和自动化技术。

（1）计算机与网络

计算机几乎可以应用于采购的每一个流程中。从发现和分析需求，到维护采购记录的每一个环节中，计算机已成为一种高效、可靠、智能化的工具。对计算机的掌握和应用成为每一个采购人员的必备技能。采购业务中，计算机的作用主要体现在：采购数据及文档的电子化存储和处理；实现同供应商直接的电子数据交换；基于专家系统和分析预测软件实现采购决策支持，如价格分析、远期采购预测等。

网络技术已发展进入高速网络时代，其主要标志可归纳为：网络传输介质的光纤化、信息高速公路的建设、多媒体网络及宽带综合业务数字网的开发和应用、智能网络的发展，比计算机网络更高级的分布式系统的研究，促使高速网络技术飞速发展，相继出现高速以太网、光纤分布式数据接口 FDDI、快速分组交换，包括帧中继、异步转移模式等。

1) 计算机网络的定义与功能。计算机网络定义为：把分布在不同位置且具有独立功能的计算机系统通过通信线路和通信设备连接起来，在网络管理软件和通信协议的控制下，实现互相通信、资源共享和分布处理的系统。

2) 计算机网络具有以下功能：

①实现资源共享。在计算机网络中，网络用户可以共享位于网络中所有计算机的资源。通过资源共享，使得网络上分散的资源不受地理位置限制，避免了资源的重复设置所造成的浪费，降低了费用，提高了信息利用率。

②实现数据信息的集中和综合处理。在网络应用中，利用数据库管理技术来实现大量数据的集中存储和处理。

③实现任务分布处理。计算机网络用户可以根据需求，把任务分散到不同计算机上进行处理，提高了计算机系统的效率。

④提供了非常灵活的工作环境。通过网络，用户把计算机终端连接到自己企业的网络办公系统上，就可以在家里、出差途中，实现移动办公。

(2) 调制解调器

计算机上安装（连接）的调制解调器，可以使用户通过计算机和传统的电话线传输数据、图表和图像，并且传递的数据文件在下载后可以在数据表或字处理软件中直接处理。调制解调器被广泛地用于上网查阅信息和收发电子邮件等服务。

(3) 电子邮件

电子邮件服务是通过计算机网络与其他用户进行联系的快速、简便、高效、低廉的现代通信手段。它采用"存储转发"方式为用户传递电子信息。当采购员希望给供应商发送信件时，首先要确认上网，然后将要发送的信件与供应商的电子邮箱地址输入到自己的电子邮箱，点击发送，电子邮件系统会自动将采购信息邮件送到目的地。目的地的计算机电子邮件系统会将信件存放在收件人的电子邮箱内等待收件人随时读取。采购员也可以随时进入自己的电子邮箱查阅邮件。

电子邮件是广泛使用的传递电子信息的软件工具。在采购中交易双方可以通过电子邮件快捷、便利、低成本地相互传递和交流报价单、货品介绍资料、采购申请单等材料。在使用电子邮件时要注意信息的保密性，采购人员电子邮件的用户名和密码要严格保密，交易过程中的往来电子邮件应该及时备份存档，然后从计算机中删除，以防商业信息失窃。

(4) WWW 服务

WWW 服务是目前应用最广的一种基本互联网应用，我们每天上网都要用到这种服务。通过 WWW 服务，只要用鼠标进行本地操作，就可以了解世界上任何地方的信息，了解产品信息和价格情况。由于 WWW 服务是一个基于超文本方式的信息查询工具，其最大特点是拥有非常友好的图形界面、非常简单的操作方式和图文并茂的显示方式。它不仅能查看文字，还可以欣赏图片、音乐、动画。目前最流行的 WWW 服务程序是微软的 IE 浏览器。

（5）传真机

传真机提供了一种简单便捷、相对便宜的信息沟通方式，因此，在采购中，传真机被视为信息沟通的首选设备，尤其是在传递带有企业公章或个人签字的合同文本、协议、订购单等采购单证时，经传真机的传递后输出的副本具有很高的权威性，一般情况下，除了必须采用盖有企业公章或个人签字原件的情况下，传真机输出的副本具有交易双方共同认可的等同于原件的效力。

（6）语音信箱

语音信箱是另一种常用的沟通工具，它可以节省时间，提供精确的信息，提高采购者与内部客户以及供应商之间的沟通质量，并能减少电话中常见的"冗长啰唆"。最理想的情况下，使用者可以通过语音信箱传递详细的信息，而接收者不必做出回答就可以对其做出反应或采取行动。

2. 采购信息传递

采购信息在采购部门、企业内部其他部门、企业外部之间的有序、可靠流动是保证采购顺利进行的基础。企业内部采购部门与其他部门之间的信息流如图 1—1 所示。企业外部流向采购部门的信息流如图 1—2 所示。

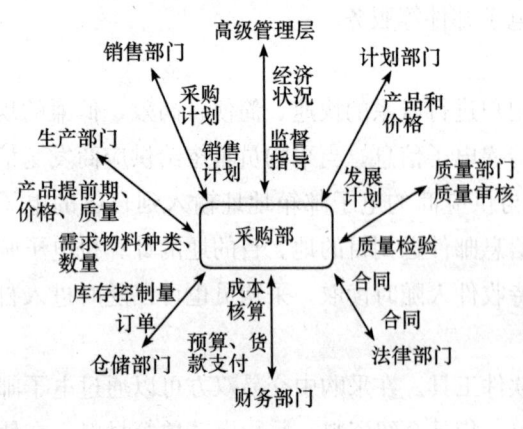

图 1—1　企业内部采购部门与其他部门之间的信息流

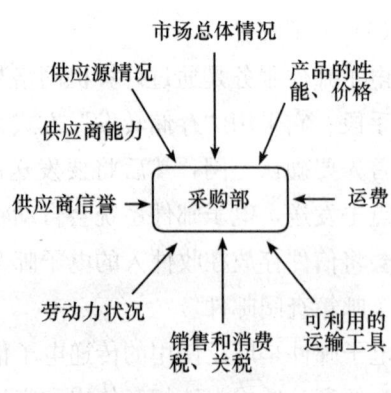

图 1—2　企业外部流向采购部门的信息流

第3节 采购单证

采购业务中使用的各种表格如下：

1. 采购计划表（见表1—3）
2. 询价表（见表1—4）
3. 报价单（Ⅰ）（见表1—5）

表1—3　　　　　　　　　　　采购计划表

日期：　年　月　日

料号	品名规格	适用产品	上旬		中旬		下旬		库存量	订购量
			生产单号	用量	生产单号	用量	生产单号	用量		

制表：

表1—4　　　　　　　　　　询　价　表

编号：　　　　　　　　　　　　　　　　　　　　　　　　日期：　年　月　日

序号	物料编号/规格	单位	申购数量	采购附加条件

备注：1. 交货地点：_____。

2. 付款方式：_____　付款条件：_____。

3. 逾期罚款：每逾期一日扣总价款_____％。

4. 报价期限：请于_____前邮寄或传真本公司。

5. 请使用贵公司报价单报价，并附详细规格及型号，报价时请含税。

6. 如本询价单规格有疑问或贵公司无意报价请赐知为荷。

7. 联络电话：_____。

8. 传真号码：_____。

9. 联络事项：_____。

表 1—5　　　　　　　　　　报价单（Ⅰ）

公司名称：_____

客户名称：_____　电话：_____　传真：_____

编号：_____　报价日期：_____

编号	品名	规格	数量	单位	单价	金额	备注
					小计		
					税金		
					总计		
					运费		
					付款方式		

公司章戳：

经办人：

日期：　　年　　月　　日

备注：1. 上列报价已含_____税金，_____税率。2. 本报价单有效期限至_____为止。

4. 厂商资料单（见表1—6）
5. 物料采购记录表（见表1—7）

表 1—6　　　　　　　　　　厂商资料单

材料类别：_____　　编号：_____　　日期：　　年　　月　　日

厂商名称	电话号码	公司地址	负责人	接洽人	主要供应材料

主管：　　　　　　制表：

表 1—7　　　　　　　　　　物料采购记录表

日期：　　年　　月　　日

申购日期	申购单号	料号	品名规格	供应商	单价	数量	订购日期	验收日期	品质记录

6. 货品申购单（见表1—8）

表 1—8　　　　　　　　　　　　　货品申购单

页次：

申购部门	计划编号	申购日期 年 月 日	需用日期 年 月 日	申购编号						采购专用栏 承办人
项次	品名（中英对照）及规格说明		数量	单位		预估金额		单价		总价
预算金额：	会计科目：		合计：							

（一）需求原因简述：
（二）参考厂商/代理商名称，地址或电话等：1.＿＿＿＿＿　2.＿＿＿＿＿　3.＿＿＿＿＿
（三）以前曾有相同或类似的申购？□否　□是（申购编号＿＿＿＿＿）
（四）□不指定厂牌　□要指定厂牌＿＿＿＿＿＿理由如下：
（五）是否属于现有财产设备的附属机件？□否　□是
　　　原有财产设备的财产编号：1.＿＿＿＿　2.＿＿＿＿　3.＿＿＿＿　4.＿＿＿＿
（六）需维护服务？□否　□是
（七）验收时间须超过七日以上？□否　□是（请说明所需日数及理由）
（八）□有足够预算　□不足或无预算时需检送经核准的"预算流用/追加申请单"

申请金额		申请理由		
注意事项：1. 人事费不得流用　2. 资本支出与费用不得互相流用				
单位　项目	部门代号	计划代号	预算科目	
自（被挪用 单位）				
至（申请单位）				

（九）其他：

核决	财务部	预算中心主管	审核人	申购人

7. 报价单（Ⅱ）（见表1—9）

表1—9　　　　　　　　　　　报价单（Ⅱ）

公司名称：　　　　　　　　　　　　　　　　　　　　日期：

致：　　　　　　　　　　　　　　　　　　　　　　　敬启

报价号项目：

编号	品名	规格	数量	单价	备注

付款形式：支票，交完货后一周内付清。

纳税名称：　　　　　　　　　　　　　地址：

银行过户名称：　　　　　　　　　　　银行过户账号：

税号：

运输费用：　　　　　　　　　　　　　运输方式：

送货地点：　　　　　　　　　　　　　送货日期：

包装方式：　　　　　　　　　　　　　其他：

8. 比议价记录单（见表1—10）

表1—10　　　　　　　　　比议价记录单

编号：　　　　　　　　　　　　　　　　　　　　日期：　年　月　日

需用日期	申购人	交货地点	采购地区	核准日	申购单号

序号	物料编码	单号	申购数量	报价厂商	报价	议价	备注

授权签注	董事长	总经理	部门经理	承办人

9. 交期控制表（见表1—11）

表1—11　　　　　　　　　交期控制表

　　　　　　　　　　　　　　　　　　　　　　　　　月　日至　月　日

预定交期	申购日期	申购单号	货品名称	数量	供应厂商	单价	验收	日期	迟延日数

10. 订购单（见表1—12）

表1—12　　　　　　　　　　　　　订　购　单

订单编号：　　　　　　　　　　　　　　　　　　　　　　购单日期：　　　年　月　日

厂商名称					厂商编号			
厂商地址					电话/传真			
序号	料号	品名规格	单位	数量	单价	金额	交货数量及日期	
合计		万　仟　佰　拾　元　角　分						
交货方式				交货地点				

交易条款：
1. 交期：承制商必须遵循本订购的交货期或本公司采购部电话及书面通知调整的交货期，若有延误，每逾一日扣除该批款＿＿＿＿％。
2. 品质：
   2.1 检验方法：按MIL－SID－105EII抽样检验，AQL＝＿＿＿＿。
   2.2 按工程图样要求。
   2.3 品质保证期限为3个月。
3. 不良品处理：
   3.1 检验后如发现品质不良或承制损坏时，承制厂商接获通知后3日内应将该退货部分取回，并尽快补回，逾期本公司概不负责。
   3.2 若急用需选别的，所需人工费用由承制厂商负责。
4. 其他：
   4.1 承制厂商送货时应多附＿＿＿＿％Spare（备品）。
   4.2 交货时请在送货单上注明本订购单号，并附上开立金额统一的发票，单据上应注明物料编号。
   4.3 附产品图样＿＿＿＿张，检验标准＿＿＿＿份。

承制厂商	总经理	采购经理	采购主管	采购员

第 2 章 仓储管理

第 1 节 商品入库作业

一、商品入库手续

1. 商品入库方式

根据运输方式和提货方式不同,商品入库方式有以下几种:

(1) 车站、码头提货

提货人员凭货运单直接到车站、码头提货。

(2) 专用线接车

利用铁路专用线设施,接运员凭货运单接货。

(3) 仓库自行提货

仓库接受货主委托,凭提货单直接到供货单位提货。

(4) 库内接货

由存货单位或供货单位将商品直接运送到仓库,由保管员凭送货单直接与送货人员当面办理交接手续并做好记录。

(5) 过户

过户是指对已存入仓库的货物通过购销业务使货物所有权发生转移,但仍要求储存于原处的一种入库业务,凭过户单办理出库、入库手续。

(6) 转库

转库是因故在仓库内调整存放地的一种入库形式,凭转库单办理出库、入库手续。

(7) 零担到货

由零担运输员负责填写零担到货台账并填发到货通知单入库。

2. 商品接运

(1) 商品接运和接收的含义

1) 商品接运。这是商品入库业务流程的第一道作业环节，其主要任务是及时而准确地从交通运输部门提取商品，包括接运前的准备、初验、接运过程中的各种作业和交接等环节。商品接运是仓库的外部交接环节，主要由接运员以及配合作业的人员完成。

商品接运要求手续清楚、责任分明，防止把运输过程中或运输之前已经发生的商品损害和各种差错带入仓库，减少或避免经济损失，为验收和保管保养创造良好的条件。做好接运工作必须熟悉交通运输部门的要求和制度。例如，发货人与运输部门的交接关系和责任的划分；铁路或航运、海运等运输部门在运输中应负的责任、收货人的责任；铁路或其他运输部门编制普通记录和货运记录的范围；向交通运输部门索赔的手续和必要的证件等。

2) 商品接收。是指仓库保管员从接运员手中接收商品，是仓库内部的交接环节，主要由保管员完成。商品接收的程序是：接收单证、核对、检查、签单和暂存待验。

(2) 商品接运和接收中的问题、责任划分和问题的处理

1) 商品接运和接收中的问题常有破损、短缺、变质和错到等。

2) 责任的划分。货物在交给运输部门前和承运前发生的问题应由发货单位（供货方）负责；自承运货物时起（车站从接收货物时起）至货物交付给收货单位时止，发生的问题由承运单位负责（自然灾害、货物本身性质和中转单位的责任，承运单位不予负责）；收货单位与交通运输部门办好交接手续后，所发生的问题由收货单位负责。

3) 问题的处理。货物在接运和接收中的问题，不管责任属于哪一方，都应做好详细记录，划清责任界线，并以此作为处理和索赔的依据。记载货物运输事故的记录有两种：货运记录和普通记录。公路运输事故一般可在公路运输交接单（或三联单）上记录货损货差的情况。

①货运记录（旧称商务记录）是指在铁路、交通运输过程中，发生损失或差错事故，并确定是承运单位的责任时所出具的书面凭证，是收（发）货方向承运单位提出索赔的依据。

编制货运记录要严肃认真，如实记载事故货物及有关方面当时现状，不得虚构、假想和臆测，也不得做任何结论，以体现记录的真实性和准确性，记录用词必须准确、简练、明了，不能用揣测、笼统、含糊的词句。记录要能客观地反映事故发生的原因和责任，使事故处理做到原因明、定责准、结案快。

a. "一般情况"栏。应根据运单及票据封套记载及到达车次、实际作业时间逐项填记。

b. "票据原记载"栏。应按事故货物运单记载事项详细填写，如有货无票可填记"无票"字样。

c. "按照实际"栏。应按货物实际情况填写，凡经检斤的货物应在"重量"栏内加以注

明。如有票无货,可填写"无货"字样。

d. "事故详细情况"栏。应记明以下内容:车辆来源及货运检查情况(货车车体、门窗、施封、篷布苫盖等情况),事故货件的实际状态和损失程度,货物包装、装卸状态、装载位置和周围的情况,对事故货件的处理情况。

②普通记录。是指商品发生损失或差错事故,其责任属于发货方时,运输部门所出具的书面凭证,起旁证作用,便于收货方向发货方提出索赔、拒付或退货。

遇有下列情况并发生货损、货差时,填写普通记录。

a. 铁路专用线自装自卸的货物。

b. 棚车的铅封印纹不清、不符或没有按规定施封。

c. 施封的车门、车窗关闭不严,或者门窗有损坏。

d. 篷布苫盖不严实,有漏雨或其他异状。

e. 责任判明为发货单位的其他差错事故等。

③如果是收货方的责任,应按收货方企业的岗位责任制或有关规定处理。

3. 商品入库的手续

(1) 登账

为了保证商品数量准确,反映进库、出库、库存的动态,应建立"实物保管明细账"。登账应遵循"一物一页"的原则,按商品的品名、规格、单价、货主等分别建立账户。可采用活页式,按商品的种类(或货主)和编写顺序排列,并注明货位号和档案号以便查对。登账必须严格按商品的入库、出库凭证,及时登记、准确清楚。目前,越来越多的仓储企业都改用计算机进行账务处理,准确、及时、差错少、效率高。

(2) 立卡

货物入库或上架后,将货物名称、规格、数量或出入状态等内容填在料卡上,称为立卡。料卡又称为货卡、货牌,插放在货物下方的货架支架上或摆放在货垛正面的明显位置。货卡按其作用不同可分为货物状态卡、商品保管卡。

1) 货物状态卡是用于表明货物所处业务状态或阶段的标志,根据 ISO 9000 国际质量体系认证的要求,在仓库中应根据货物的状态,按可追溯性要求,分别设置待检、待处理、不合格和合格等状态标志。

2) 商品保管卡包括标志卡和储存卡等。货物标志卡用于表明货物的名称、规格、供应商和批次等。根据 ISO 9000 质量体系认证的要求,在仓库中应根据货物的不同供应商和不同入库批次,按可追溯性要求,分别设置标志卡。储存卡是用于表明货物的入库、出库与库存动态的标志。

(3) 建立商品档案

建立商品档案是对商品出库、入库凭证和技术资料进行分类归档保存。建立商品档案应符合一物一档、统一编号、妥善保管的要求。存档资料包括:商品出厂时的凭证和技术资料，如商品技术证明、合格证、装箱单、发货明细表等；商品运输单据、普通记录或货运记录、公路运输交接单等；商品验收的入库通知单、验收记录、磅码单、技术检验报告；商品入库保管期间的检查、保养、损益、变动等情况的记录；库内外温湿度记载及对商品的影响情况；商品出库凭证，如提单、领料单等。

（4）签单

商品验收入库后，应及时按照"仓库商品检验记录"的要求签回单据。签单有两个作用：一是向供货单位和货主表明收到商品的情况；二是如有短少等情况可作为货主向供货方交涉的依据。所以签单必须准确无误。

二、入库验收

1. 商品验收的基本要求

商品验收是按照规定的程序和手续，对入库商品进行数量和质量检验的经济技术活动的总称。凡进入仓库储存的商品必须经过验收，只有验收后的商品方可入库保管。

（1）及时

到库商品必须在规定的期限内完成验收工作。

（2）准确

验收的各项数据或检验报告必须准确无误。

（3）严格

仓库有关各方都要严肃认真、一丝不苟地对待商品验收工作。

（4）经济

商品在验收时要求合理组织调配人员与设备，以节省作业费用。

此外，验收工作中尽可能保护原包装，也是提高作业经济性的有效手段。

2. 商品验收作业流程及其内容

（1）验收准备

1）人员准备。安排好负责质量验收的技术人员、配合数量验收的装卸搬运人员。此外，对于有些特殊商品的验收，例如易腐品、放射品等，还要准备相应的防护用品。

2）资料准备。收集并熟悉待验商品的有关文件，例如技术标准、订货合同等。

3）器具准备。准备好验收用的检验工具，例如衡器、量具等，并校验准确。

4）货位准备。确定验收入库时商品的存放货位，计算和准备堆码、苫垫材料。

5）设备准备。大批量商品的数量验收，应做好装卸搬运机械设备的申请、调用。

6）进口物资验收前应与商检部门联系，共同或委托做好进口物资的验收准备。

（2）核对凭证

核对凭证就是将入库通知单、订货合同副本、供货单位提供的材质证明书、装箱单、磅码单、发货明细表、商品承运单位提供的运单等加以整理，逐一全面核对，相符后才可进行下一步实物检验。

(3) 实物检验

实物检验就是根据入库单和有关技术资料对实物进行数量和质量检验。

1) 确定验收方式。验收方式有：

①抽验。对某些批量大、包装规格一致、产品质量稳定、打开包装会影响商品的储存和销售的或储存时间短的商品，可采用抽验的方法。一般抽验比例为5%～15%，抽验中发现问题应扩大抽验比例，直至全验。

②全验。批量小、规格尺寸和包装不整齐的商品，价值大的、梅雨季节生产的、生产技术水平低、入库前储存时间长的商品和发现商品变质、短缺、残损等情况都应全验。

2) 数量检验

①检验范围

a. 不带包装的（散装）货物的检斤率为100%，不清点件数；有包装的毛检斤率为100%，回皮率为5%～10%，清点件数100%。

b. 定尺钢材检尺率为10%～20%，非定尺钢材检尺率为100%。

c. 贵重金属材料100%过净重。

d. 有标量或者标准定量的化工产品，按标量计算，核定总重量。

e. 同一包装、规格整齐、大批量的货物，包装严密、符合国家标准且有合格证的货物采取抽查的方式验量。抽查率为10%～20%。

②检验方法。按商品性质和包装情况，数量验收的具体方法有：

a. 点件复衡法。对按标准重量包装的商品，先点清件数，再过磅验收重量。

b. 整车复衡法。对无包装或散装商品装车后整车过磅，进行全部数量的验收。

c. 理论换算法。对定尺的金属材料进行检尺丈量，再按理论重量换算为验收重量。

d. 点件查数法。对按件、台、只为计量单位的商品进行逐件、逐台、逐只清点后再汇总数量。

e. 除皮核实法。对统一材料、方法包装并标明毛重、皮重、净重的商品，抽验毛重、核实皮重，净重与包装外标明重量相符，则可以抄码，除皮求净验收入库。

3) 质量检验。质量检验包括外观检验、尺寸检验、机械物理性能检验和化学成分检验四种形式。仓库一般采用经验鉴别法（感官鉴别法），只做外观检验和尺寸检验。后两种检验如果有必要，则由仓库技术管理职能机构取样，委托专门检验机构检验。

①检验范围

a. 带包装的金属材料，抽验5%～10%；无包装的金属材料全部目测查验。

b. 入库量10台以内的机电设备，验收率为100%；100台以内，验收不少于10%；运输、起重设备100%查验。

c. 仪器仪表外观质量缺陷查验率为100%。

d. 易于发霉、变质、受潮、变色、污染、虫蛀、机械性损伤的货物，抽验率为5%～10%。

e. 外包装质量缺陷检验率为100%。

f. 对于供货稳定，信誉、质量较好的厂家产品，特大批量货物可以采用抽查的方式检验质量。

g. 进口货物原则上100%逐件检验。

对货物的数量、外表状况应在入库时进行检验；对货物的内容，在合同的约定时间之内进行检验，或者按照仓储习惯在入库的10天之内，国外到货30天之内进行内容质量检验。

②检验方法。货物质量检验的方法根据仓储合同约定，合同没有约定的，按照货物的特性和仓库的习惯确定。由于新产品不断出现，不同货物具有不同的质量标准，仓库应认真研究各种检验方法，必要时要求客户、货主提供检验方法和标准，或者共同参与检验。仓库成立专职检验队伍是提高检验水平的有效方法。货物检验主要方法有以下几种：

a. 视觉检验。在充足的光线下，利用视力观察货物的状态、颜色、结构等表面状况，检查有无变形、破损、脱落、变色、结块等损害情况，以判定质量。

b. 听觉检验。通过摇动、搬运操作、轻度敲击，听取声音，判定质量。

c. 触觉检验。利用手感鉴定货物的细度、光滑度、黏度、柔软程度等，判定质量。

d. 嗅觉、味觉检验。通过货物所特有的气味、滋味测定，判定质量，或者感觉到串味损害。

e. 测试仪器检验。利用各种专用测试仪器进行货物性质测定。如含水量、容重、黏度、成分、光谱等测试。

f. 运行检验。对货物进行运行操作，如电器、车辆等，检查操作功能是否正常。

（4）做好验收记录

验收后对商品的型号、规格、数量、质量等都应做好详细的验收记录，并提出验收的结论和处理意见。

3. 商品验收中发生问题的处理

（1）凡必要的证件不齐全时，到库商品应堆放在待验区，待证件到齐后进行验收。

（2）凡有关证件已到库，但在规定时间内商品尚未到库，应及时查询处理。

（3）供货单位提供的质量证书与存货单位的进库单、合同不符时，商品待处理不得动用，并通知存货单位，按存货单位提出的办法处理。

（4）凡数量差异在允许的磅差以内，仓库可按应收数入账。若超过磅差范围，应查对核实，做好验收记录，并提出意见送存货单位处理。该批商品不准动用。

（5）当规格、质量、包装不符合要求或错发时，先将合格品验收。不合格品或错发部分应分开并进行查对，核实后将不合格情况和错发程度做好记录，单独存放保管，由存货单位与供货单位交涉处理。

三、商品堆码

1. 商品堆码的概念和要求

（1）商品堆码的概念

商品堆垛就是根据商品的包装形状、重量和性能特点，结合地面负荷、储存时间，将商品分别堆码成各种垛形。商品的堆垛方式直接影响着商品的保管，合理堆垛能够使商品不变形、不变质，保证商品储存安全，还能够提高仓库的利用率，并便利商品的保管、保养和收发。

（2）商品堆码的要求

1) 堆垛场地的要求。库内堆垛，应该在墙基线和柱基线以外；货棚内和露天堆垛都应排水畅通，地势高于四周地面，场地最好铺垫沙石并夯实，并且平坦、干燥、无积水和杂草，堆垛时要垫高 30～40 cm。

2) 堆垛的基本要求

①合理。垛形必须适合商品的性能特点，不同品种、型号、规格、牌号、等级、批次、产地、单价的商品，均应该分开堆垛，以便合理保管。应合理地确定垛距和通道宽度，便于装卸、搬运和检查。垛距一般为 0.5～0.8 m，主要通道为 2.5～4 m。

②牢固。货垛必须不偏不斜，不歪不倒，不压坏底层的商品和地坪，与屋顶、梁柱、墙壁保持一定距离，确保堆垛牢固安全。

③定量。每行每层的数量力求成整数，每层应该明显分隔，标明重量，便于清点发货。

④整齐。垛形有一定的规格，各个堆垛排列整齐有序，包装标志一律朝外。

⑤节约。堆垛时考虑节省货位和苫垫材料，提高仓库利用率。

⑥方便。垛位、垛形都应方便装卸搬运、发放、盘点和检查等作业。

2. 商品堆码的基本形式

堆垛根据商品的基本性能、外形等不同有各种形式。基本形式有：

（1）重叠式堆垛

逐件逐层向上重叠码高而成货垛，如集装箱堆垛。

（2）纵横交错式堆垛

将长短一致，宽度与长度相等的商品，一层横放，一层竖放，纵横交错堆码，形成方形垛。如锭材、管材、棒材、狭长的箱装材料等的堆垛。

（3）仰伏相间式堆垛

对于钢轨、槽钢、角钢等商品，可以一层仰放、一层伏放，仰伏相间而相扣，使堆垛稳固。

（4）压缝式堆垛

将垛底底层排列成正方形、长方形或环形，然后起脊压缝（或呈品字形）上码。适用于袋装商品、阀门、缸、建筑卫生陶瓷用品等。

（5）宝塔式堆垛

宝塔式堆垛与压缝式堆垛类似，但宝塔式堆垛则在四件物体的中心上码，逐层缩小，例如电线、电缆。

（6）通风式堆垛

堆垛时每件商品之间都留有一定的空隙，以利于防潮、通风。

（7）栽柱式堆垛

在货垛的两旁栽上2～3根木柱或钢棒，然后将材料平铺在柱中，每层或间隔几层在两侧相对应的柱子上用铁丝拉紧，以防倒塌。这种堆垛方式多用于金属材料中的长条形材料，例如圆钢、中空钢的堆码，因其适宜于机械堆码，故采用较为普遍。

（8）衬垫式堆垛

在每层或每间隔几层商品间夹进衬垫物，利用衬垫物使货垛的横断面平整，商品互相牵制，以加强货垛的稳固性。适用于四方整齐的裸装商品，如电动机等。

（9）"五五化"堆垛

"五五化"堆垛就是以五为基本计算单位，堆码成各种总数为五的倍数的货垛。即大的商品堆码成五五成方；小的商品堆码成五五成包；长的商品堆码成五五成行；短的商品堆码成五五成堆；带眼的商品堆码成五五成串。这种堆垛方式过目成数，清点方便，数量准确，不易出现差错，收发快，效率高，适用于按件计量的商品。

（10）架式堆垛

架式堆垛是利用货架存放商品，主要用于存放零星或怕压的商品。

四、垫垛

垫垛是指在货物码垛前，在预定的货位地面位置，使用衬垫材料进行铺垫。常见的衬垫物有枕木、废钢轨、货板架、木板、帆布、芦席、钢板等。

垫垛的目的是使地面平整；使堆垛货物与地面隔离，防止地面潮气和积水浸湿货物，并形成垛底通风层，有利于货垛通风排湿；使地面杂物、尘土与货物隔离；货物的泄漏物留存在衬垫之内，不会流动扩散，便于收集和处理；通过强度较大的衬垫物使重物的压力分散，避免损害地坪。

垫垛的基本要求是所使用的衬垫物与拟存货物不会发生不良影响，具有足够的抗压强度；地面要平整坚实、衬垫物要摆平放正，并保持同一方向；层垫物间距适当，直接接触货物的衬垫面积与货垛底面积相同，垫物不伸出货垛外；要有足够的高度，露天堆场要达到0.3～0.5 m，库房内0.2 m即可。

【例2—1】衬垫面积的确定

某仓库内要存放一台自重30 t的设备，该设备底架为两条2 m×0.2 m的钢架。该仓库库场单位面积技术定额为 3 t/m²。问如何采用 2 m×1.5 m、自重 0.5 t 的钢板垫垛?

货物对地面的单位面积压力为：30 t/（2×2×0.2）m²＝37.5 t/m²。远远超过库场单位面积技术定额 3 t/m²，必须垫垛。

假设衬垫钢板为 n 块，根据公式：

$$重量（含衬垫重量）=面积×库场单位面积技术定额$$

$$30\ t + n × 0.5\ t = n × 2\ m × 1.5\ m × 3\ t/m^2$$

$$n ≈ 3.53$$

则需要使用 4 块钢板衬垫。将 4 块钢板平铺展开，设备的每条支架分别均匀地压在两块钢板之上，如图 2—1 所示。

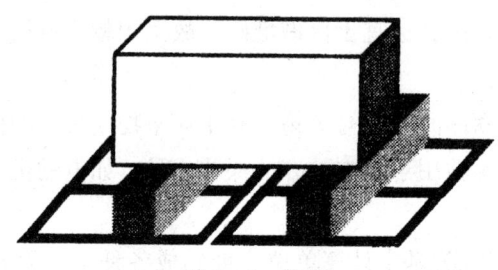

图 2—1 垫垛

五、苫盖

苫盖是指采用专用苫盖材料对货垛进行遮盖，以减少自然环境中的阳光、雨雪、刮风、尘土等对货物的侵蚀、损害，并使货物由于自身理化性质所造成的自然损耗尽可能减少，保护货物在储存期间的质量。常用的苫盖材料有：帆布、芦席、竹席、塑料膜、铁皮铁瓦、玻璃钢瓦、塑料瓦等。

1. 苫盖的方法

（1）就垛苫盖法

就垛苫盖法是指直接将大面积苫盖材料覆盖在货垛上遮盖。此法适用于起脊垛或大件包装货物，一般采用大面积的帆布、油布、塑料膜等。就垛苫盖法操作便利，但基本不具备通风条件。

（2）鱼鳞式苫盖法

鱼鳞式苫盖法是指将苫盖材料从货垛的底部开始，自下而上呈鱼鳞式逐层交叠围盖。该法一般采用面积较小的席、瓦等材料苫盖。鱼鳞式苫盖法具有较好的通风条件，但每件苫盖材料都需要固定，操作比较烦琐复杂。

（3）活动棚苫盖法

活动棚苫盖法是指将苫盖物料制作成一定形状的棚架，待货物堆垛完毕，将棚架移动到货垛遮盖，或者采用即时安装活动棚架的方式苫盖。活动棚苫盖法较为快捷，具备良好的通风条件，但活动棚本身需要占用仓库位置，也需要较高的购置成本。

2. 苫盖的要求

苫盖的目的是为了给货物遮阳、避雨、挡风、防尘。苫盖的要求就是实现苫盖的目的。其具体要求如下：

（1）选择合适的苫盖材料

选用符合防火、无害的安全苫盖材料；苫盖材料不会对货物产生不利影响；成本低廉，不易损坏，能重复使用；没有破损和霉烂。

（2）苫盖要牢固

每张苫盖材料都需要牢固固定，必要时在苫盖物外用绳索、绳网绑扎或者采用重物镇压，确保刮风揭不开。

（3）苫盖接口要紧密

苫盖的接口要有一定深度的互相叠盖，不能迎风叠口或留空隙；苫盖必须拉挺、平整，不得有折叠和凹陷，防止积水。

（4）苫盖的底部与垫垛平齐

苫盖不能腾空或拖地，应牢固地绑扎在垫垛外侧或地面的绳桩上，衬垫材料不露出垛外，以防雨水顺延渗入垛内。

（5）要注意材质和季节

使用旧的苫盖物或雨水丰沛季节，垛顶或者风口需要加层苫盖，确保雨淋不透。

第2节 仓储装卸搬运作业

一、装卸搬运合理化原则

1. 装卸搬运的概念

装卸搬运作业贯穿于仓库作业的各个环节中，如装卸车、上下磅秤、上下货垛等。严格地讲，装卸、搬运是两个不同的概念。装卸是指商品在空间上发生垂直方向为主的位移；搬运则是指商品在仓库区域内所发生的短距离的水平方向的位移。两者有区别，又有联系，故统称装卸搬运。

2. 合理装卸搬运的原则

（1）单位装载化原则

尽可能将装卸搬运物集中整理为托盘或集装箱的方式，可以提高装卸搬运效率。

（2）搬运平衡原则

装卸搬运系统必须考虑作业线的平衡,才能发挥应有的效率。

(3) 机械化原则

提高机械化、自动化作业程度,可以大大提高装卸搬运效率。

(4) 标准化原则

作业方法、设备及尺寸等的标准化,可以使装卸搬运设备共通化、作业单纯化,因此可以得到很好的效果。

(5) 安全原则

工作环境的安全性越高,则其生产力也会越高。

(6) 一次性作业原则

减少中间不必要的停顿,连续装卸搬运的流程是最经济的流程。

(7) 水平直线原则

直线的装卸搬运流程,其搬运距离是最短的,布置水平的搬运,可以使搬运距离最短、设备最省及成本最低。

(8) 简单化原则

提高装卸搬运有效性,避免过度包装而造成运费及装卸费用的增加。

(9) 活性原则

物品装卸搬运的难易程度称为物品的"活性",可用"活性指数"来表示。物流作业过程中,应使物品的活性指数逐步提高,称为"活化"。

(10) 重力利用原则

在搬运货物时尽可能使用利用重力的设备,省力、节能、高效。

(11) 设备应经常使用原则

机械设备因需投资相当的资金,因此必须使成本高的机械设备时常保持使用状态,避免机械设备利用率过低的情形。

(12) 现场布置原则

若作业现场布置合理,可以使搬运效率提高,避免不必要的曲折迂回的虚功。

(13) 弹性原则

搬运机械设备的利用范围越高,则其效率越高。以叉车为例,叉车除了可以装卸托盘货物外,还可以更换货叉等附属设备来操作其他各种货物,使其操作功能更为广泛。因此,搬运设备的价值是考虑共同性及弹性的比例。

(14) 最小操作原则

尽可能降低不必要的装卸搬运,减少重复操作或暂时放置等作业。

(15) 空间活用原则

场所的活用,既要利用平面的空间,还要考虑立体的空间。

(16) 降低死重率原则

货物的死重（即无用的包装、容器等）比例越少越好。

（17）预防保养原则

实施预防保养，可使机械设备经常处于最佳状态。

（18）废弃原则

对于旧设备或使用率低的设备则必须淘汰。

二、装卸搬运作业方式的选择

1. 装卸搬运作业方式的选择

（1）单件作业

单件作业是指非集装、按件计的货物逐个进行装卸操作的作业方法。单件作业装卸速度慢、作业次数较多，且装卸需要逐件接触货物，因而容易出现货损和误差。单件作业的装卸对象主要是包装杂货，多种类、少批量货物及单件大型、笨重货物。

（2）集装作业

集装作业是将零散的物资用适当的包装物或装置组成一个集装单元整体，对集装体逐个进行装卸搬运操作的作业方法。集装作业由于集装单元较大，只能采用机械进行装卸搬运。集装作业有以下几种方法：托盘集装、集装箱集装、货捆、集装网、集装袋、挂车等，其他集装作业方式还有滑板装卸、无托盘集装装卸、集装罐装卸等。

（3）散装作业

散装作业指对大批量粉状、粒状货物进行无包装散装、散卸的装卸搬运方法。装卸搬运可连续进行，也可采取间断的方式。散装作业方法主要有以下几种：

1）气力输送。利用管道或气力输送设备，以气流运动裹携粉状、粒状物沿管道运动而达到装、搬、卸的目的。管道装卸搬运密封性好、装卸能力高，易实现机械化、自动化。

2）重力装卸搬运。利用散货本身重量进行装卸搬运，散货必须有一定的高度。

3）机械装卸搬运。常有两种主要方式：一是用吊车、叉车改换不同机具或用专用装载机以抓、铲、舀等形式完成装卸搬运作业；二是用传送带、刮板等输送设备进行一定距离的搬运、卸货作业，并与其他设备配合实现装货。

（4）危险品的装卸作业

具有挥发性、毒害性、危险品质的商品如利用油罐车进库的汽油、煤油等，一般采用电动离心式油泵或油泵管路系统装卸；桶装油料可用各种移动式起重机或带桶夹的叉车装卸；对于压缩气体、有毒或剧毒商品、易燃易爆危险品，可用成件包装方式，并尽可能使用自动化、机械化设备装卸。

（5）综合机械化作业法

综合机械化作业是代表装卸搬运作业发展方向的作业方式。综合机械化作业要求作业机械设备和作业设施、作业环境的理想化配合，要求对装卸搬运系统进行全面的组织、管理、协调,并采用自动化控制手段(如电子计算机与信息传递),并取得高效率、高水平的装卸搬运作业。

2. 装卸搬运机具的选择

选择装卸搬运机具主要依据以下五个条件:

(1) 作业性质

明确作业性质,是单纯的装卸或搬运,还是需要装卸搬运多功能机具。

(2) 作业运动方式

根据作业场地、作业地规划,确定作业时的运动方式,一般典型运动方式有三种:水平运动、垂直运动和斜面运动。

(3) 作业速率

按物料及物流速度、进出量要求确定是高速作业还是平速作业,是连续作业还是间歇作业。

(4) 作业对象

作业对象可分为粉粒体、液体、散块体、包装体等,其中包装体又分为袋装、箱装、罐装等不同类型,这些都是选择机具及工作方式的依据。

(5) 搬运距离

在 500 m 以下可分为若干距离范围,以此来选择不同搬运能力的机具。

三、仓储装卸搬运作业机械化

装卸搬运设备是指在仓库作业过程中,为实现储存、收发物资和检斤、计重等所必需的物资空间位移而采用的劳动手段。装卸搬运设备能提高仓库作业机械化、自动化程度,能减轻劳动强度,节省人力物力,降低仓储成本,提高劳动生产率,因而在仓库中得到广泛的应用。

1. 仓储装卸搬运设备分类

(1) 按作业性质分类

按装卸及搬运两种作业性质不同可分成:装卸机械,如起重机等;搬运机械,如各种车辆及运输机;装卸搬运机械,如叉车等。

(2) 按机具工作台原理分类

按机具工作台原理不同可分为:叉车类,包括各种通用和专用叉车;吊车类,包括门式、桥式、履带式、汽车式、悬臂式、巷道式等各种吊车;输送机类,包括辊式、轮式、带式、链式、悬挂式等各种输送机;作业车类,包括手推车、搬运车、无人搬运车、台车等各种作业车辆;管道输送设备类,如液体、粉粒体的装卸搬运一体化的以泵、管道为主体结构的一类设备。

(3) 按有无动力分类

按有无动力可分为三类：重力式装卸输送机，如辊式、滚轮式等输送机属于此类；动力式装卸搬运机具，又有内燃式及电动式两种，大多数装卸搬运机具属于此类；人力式装卸搬运机具，用人力操作，主要是手动叉车、手推车、手动升降平台等。

2. 常用的装卸搬运机械

（1）起重机

起重机适用于装卸大件笨重货物，借助于各种吊索具也可用于装卸其他货物，同时，起重机也是唯一以悬吊方式装卸搬运货物的设备。其吊运能力较大，一般为 3~30 t。最常用的起重机有龙门起重机、桥式起重机和汽车起重机等几种。

（2）堆垛机

堆垛机是专门用来堆码或提升货物的机械，常用的种类有：

1）以动力区分。有人力、电力、天然气动力及柴油动力等几种。

2）以功能区分。有油压拖板车、电动拖板车、手动式堆垛机、配重式堆垛机、伸缩式堆垛机、窄道式堆垛机、拣货式堆垛机、薄片托盘专用堆垛机和无人堆垛机等几种。

（3）跨车

跨车是一种机动车辆，它可以跨在物体上部，通过液压操纵的各种夹具或吊具提起货物。跨车装有减振装置和悬挂型起升拖架，能在一般路面上快速行驶而不会损坏货物。跨车为四轮转向，转弯半径小。它主要用来跨运长而重的货物和集装箱等。

（4）牵引车

牵引车是用来牵引仓库平板拖车的电动或机动车辆，一般多为轮胎式，极少采用履带式牵引车。国内仓库大多使用汽车或拖拉机做牵引车。当牵引平板拖车与叉车并用时，可使货物装卸、运输、堆码作业完全机械化。

（5）传送带

传送带是一种在固定路径上运送散装或小包装件货物的设备。常用的传送带有两种基本类型：一种是动力型传送带，其特点是由机械或电力驱动，适于运送作业地点固定的大量的货物；另一种是重力型滚柱式或滚轮式传送带。

（6）非动力装卸搬运设备

包括双轮手推车、四轮手推车、平板拖车以及滚轮车等。

3. 仓储设施

（1）托盘

托盘是用于集装、堆放、搬运和运输的，放置作为单元负荷的货物和制品的水平平台装置。在平台上集装一定数量的单件货物，并按要求捆扎加固，组成一个集装单元，便于在仓储中使用机械进行装卸、搬运和堆存。叉车与托盘共同使用所形成的有效装卸系统大大促进了装卸活动的发展，使装卸机械化水平大幅度提高，使长期以来运输过程中的装卸瓶颈得以解决或改善。所以，托盘的出现也有效地促进了全物流过程水平的提高。托盘按结构不同，常见的有下列三种：

1）平板托盘。由双层板或单层板另加底脚支撑构成，无上层装置。

2）箱形托盘。以平板托盘为底，上面有箱形装置，四壁围有网眼板或普通板，顶部可以有盖或无盖。

3）柱型托盘。以平板托盘为底，四角有支柱，横边有可以移动的边轨，托盘装货时便于按照需要调整长度或高度。

托盘又可根据材质的不同分为木制、钢制、塑料、纸质及复合等多种托盘。

(2) 货架

货架是指用支架、隔板或托架组成的立体储存成件货物的设施。

1）货架的作用及功能

①货架可充分利用仓库空间，提高库容利用率，扩大仓库储存能力。

②货架存放遵循"分层堆放"的保管规范，存入货架中的货物互不挤压，可完整地保证物资本身的性能，减少货物的损失。

③货架中的货物，存取方便，便于清点及计量，可做到先进先出。

④可以采取防潮、通风、防尘、防盗、防破坏等措施，以保证和提高物资储存质量。

⑤很多新型货架的结构及功能有利于实现仓库的机械化及自动化管理。

2）货架的分类

①按货架的发展分类。传统式货架，包括层架、层格式货架、抽屉式货架、橱柜式货架、U形架、悬臂架、栅架、鞍架、气罐钢筒架、轮胎专用货架等；新型货架，包括旋转式、移动式、装配式、调节式、托盘式、进车式、高层式、阁楼式、重力式、屏挂式等。

②按货架的适用性分类。通用货架和专用货架。

③按货架的制造材料分类。钢材、钢筋混凝土、木制和钢木合制货架等。

④按货架的封闭程度分类。敞开式货架、半封闭式货架和封闭式货架等。

⑤按货架的结构特点分类。层架、层格式货架、橱柜式货架、抽屉式货架、悬臂架、三脚架、栅架等。

⑥按货架的高度分类。低层货架，高度在5 m以下；中层货架，高度在5～15 m；高层货架，高度在15 m以上。

⑦按货架载重量分类。重型货架、中型货架和轻型货架三种。

4. 自动化高层货架仓库

自动化高层货架仓库又称立体仓库，是一种货物存取自动化的高密度货架系统。其特征是：高层货架，规模较大，巷道较窄；以巷道堆垛机作为货物存取工具；周围配置货物进出的装卸搬运设备；用计算机对整个系统进行控制和管理，实现自动化作业。

自动化高层货架仓库的优点是：提高空间利用率，节约用地；存取作业机械化、自动化，提高劳动效率；减少货损货差，保证货物安全；提高仓储管理水平。但它的应用也有局限，例如投资大，耗料多，存取作业较慢，对各方面技术条件要求较高，机动灵活性较差等。

第 3 节　储存作业

一、储存的原则

企业在进行储存作业时一般应遵循以下原则：

1. 面向通道原则

为了方便物品在库内移动、存取，需将物品面向通道存放保管。

2. 分层堆放原则

为了提高仓库的利用效率、保证作业的安全性、防止物品受损，需要利用货架等保管设备进行分层堆放保管。

3. 先进先出原则

先进先出原则是为了防止库存物品因保管期过长而发生变质、损耗、老化等现象，特别是对于感光材料、食品等产品保质期较短的商品来说非常重要。

4. 周转频率对应原则

周转频率对应原则是指依据物品进货发货的频率来确定物品的存放位置。比如进货、发货次数频繁的物品应放置在靠近仓库进出口的位置。

5. 同一性原则

同一性原则是指相同类型的物品需存放在相同的位置，便于提高物流的效率。

6. 相似性原则

相似性原则是指相类似的物品需存放在相邻的位置，便于提高物流的效率。

7. 重量对应原则

重量对应原则是根据物品的重量确定物品存放的位置和保管方法。从方便搬运和安全作业的角度出发，重的物品应放置在地上或货架的底层，轻的应放置在货架的上层。

8. 形状对应原则

形状对应原则是根据物品的形状确定物品存放的位置和保管方法。包装标准化的物品应放置在货架上保管，非标准化的物品对应于形状进行保管。应尽量使非标准化物品（特殊形状的物品）成为标准化物品（包装上的标准化），以便提高保管效率。

9. 明确表示原则

明确表示原则是指对物品的品种、数量及保管货位清楚、明晰地表示。这样可以使作业人员容易找到物品存放的位置,从而提高物品存放、拣出等作业的效率。

二、商品编码与货位编号

为了保证仓储作业准确而迅速地进行,必须对商品进行清楚有效的编码和对货位进行编号。货位编号好比商品存放的地址,商品编码好比姓名。有了地址和姓名才能准确无误地进行投递。商品编码和货位编号后可通过计算机进行高效率和标准化的管理。

1. 商品编码

商品编码就是对商品按分类内容进行有序编排,并用简明的文字、符号或数字来代替商品的"名称""类别"。当商品种类达数百上千种时,若不进行商品编码就容易出现管理混乱,特别是对实现计算机管理,商品编码是必不可少的。

(1) 商品编码的原则

1) 简单性。商品编码的目的就是化繁为简,商品编码太复杂,就违反了编码的目的,因此商品编码使用各种文字、符号、字母、数字时应尽量简单明了,以利于记忆、查询、阅读、抄写等各种工作,并减少出错的概率。

2) 完整性。在商品编码时,所有的商品都应有对应的商品编码。

3) 对应性。一个商品编码只能代表一项商品,不能一个商品编码代表数项商品,或数个商品编码代表一项商品,即商品编码应具备单一性,一一对应。

4) 易记性、规律性。商品编码要统一,应选择容易记忆、有规律的方法,有暗示和联想的作用,以便于记忆,使人不必强制性记忆。

5) 伸缩性。商品编码要考虑到未来新产品、新材料发展扩充的情形,要留有一定的余地,新材料的产生也有对应的唯一的编码。

6) 分类延展性。对于复杂的商品,进行大分类后还要进行细分类,所以编码时应注意选择的数字或字母要具有延展性。

7) 计算机的易处理性。现代企业大部分都使用了计算机网络化的商品管理系统,如何使商品编码在计算机系统上方便地查询、输入、检索等,是非常重要的。

(2) 商品编码的方法

1) 数字法。以阿拉伯数字为编号工具,按商品的特性、流水方式等进行编号的一种编码方法。可按数字顺序一直编下去,如1—毛巾,2—肥皂,3—洗涤剂,4—清洁剂,……,n—牙膏;或将数字分段分组,如1~10为毛巾,11~20为肥皂,……;也可利用编号末尾数字,对同类商品进一步分类,如1.1为白毛巾,1.2为蓝毛巾,1.3为花毛巾,……

2) 字母法。以英文字母为编码工具,按各种方式进行编码。

3) 实际意义编码法。按照商品名称、重量、尺寸、分区、储位、保存期限等实际情况来编码。例如 FO4810A2—15:FO 表示 food(食品类),4810 表示包装尺寸为 $4 \times 8 \times 10$,A2 表示 A 区第 2 排货架,15 表示有效期 15 天。

4) 暗示编码法。是用数字和文字组合编码，字母、数字与商品能产生联想，看到编码就能联想到相应的商品，暗示了商品内容，此法易记忆。例如：表2—1中，BY表示自行车（bicycle），26表示车轮半径为26 cm，WM表示白色（white）男式（man），10表示供应商代号。

表2—1　　　　　　　　　　　　自行车暗示编码表

品名	尺寸	颜色与类型	供应商
BY	26	WM	10

2. 货位编号

（1）货位编号的方法

货位编号好比商品的地址，是将库房、货场、货棚、货架按地址、位置顺序统一编列号码，并做出明显标志。货位编号工作应该从仓储条件、不同商品类别和批量零整的情况出发，搞好货位划线及编号秩序，以符合"标志明显易找，编排规律有序"的要求。常见的货位编号方法有：

1) 地址法。利用保管区中现成的参考单位，如建筑物第几栋、区段、排、行、层、格等按相关顺序编号，如同地址的市、区、路、号一样。常用的有"四号定位"法。"四号定位"是采用四组数字号码对库房（货场）、货架（货区）、层次（排次）、货位（垛位）进行统一编号。例如5—3—2—11编号就是指5号库房（5号货场），3号货架（3号货区），第2层（第2排），11号货位（11号垛位）。

2) 区段法。这是把保管区分成几个区段，再对每个区段进行编码。这种方法是以区段为单位，每个号码代表的储区较大。区域大小根据物流量大小而定。

3) 品类群法。把一些相关性商品经过集合后区分成几个品项群，再对各品项群进行编码。它适用于易按商品群保管的场合和品牌差距大的商品，如服饰群、五金群、食品群等。

（2）货位编号的运用

1) 当商品入库后，应将商品所在货位的编号及时登记在账册上或输入计算机。货位编号输入的准确与否，直接决定了出口区货的准确性，应认真仔细操作，避免差错。

2) 当商品所在的货位变动时，该商品账册上的货位编号也应做相应的调整。

3) 为提高货位利用率，同一货位可以存放不同规格的商品，但必须配备区别明显的标志，以免造成差错。

三、仓容定额

仓容是仓库容量的简称。它由仓库的面积与高度或载重量所构成。仓库在具体确定每一货区的商品储存量时，必须要有仓容定额作为计算依据。仓容定额是指在一定条件下，单位面积允许合理存放商品的最高数量。

1. **仓容定额的内容**

(1) 仓库面积利用率定额

仓库面积利用率定额是指仓库有效面积与使用面积的合理比率。它是反映货垛、货架摆放科学程度的指标,此值越大,仓库存放商品的能力就越高。

(2) 单位面积储存量定额

单位面积储存量定额是指在单位有效面积里储存商品的数量。

(3) 仓容定额

仓容定额是指仓库有效面积和单位面积储存量的乘积,也就是仓库的容量,或称该库房的储存能力,作为定额确定下来。

2. **仓库有效面积的合理利用**

(1) 仓库建筑面积

仓库建筑面积指仓库内所有建筑物所占平面面积之和。若有多层建筑,则还应加各层面积累计数。对仓容来讲,仅指生产性建筑面积。

(2) 仓库总占地面积

仓库总占地面积指从仓库外墙线算起,整个围墙内所占的全部面积。若在墙外还有仓库的生活区、行政区或库外专用线,则应包括在总占地面积之内。

(3) 仓库使用面积

仓库使用面积指仓库可以用来存放商品所实有的面积之和,即包括库房、货棚、货场的使用面积之和。

(4) 仓库有效面积

仓库有效面积指在库房、货棚、货场内计划用来存放商品的面积之和,即库房使用面积减去必需的通道(包括消防通道)、垛距、墙距及进行验收、备料的区域等面积后所剩余的面积。

(5) 仓库面积有效率

仓库面积有效率是指仓库有效面积与仓库使用面积的百分比,由此可见,走道、支道的设置是否合理,会直接影响仓库面积有效率的高低。

3. **单位面积储存量的合理利用**

单位面积储存量在客观上受到商品的性能、包装、装卸机械、库房高度和地坪载重量等条件的影响。在主观上受到储位管理、调度安排、堆垛技术条件的影响。因此,一般要对历史和现状进行调查分析,充分考虑主观、客观因素,根据安全、方便、节约的原则,合理地测定单位面积储存量。

仓库商品储存量一般以储存吨作为计量单位,常分为重量吨和体积吨两种。

(1) 储存量的含义

1) 重量吨。重量吨又称实重吨,是指商品毛重大于 1 000 kg,而体积(包括外包装)

不足或等于 2 m³，以商品实际重量计算的"吨"。库房里储存以重量吨计算的商品，测定单位面积储存量时只要核定载重量利用程度即可。

2) 体积吨。体积吨又称尺码吨，或尺吨、泡吨，是指商品体积达 2 m³ 及以上、而毛重不足 1 000 kg 的轻泡商品，以商品的体积每 2 m³ 折算为 1 t 的"吨"。库房里储存以体积吨计算的轻泡商品，测定单位面积的储存量时只要核定库房高度利用程度即可。

(2) 库房载重量及其利用

1) 库房载重量。库房载重量即库房地面的安全载重量。它表示库房每平方米地面所能承载的商品在静止状态下的重量。在商品堆垛时超载，会导致建筑物损坏，影响仓库建筑的使用年限。

2) 库房载重量的利用。库房载重量利用率是指库房单位面积平均实际载重量与单位面积核定载重量的百分比。库房载重量受主客观条件的影响不可能 100％地利用，库房载重量利用程度高，单位面积储存量也高。反之，单位面积储存量也低。

(3) 库房可用高度及其利用

1) 库房可用高度。库房的可用高度是构成仓容的因素之一。可用高度是指库房横梁高度减去顶距或灯距后剩下的高度。

2) 库房可用高度的利用。高度利用率是货垛平均高度与库房可用高度的比率。

按体积吨计算的商品，它的单位面积储存量受到库房高度的制约，而库房高度又受垫垛高度、顶距大小、商品包装、批量、吞吐特点、堆垛技术等主客观条件的影响，所以不能全部利用。高度利用率高，单位面积储存量也高。反之，单位面积储存量也低。

4. 仓容定额的制定

(1) 仓容定额的核定

核定仓容定额需要对仓容使用的历史和现状进行调查和分析，采用统计分析方法加以核定。核定的仓容定额既要先进，也要留有余地。其计算公式为：

储存按尺码吨计算的商品的储存量（t）＝（使用面积×面积利用率）×
（库房可堆货高度×高度利用率÷2 m³）

储存按重量吨计算的商品的储存量（t）＝（使用面积×面积利用率）×
（地坪载重量×载重量利用率）

(2) 影响仓容定额的因素

影响仓容定额的因素很多，商品本身的性质特点、形状、重量，仓库地坪的载重量，商品的堆码方法、保管方法、仓库结构、库房高低以及机械化程度等都影响仓容定额。其中商品本身的性质和地坪载重量是主要影响因素。

(3) 仓容定额的修订

仓库储存的商品不是固定不变的，装卸工具、堆垛技术和管理水平也在不断改进和提高，作为考核仓容使用是否合理的定额标准，当然不能一成不变，而是要定期做出调整和修订。否则就会脱离实际，失去定额的效用。

5. 仓容定额的应用

仓容定额的制定往往是定额工作的开始，更重要的是定额的应用，是在安全、方便、节约的前提下最大限度地发挥仓容的使用效能。提高仓容使用效能的主要途径有：

（1）合理规划布局，扩大仓库有效面积

可通过改进货垛垛形和排列方法，使货位布局紧凑，尽量扩大货垛实占面积；尽量将非储存空间设置在角落，以免影响保管空间的整体性，便可增加储存商品的保管空间；减少通道面积，但不能影响作业车辆通行及回转等。

（2）向上发展，做到重容结合

向上发展应结合商品的性能和包装，根据可供利用的库房高度和地坪载重量情况，做到重容结合。向上发展的方法多为利用货架，例如驶出、驶入式货架便可堆高 10 m 以上，窄道式货架可堆高 15 m 左右。

（3）调整储存条件，提高仓容使用效能

按照商品分区管理、分类存放的原则，合理调整存放地点，使储存条件与商品性能相适宜，提高仓容使用效能。

四、商品养护技术

1. 影响商品质量的因素

（1）库存商品的变化

库存商品每一瞬间都发生着变化，这一变化在由量变进入质变前，并不为人们所察觉。商品在保管过程中发生变化的常见形式有：

1）挥发。挥发是指液态物质在空气中汽化而变成气体散发到空气中的现象。

2）溶化。溶化是指某些固体物质吸收空气中的水分达到一定程度时，溶化成液体的现象。

3）熔化。熔化是指某些固体物质受热变软以致变成液体的现象。

4）干燥。干燥的实质是由于周围空气温湿度的变化，使固体物质中的水分散失，含水量减少，本身重量减轻。

5）变形。某些固体材料受外力的作用或本身产生的内应力，会使其形状发生变化，降低其使用价值，例如木材、竹材及其制品。

6）氧化。某些物质与空气中的氧接触所发生的化学变化，称为氧化。

7）老化。老化是指高分子材料在加工、储存和使用的过程中，由于内外因素的综合影响而失去原有的优良性能，以致最后丧失使用价值的变化过程。

8）风化。风化是指含有结晶水的化合物在一定条件下失去结晶水而改变原来的形状。

（2）影响库存商品发生变化的因素

商品发生变化是多种因素综合作用的结果。了解和掌握库存商品发生变化的因素，才能针对各类商品的特性，进行科学的保管，以达到防止、延缓或减少库存商品变化，减少或避免商品损失和损耗的目的。

1）影响商品变化的内在因素。商品自身的特性是商品发生变化的内因，主要包括商品的化学成分、物理形态、理化性质、力学以及工艺性质等。

2）影响商品变化的自然因素。各种自然因素是影响商品变化的外因，包括温度、湿度、空气、日光、细菌、害虫、老鼠、尘土、灾害性气候等。

3）储存时间。储存时间对任何商品都有一定的影响，一般说来，储存时间越长其影响就会越大。有些商品长时间储存会变质损坏，以致完全失去使用价值。

综上所述，在影响库存商品变化的主要因素中，商品本身的特性是仓储过程中无法改变的，而外界自然因素是在仓储过程中能够加以控制的。因此，在商品保管养护过程中，应对影响库存商品变化的各种自然因素进行控制，消除其不利影响。

2. 仓库温湿度控制

由于商品的性质不同，其所适应的温湿度也不同。仓库温湿度的变化对储存商品的质量、安全影响很大，而仓库温湿度往往又受自然气候变化的影响，这就需要仓库管理人员正确地控制和调节仓库温湿度，以确保储存商品的质量安全。

(1) 有关温湿度的基本概念

1）温度。温度表示空气的冷热程度，单位为℃。

2）绝对湿度。绝对湿度是单位体积空气中所含水蒸气的质量，常用单位为 g/m^3。

3）饱和湿度。饱和湿度是单位体积空气中所能含有的最大的水蒸气质量。

4）相对湿度。相对湿度表示空气的干湿程度，是同温度下，绝对湿度与饱和湿度的百分比。

5）临界湿度。临界湿度是指引起金属材料锈蚀或其他材料霉变的相对湿度范围。钢材的临界湿度为 75%～80%，木材、纸、棉织品为 70%～75%，生铁为 65%～70%，食品、药品为 60%～65%。

(2) 温湿度的测定

在进行商品保养时，只有通过准确的测量，获得库房内外空气温湿度的具体量值，才能采取可靠的措施来控制仓库温湿度。常见的测温、测湿仪器有以下几种：

1）干湿球温度计。又称干湿表。在库外设置干湿表时，为避免阳光、雨水、灰尘的侵袭，应将干湿表放在百叶箱内。百叶箱内干湿表的球部离地面高度 2 m，百叶箱的门应朝北安放，以防观察时受阳光直接照射。箱内保持清洁，不放杂物，以免妨碍空气流通。

在库内，干湿表应安置在空气流通，不受阳光照射的地方，不要挂在墙上，挂置高度与人眼高度持平，约 1.5 m。

每日须定时对库内、库外的温湿度进行观测记录，一般在上午 8—10 时，下午 2—4 时各观测一次。记录资料要妥善保存，定期分析，摸出规律，以便掌握商品保管的主动权。

2) 毛发湿度计。在我国北方各地，库房内外气温较低，许多场合都低于-5℃，所以在北方各地常用毛发湿度计来直接测量空气的相对湿度。毛发湿度计由脱脂毛发、指针、刻度盘几部分构成。

3) 通风湿度计。通风湿度计又称为阿斯曼湿度计，它的测湿原理与干湿球温度计相同，不同的是它的两只温度计球部都装在一个套管内。

（3）库内温湿度控制和调节方法

实践证明，将通风、排水、密封与吸潮等措施相结合，是当前控制与调节库内温湿度行之有效的办法。

1) 通风。通风是根据空气流动的规律，有目的地使库内外的空气交换，调节库内空气温度和湿度。常用的通风方法有：自然通风，即开启库房门窗和通风孔，让库内外空气自然交换；机械通风，是利用通风机械产生的推压力或吸引力，使库内外空气形成压力差，从而强迫库内外空气发生流动和置换的方法。

通风是为了散热和散潮，能否达到这一目的，关键在于通风时机的把握。正确的通风应当是根据商品性质的要求，分析库内外温湿度的实际情况和变化趋势，并参考风向、风力，有计划、有时间地进行，让空气自由交换。一般当库内的相对湿度大于库存物资的临界湿度时就需要通风降湿；当库内的绝对湿度大于库外的绝对湿度时就可以通风降湿。

2) 密封。密封是把商品尽可能严密地封闭起来，减少或阻止外界不良气候和其他不利因素的影响，达到防潮、防热、防干裂、防冻、防溶化的目的，还可以收到防霉、防火、防锈蚀、防老化等方面的效果，保证商品安全储存。密封储存的形式主要有：

①整库密封。将库房整个密封起来。

②按垛密封。用密封材料将货垛上下四周整垛密封起来，以防止和减少外界不良因素对商品的影响。这种密封方式适用于存放在露天货场的易锈蚀商品。

③库内小室密封。在库内选择空气温度较低且干燥的适当地点，用透气性较小的材料围筑成临时性密封小室。

④货架密封。用密封材料将货架密闭起来，以防止透气和落入灰尘。对于出入频繁、怕潮、易锈、易霉的小件物品，可采用货架密封的方式。

⑤按件密封。将个体商品的包装严密地进行封闭，一般适用于体积小、易霉、易生虫、易锈蚀的商品，如皮革制品、竹木制品、工量具、乐器、仪表等。

3) 吸潮。吸潮是利用物理或化学方法，将库内潮湿空气中的部分水汽除去，以降低空气湿度。吸潮的主要方法有：

①生石灰（氧化钙）。吸湿性较强、速度较快、价格便宜、来源充足，每千克生石灰可吸水 0.2~0.25 kg，有一定腐蚀性，使用中应防止污染库存商品。

②氯化钙。白色的结晶体，吸湿后溶化为液体，有一定腐蚀性，使用中应防止污染库存

商品。每千克工业氯化钙可吸水 0.7~0.8 kg，干燥后的白色结晶体可以复用。

③硅胶。无色透明的颗粒状固体，具良好的吸湿性。吸湿后固体不潮、不溶、不污染库存商品，没有腐蚀性。每千克硅胶可吸水 0.4~0.45 kg，烘干后可继续使用。

4) 排水。可利用沟、渠排除货场上的雨水、积水和地下水，是防潮的重要措施。

以上这些方法往往共同使用，以有效地控制储存区的温湿度，如先进行通风，后加以密封作为巩固通风效果的辅助措施；密封后再吸潮，此时吸潮又成为密封的辅助措施。通常，在库内进行吸潮必先进行密封，无密封的吸潮是徒劳的。

3. 商品养护的技术和方法

库存商品在储存过程中由于本身自然属性的作用，以及受到储存条件和自然条件的影响，而使其质量发生劣变。下面是几种主要的预防商品损耗的方法：

(1) 商品的霉变、腐烂的防治

对于易发生霉变货物的防护工作主要是创造不利于微生物生长的条件或采用抑制其生长的方法，以达到不发生霉变的目的。

1) 控制储存条件

①温度。各种微生物适宜生长的温度范围各不相同，一般说细菌适宜生长的温度为 30~37℃，霉菌适宜生长的温度为 25~32℃，酵母菌适宜生长的温度为 25~28℃，因此，把温度控制在微生物适宜生长的最高温度之上或最低温度之下，就可以基本抑制其生长。

②湿度。空气的干湿程度直接影响微生物体内的水分含量。在干燥的空气环境中，微生物不断失去体内水分使其生长受到抑制，因此，对于一些易霉变的货物就可以通过通风、摊晾、日晒或烘烤使水分蒸发来防止霉变。

③氧气。各种微生物都需要通过呼吸氧气才能生长，可以采取不提供氧的办法防霉。

④酸碱度。不同的微生物有不同的生存酸碱度范围，可以在商品或包装内放置一些对物品质量无影响的酸性或碱性物质以防霉变。

2) 化学方法防止霉变。使用抑制微生物生长的化学药物放在商品或包装内防止霉变，效果好、费用低。应在生产过程中进行一次性处理，就可在生产、储存、运输、经营、消费各个环节中都起到防止霉变的作用。

3) 物理方法防霉。主要有紫外线、微波、辐射等。

(2) 商品老化与防治

以高分子化合物为原料制成的橡胶、塑料、化纤等制品在储存过程中受到空气中的氧、热以及光照的影响，经过一定的时间后，发生变色、变软、发黏、变形、硬化、变脆、表面龟裂等现象，这些现象都称为老化。防老化的措施是：

1) 气温较高季节，这类商品要储存在温度较低、阴凉干燥的库房，不得储存在露天货场或简易货棚内。

2) 与酸、碱以及能挥发的氨、氯、二氧化硫、硫化氢、氯化氢等有害气体的化工产品严格隔离存放，库房窗玻璃应涂白色，以防日光直射。

3）库房内要加强温湿度控制与调节，库温不超过30℃，可以利用自然通风降温，也可以使用空调机降温。乳胶制品、聚丙烯、聚氯乙烯制品在冬季库温不宜低于0℃，以防受到低温影响变硬、变脆，从而在搬运操作、堆码装卸过程中受到撞击、震动时易破碎。

4）堆垛高度应根据包装条件适当掌握，过高易使底层受重压而发生破裂、变形或粘连。

（3）商品虫蛀与防治

蛀虫生存的条件是水、氧气、温度和营养物质，破坏其生存的条件就可以达到防治的目的。因此，保持仓库和商品的干燥程度，能在一定程度上抑制害虫的危害；当空气中氧的浓度低于5％，温度超过30℃或低于0℃时，对害虫的活动就有一定的抑制作用；用治虫剂对易被虫蛀的商品（食品除外）进行处理，也能达到防治效果。

（4）金属制品锈蚀的防治

锈蚀是指金属制品表面在环境介质的作用下，发生化学与电化学作用而遭受破坏的现象。金属制品的防锈，主要是针对影响金属锈蚀的外界因素进行的。

1）控制和改善储存条件。应选择适宜的保管场所，保持库房干燥，保持商品及其储存场所清洁；应妥善存放、码垛和苫盖，保持材料防护层或包装完整；坚持定期检查，并做好记录，发现储存条件有变化，应及时控制和改善。

2）涂油防锈。在金属制品表面涂（或浸、喷）一层防锈油脂薄膜。防锈油分为软膜防锈油和硬膜防锈油两种。软膜防锈油防锈能力稍差，但容易用有机溶剂清除，软膜防锈的使用方式有按垛油封、按包油封、个体油封等三种；硬膜防锈油防锈能力强，但油膜不易清除，多用于露天存放的钢材。

3）气相防锈。气相防锈是利用一些具有挥发性的化学药品，在常温下迅速挥发，并使空间饱和，它挥发出来的气体物质吸附或沉积到金属制品的表面并阻碍金属的腐蚀。

4）可剥性塑料。可剥性塑料是以塑料为基体的一种防锈包装材料。一般配方中加有矿物油、防锈剂、增型剂、稳定剂及防霉剂等。可剥性塑料涂覆于金属表面上成膜后，并不直接黏附于金属表面，而是被一层析出的油膜与金属隔开，故启封时不需借助溶剂就能用手轻易剥除。可剥性塑料保护层透明，耐候性（经受恶劣气候的性能）好，在－40～60℃都可不受破坏，防锈期长，适用于钢、铁、铜、铝等金属。

5）涂料防锈。在金属材料表面均匀地涂上一层涂料，是应用极为广泛的一种防锈方法，其优点是施工简单，适用面广，缺点是涂膜容易开裂、脱落，而且可从涂层空隙间透过湿气，往往在涂层底下发生金属锈蚀。

6）防锈水防锈。防锈水防锈也是应用比较广泛的防锈方法，但因防锈期限短，故多见于工序间防锈。如果金属材料的库存周期很短，也可采用。

4. 冷藏库管理

冷藏库是采用机械制冷方法，创造特定温度和相对湿度的条件，加工和储存食品、工业原料、生物制品以及医药等商品的保温仓库。冷藏库管理的要求主要有：

(1) 对冷库的要求

冷库应具有可供商品随时进出，可经常打扫、清洁、消毒、晾干的条件；冷库及冷库内的所有设备、工具，冷库的外室、走廊、汽车月台及附属车间等场所，都要符合卫生要求；冷库还应具有通风设备，以随时除去库内异味；冷库内的运输设备（如电梯设备）及所有衡器（如地秤、吊秤等）都要经有关单位检查，保证完好、准确；冷库还应具有完备的消防设备。

(2) 对入库食品的要求

1) 对冷库入库食品的要求。凡进入冷库保藏的食品必须新鲜、清洁，经过检查合格。食品冻结前必须进行冷却和冻缩工序，在冻结中不得有热货进库。已经腐败变质、散发臭味、肉色发绿的肉类、鱼类，经过雨淋或水浸过的鲜蛋，用盐腌或盐水浸泡没有密封的食品、流汤、水的食品及有臭味的食品不得入库。

2) 食品入库前的准备工作。在食品到达前，应当做好一切准备工作。食品到达后必须根据发货单和卫生检查证，双方在冷库月台上进行交接验收，并立即组织入库。在入库过程中，对带有强烈挥发性气体、腥味的食品和要求不同贮藏温度的食品，需经处理的食品应用专库贮藏，不得混放，以免相互感染或串味。

3) 严格掌握库房的温度、湿度。对冻结物冷藏间的温度要保持－18℃。库温只允许在短时间内有小的波动，在正常情况下温度波动不得超过1℃。在大批冷藏食品进库、出库过程中，一昼夜升温不得超过4℃。冷却物冷藏间在通常情况下，库房温度升降幅度不得超过0.5℃，在进出库时冷库温度升高不得超过3℃。

五、仓储安全

1. 仓储安全工作的主要内容

(1) 仓库的保卫、警卫工作。

(2) 有毒、有害品和危险品的安全技术。

(3) 消防工作。

(4) 操作安全技术。

(5) 运输安全。

2. 有毒、有害品和危险品保管与作业安全

(1) 装卸、搬运的安全

有毒、有害品和危险品的装卸搬运是仓库安全作业的重要环节，稍有疏忽或违反操作规程，就会发生严重事故，以致发生中毒、燃烧和爆炸等恶性事故。因此，在作业时必须严格遵守操作规程，以保证安全。

(2) 安全储存措施

1) 储存大量化工危险品的仓库,应根据货物性质不同,进行分区分类隔离储存;个别性质极为特殊的物资,应进行专仓专储。

2) 爆炸品和放射性物品必须单独存放于专库中,起爆器材与炸药不能同库存放。

3) 相互抵触能引起燃烧、爆炸或灭火方法不同的物品,不得在同一库房内储存。如氧化剂与易燃物品,氰化物与酸性腐蚀物品,苯类与醇类等都不得存放在一起。

4) 遇水燃烧和怕晒的危险品不得在露天存放,怕冻的物品应在暖库存放。

5) 不得在库房内进行串倒换桶、焊修、整修、分装、打包和其他可能引起火灾的操作。

6) 容器包装应密闭、完好无损,如果发现破损渗漏,必须进行安全处理,改装换桶必须在库房外安全地点进行。对易燃、易爆品应使用不发生火花的工具。

7) 加强平时检查工作,对性质不稳定,容易分解、变质,引起燃烧、爆炸的物资除按规定时间检查外,应定期进行测温、化验,相应地采取安全措施,防止发生自燃爆炸。

8) 换装的容器在使用前必须进行检查,彻底清洗,以防残留物质与装入物质发生反应,引起燃烧爆炸和中毒。

9) 装有气体的钢瓶在库内存放时不得超过允许的安全数目。

10) 销毁或处理有燃烧、爆炸、中毒和其他危险的废弃化学危险品时,应采取可靠的安全措施,并征得当地公安、环保部门同意后方可进行,严禁随便堆放或排入地面、地下等。

11) 剧毒物品用后的包装箱、纸袋、瓶、桶等必须严加管理,统一处理。未彻底洗刷干净的容器,不得改作他用。

3. 电器安全管理

(1) 要经常检查电线是否有年久失修、破损的现象,以及线路是否有破损现象。

(2) 不准将带电的电线成捆、打结或悬挂在铁线、铁钉上。

(3) 不准将导线裸端直接插在插座上当插头用。

(4) 安装的电源开关位置离地应不小于 1.5 m,灯泡离地高度不应低于 2 m,与可燃物之间的距离不应小于 50 cm,灯泡正下方不准堆放可燃物,最好使用防爆灯。

(5) 库房内不准使用电炉、热得快等电热器具,不准私拉乱接电线。

4. 消防工作

消防工作的方针是"以防为主、以消为辅、消防结合"。仓库应采取积极有效措施,加强防范,消除火灾隐患,杜绝火灾的发生。

(1) 消防安全的组织设置

仓库防火一般可建立四级管理制度,即:仓库主管部门、仓库、分库或货区、基层班组或具体部位。各级都要有明确的职责范围和工作标准,都要有明确的防火负责人,实行谁主管谁负责的原则。

国家储备库以及火灾危险性大、距公安消防队较远的大型仓库,一般应设专职消防队。不设专职消防队的仓库,要设有专职消防工作人员,具体负责日常消防工作。义务消防队是由仓库职工组织起来的群众性自防自消的消防队伍，一般是以分库（货区）为单位来组建，它的职责是发动群众、提高警惕、广布耳目、防火救火。

(2) 灭火的基本方法

1) 冷却法。在灭火过程中，把燃烧区的温度降低到燃烧点以下，使之不能燃烧。

2) 窒息法。使燃烧物因缺乏助燃气体而使火熄灭。如使用黄沙、湿棉被、四氯化碳灭火器、泡沫灭火器等，使火窒息熄灭。

3) 拆除法。又称破坏法。在灭火过程中，为避免火势蔓延和扩大，可以拆除部分建筑或及时疏散火场周围的可燃物，使火熄灭。

4) 隔离法。将浸湿的麻袋、旧棉被等物遮盖在火场附近的其他易燃物和未燃烧物上，防止火势蔓延。在大面积的仓间中建立防火隔断墙就是依据这一道理。

5) 分散法。将集中的货物迅速分散，孤立火源，一般用于露天仓库，库内也可以采用。

(3) 消防安全管理措施

在消防安全管理中，要注意做好火源管理，应当在仓库各醒目部位设置"严禁烟火""禁止火种入内"等防火标志，提醒一切人员随时注意烟火；严禁易燃易爆货物进入仓库；库房内严禁使用明火、不准使用火炉取暖等。

货物储存管理应根据公安部《仓库防火安全规则》的规定，按照火灾危险程度的不同，将货物分为甲、乙、丙、丁、戊五大类分区分类储存。在分区分类储存的同时，还应在仓库的醒目处标明库存货物的名称、主要特性和灭火方法等。同时，在搬运装卸及电气设备的管理工作中，应制定相应的管理措施，更好地杜绝火灾的发生。

第4节 盘点与检查作业

一、商品盘点

1. 商品盘点的分类

盘点是指对在库储存的所有商品分别进行数量清点的业务活动。

(1) 账面盘点

账面盘点是把每天入库及出库商品的数量及单价记录在计算机中或账簿上，而后不断地累计加总算出账面上的库存量及库存金额。

(2) 现货盘点

现货盘点是实地点数、调查仓库内的实际库存数，再计算库存金额的方法。

正常情况下账面盘点与现货盘点的结果应完全一致。如存在差异，即产生账物不符的现象，就应分析、寻找错误原因，划清责任归属。

2. 商品盘点的方法

（1）动态盘点

动态盘点也称永续盘点，是对发生过收、发的商品即时核对该批商品余额是否与账、卡相符的一种盘点方法。动态盘点有利于及时发现差错和及时处理。

（2）循环盘点

循环盘点是将库存商品分为若干部分，再按顺序一部分、一部分地进行盘点，到了月末或期末则对每部分商品至少完成一次盘点的方法。

（3）全面盘点

全面盘点是指对在库商品进行全面的盘点清查。通常多用于清仓查库或年终盘点。全面盘点的工作量大，检查的内容多，应把数量盘点、质量检查、安全检查结合在一起进行。

（4）重点盘点

重点盘点是指对进出动态频率高的、易损耗的、昂贵商品的一种盘点方法。

（5）定期盘点

定期盘点是指在期末一起清点所有商品数量的方法。期末盘点必须关闭仓库做全面性商品的清点，因此对商品的核对十分方便和准确，可简化存货的日常核算工作。缺点是关闭仓库、停止业务会造成损失，并且动员大批员工从事盘点工作，加大了期末的工作量；不能随时反映存货收入、发出和结存的动态，不便于管理人员掌握情况；容易掩盖存货管理中存在的自然和人为的损失；不能随时结转成本。

3. 盘点结果的处理

（1）盘点差异因素分析

当盘点结束后，发现账货不符时，应追查差异的原因。常见的原因有：记录及账务处理有误，或进、出库的原始单据丢失；盘点方法不当，漏盘、重盘或错盘；盘点制度和货账处理制度的缺陷导致货账不符或数目无法表达；盘点账货的差异是否在容许范围之内；盘点的差异是否可事先预防，是否可以降低货账差异的程度等。

（2）盘点结果的处理

商品盘点差异原因追查清楚后，应制定解决办法。

1）盘点账货的差异在容许范围之内，由仓库负责人审核、批准核销；超过容许范围的应及时查明原因，常有磅差、保管损耗、计量方法不同及差错等原因。

2）对废次品、不良品减价的部分，应视为盘亏。

3）存货周转率低、占用金额过大的库存商品宜设法降低库存量；呆滞品比率过大，宜设法研究，致力于降低呆滞品。

4）盘点工作完成以后，所发生的差错、呆滞、变质、破损、盈亏、损耗、超储等结果，应予以迅速处理，并防止以后再发生。

5）账外商品（未经正式入账的在库商品及已销账的待出库运送商品）应与库存商品严格区分，以免混淆实际库存数。

二、商品检查

1. 商品检查的内容

商品即使检验、验收合格入库之后，为保证在库储存保管的商品质量完好、数量齐全，还必须经常、定期进行检查数量、质量、保管条件、计量工具、安全等全面的检查工作。检查的内容主要是：

（1）查质量

检查在库商品质量有无变化，包括受潮、锈蚀、发霉、干裂、虫蛀、鼠咬，甚至变质等情况；检查有无超过保管期限和长期积压现象；检查技术证件是否齐全，是否证物相符；必要时，还要进行技术检验。

（2）查数量

查商品的数量、规格是否准确，核对账、卡、物是否一致。

（3）查保管条件

检查库房内外储存空间与场所利用是否恰当；储存区域划分是否明确，是否符合作业情况，储区标志是否清楚、正确，有无脱落或不明显；货架布置是否合理，商品进出是否方便、简单、快速；搬运是否方便，传递距离是否太长；温湿度是否控制良好；检查堆码是否合理稳固，苦垫是否严密，库房是否漏水，场地是否积水，门窗、通风洞是否良好等，即检查保管条件是否与各种商品的保管要求相符合。

（4）查设备

检查各项设备使用和养护是否合理、是否定期保养；储位、货架标示是否清楚明确，有无混乱；检查计量器具和工具，如皮尺、磅秤以及其他自动装置等是否准确，使用与保管是否合理等。

（5）查安全

检查各种安全措施和消防设备、器材是否符合安全要求；检查使用工具是否齐备、安全；药剂是否有效；商品堆放是否安全，有无倾斜等。

2. 检查方法

检查的方法分为以下三种：

（1）日常性检查

日常性检查是指保管员每日上下班时，对所管商品的安全情况、保管状况、计量工具的准确性、库房和货场的清洁整齐程度等进行的自查或互查。

（2）定期检查

定期检查是指根据季节变化和工作的需要，由仓库领导者组织有关方面的专业人员，对在库商品进行定期检查。如洪水季节前，组织对防洪措施的检查；暑热季节前，组织对防热措施的检查；寒冬季节前组织对冬防措施的检查；节假日前，组织对安全措施的检查等。

(3) 临时性检查

临时性检查是指风雨季节前后和有灾害性气象预报时所组织的临时性检查，或者是根据工作中发现的问题而决定进行的临时性检查。例如，在暴风雨、台风到来前，要检查建筑物是否承受得住风雨袭击，下水道是否畅通，露天货场苫盖是否严密牢固，风雨中和风雨过后再检查有无损失等。

3. 检查中发现问题的处理

(1) 商品有变质发生时，应按维护保养要求处理，查明原因，提出改进措施。

(2) 对超过保管期，或按质量要求不能继续存放的商品，应及时处理。

(3) 对商品包装已经出现破损的，应查明原因，及时处理。货主代存商品应协商处理。

(4) 商品数量有出入的，应弄清情况、查明原因、分清责任。

盘点和检查的结果及问题处理情况应该详细记录，以便积累资料、总结经验。

第5节 出库作业

一、商品出库的依据、要求和方式

商品出库发运是商品储存阶段的终止，也是仓库作业的最后一个环节，它使仓库工作与运输部门和商品使用单位直接发生联系。

1. 商品出库的依据

商品出库必须依据仓库管理员或货主开出的"商品调拨通知单"进行。在任何情况下仓库都不得擅自动用、变相动用或者外借库存商品。"商品调拨通知单"的格式不尽相同，不论采用何种形式，都必须是符合财务制度要求的、有法律效力的凭证。

2. 商品出库的要求

(1) 商品出库要求做到"三不、三核、五检查"。"三不"，即未接单据不翻账，未经审单不备货，未经复核不出库；"三核"，即在发货时要核实凭证、核对账卡、核对实物；"五检查"，即对单据和实物要进行品名检查、规格检查、包装检查、件数检查、重量检查。

(2) 做好出库工作必须遵循"先进先出"的原则。对有保管期限的商品要在保管限期内发放完毕；对可以回收复用的商品在保证质量的前提下，按先旧后新的原则发放；对零星用料要做到"分斤破两"；对专用材料要做到保证重点，照顾一般。

(3) 商品出库要及时、准确，出库工作尽量一次完成，防止差错。出库商品的包装要符合交通运输部门的要求。

（4）仓库必须建立严格的商品出库手续和发运程序，把好商品出库关，要坚决杜绝仅凭信誉或无正式手续的发货（不允许打白条发货）。

3. 商品出库的形式

（1）送货

仓库根据货主单位预先送来的"商品调拨通知单"，通过发货作业，把应发商品交由运输部门送达收货单位，这种发货形式就是通常所称的送货制。仓库实行送货，要划清交接责任。仓储部门与运输部门的交接手续是在仓库现场办理完毕的。运输部门与收货单位的交接手续，是根据货主单位与收货单位签订的协议，一般在收货单位指定的到货目的地办理。送货具有"预先付货、按车排货、发货等车"的特点。

（2）自提

由收货人或其代理持"商品调拨通知单"直接到库提取，仓库凭单发货，它具有"提单到库，随到随发，自提自运"的特点。为划清交接责任，仓库发货人与提货人在仓库现场，对出库商品当面交接清楚并办理签收手续。

（3）过户

过户是一种就地划拨的形式，商品虽未出库，但是所有权已从原存货户转移到新存货户。仓库必须根据原存货单位开出的正式过户凭证，才予办理过户手续。

（4）取样

货主单位出于对商品质量检验、样品陈列等需要，到仓库提取货样。仓库也必须根据正式取样凭证才予发给样品，并做好账务记载。

（5）转仓

货主单位为了业务方便或改变储存条件，需要将某批库存商品自甲库转移到乙库，这就是转仓的发货形式。仓库也必须根据正式的转仓单，才予办理转仓手续。

二、商品出库作业的程序

商品出库应严格按照程序办理，出库程序主要包括：出库准备、审核出库凭证、备货、复核、包装、刷唛、结算和点交、清理等。出库采用何种方式，主要取决于收货人。

1. 出库准备

为了准确、及时、安全、节约地搞好商品出库，提高工作效率，仓库应根据出库凭证的要求，做好如下准备工作：选择发货的货区、货位；检查出库商品、拆除货垛苫盖物；安排好出库商品的堆放场地；安排好人力和机械设备；准备好包装材料等。送货上门的商品要备好运输车辆，代办托运的要与铁路、公路、水路等承运部门联系等。

2. 审核出库凭证

仓库接到出库凭证（如提货单、领料单）后，必须对出库凭证进行审核。

（1）要审核货主开出的提货单的合法性和真实性，或审核领料单上的专人签章。提货单必须是符合财务制度要求的具有法律效力的凭证，手续不全不予出库；如遇过期等特殊情况，则须经有关负责人同意、补办手续后方可出库。

（2）要核对商品的品名、型号、规格、单价、数量。

（3）要核对收货单位、到站、开户行和账号是否齐全和准确。如属客户自提出库，则要核查提货单有无财务部门准许发货的签章。

3. 备货

备货要按出库凭证所列项目和数量进行，不得随意变更。整件货物备货计量时一般依据商品入库验收单上的数量不再重新过磅，对被拆散、零星商品的备货应重新过磅。备好的货应放在相应的区域，等待出库。同时，出库商品应附有质量证明书或抄件、磅码单、装箱单等附件。机电设备、仪器仪表等产品的说明书及合格证应随货同行。进口商品还要附海关证明、商品检验报告等。

4. 复核

为避免出库商品出错，备料后应进行复核。复核可由专人复核，也可由保管员互核。复核的内容包括：名称、规格、型号、批次、数量、单价等项目是否同出库凭证所列内容一致；机械设备等的配件是否齐全，所附证件是否齐备；外观质量、包装是否完好等。复核人员复核无误后，应在提货单上签名，以示负责。

5. 包装

包装是为了使商品在运输途中不受损坏，对商品的包装一般须符合以下要求：

（1）根据商品的外形特点，选择适宜的包装材料，包装尺寸要便于商品的装卸搬运。

（2）包装要符合商品运输的要求。

1）包装应牢固、平稳，怕潮的商品应垫一层防潮纸，易碎的商品应垫软质衬垫物。

2）包装的外部要有明显标志，标明对装卸搬运、中转理货的要求和注意事项，危险品必须严格按规定进行包装，并在包装外部标明危险品有关标志。

3）不同运价号的商品应尽量不包装在一起，以免增加运输成本。

（3）严禁性能抵触、互相影响的商品混合包装。

（4）包装的容器应与被包装商品体积相适应。

（5）要节约使用包装材料，注意节约代用、修旧利废。

6. 刷唛

包装完毕后，要在包装上写明收货单位、到站、发货号、本批商品的总包装件数、发货单位等，字迹要清晰，书写要准确，并在相应位置印刷或粘贴条码标签。利用旧包装时，应彻底清除原有标志，以免造成标志混乱，导致差错。

7. 点交和结算

出库商品经复核、包装后，要向提货人员点交。同时应将出库商品及随行证件逐笔向提货人员当面点交。在点交过程中,对于有些重要商品的技术要求、使用方法、注意事项,保管员应主动向提货人员交代清楚,做好技术咨询服务工作。商品移交清楚后,提货人员应在出库凭证上签名。商品点交后,保管员应在出库凭证上填写"实发数""发货日期""提货单位"等内容并签名,然后将出库凭证有关联次同有关证件即时送交货主,以便办理货款结算手续。

8. 清理

商品出库后,有的货垛拆开,有的货位被打乱,有的现场还留有垃圾、杂物。保管员应根据储存规划要求,该并垛的并垛,该挪位的挪位,并及时清扫发货现场,保持清洁整齐,腾出新的货位、库房,以备新的入库商品之用。同时还要清查发货的设备和工具有无丢失、损坏等。当一批商品发完后,要收集整理该批商品的出入库情况、保管保养情况、盈亏数据等情况,然后存入商品档案,妥善保管,以备查用。

三、商品出库中发生问题的处理

1. 商品品种混串

商品出库后,客户反映品种规格混串、数量不符等问题,如确属保管员发货差错,应予纠正、致歉;如不属保管员差错,应耐心向客户解释清楚,请客户另行查找。

2. 商品型号、规格开错

凡属客户原因,商品型号、规格开错,制票员同意退货,保管员应按入库验收程序重新验收入库。如果包装、产品损坏,保管员不予退货,待修好后按入库质量要求重新入库。

3. 商品内在质量问题

凡属商品内在质量问题,客户要求退货和换货,应由国家指定的质检部门出具检查证明和试验记录,经商品主管部门同意,可以退货或换货。

4. 易碎商品调换

凡属易碎商品,发货后客户要求调换,应以礼相待、婉言谢绝。如果要求帮助解决易碎配件,应协助解决。

5. 保管员发现账物不符

商品出库后,保管员发现账物不符时,要派专人及时查找追回,以减少损失,不可久拖不决。

6. 退库业务

(1) 商品退库的原因

商品退库有各种原因,有的是发货人员在按订单发货时的错误;有的是运输途中商品受到损坏,负责赔偿的运输单位要求发货人确定所需修理费用;有的是顾客订货有误等。最难办的是如何正确处理有缺陷的退货。

(2) 退库处理的一般程序

1) 客户退库时应填写"退库申请表",在收到同意退库的"退库申请表"后,须按约定的运输方式办理运输。

2) 仓库在收到客户的退货时,应尽快清点完毕,如有异议必须以书面的形式提出。

3) 退回的货品与退库申请表是否相符,以仓库清点为准。

4) 仓库应将退入仓库的物品,根据其退货原因,分别存放、标记。对属供应商造成的不合格品,应与采购部门联系,催促供应商及时提回。对属仓库造成的不合格品、且不能修复的,每月应申报一次,进行及时处理。

5) 对于已发放的货品和退回的货品要及时入账,并按时向其他部门报送有关资料。

在整个出库业务程序过程中,复核和点交是两个最为关键的环节。复核是防止差错的重要和必不可少的措施,而点交则是划清仓库和提货方两者责任的必要手段。

第6节 单据制作

一、入库单证流转

1. 入库凭证

入库商品必须具备下列凭证:

(1) 入库通知单和订货合同副本,这是仓库接受商品的凭证。

(2) 供货单位提供的材质证明书、装箱单、磅码单、发货明细表等。

(3) 商品承运单位提供的运单。

若商品在入库前发现残损情况,还要有承运部门提供的货运记录或普通记录,作为向责任方交涉的依据。

(4) 商品入库登账。

保管部门要建立详细反映库存商品进、出和结存的保管明细账,用以记录库存商品动态,并为对账提供主要依据,见表2—2。

2. 入库凭证的流转

货物验收工作由理货员、计量员、复核员、业务受理员分工负责。理货员负责作业的组织与货物的数量和外观质量验收、计量、堆码、记录等,并向业务受理员提交货物验收的结果和记录。

(1) 业务受理员接收存货人的"验收通知"(也可由存货人委托仓库开具)、货物资料(如质保书、码单、装箱单、说明书和合格证等),登建货物档案,并将存货人验收通知单以《货物储存保管合同》附件的形式进行管理,其信息录入计算机中生成验收通知单。然后将

表2—2　　　　　　　　　　　　　实物保管明细账

货物入库明细卡				卡号	
				货主名称	
				货位	
品名		规格型号		货物验收情况	
计量单位		供应商名称			
应收数量		送货单位名称			
实收数量		包装情况			
年			入库数量	出库数量	结存数量		
月 日	收发凭证号	摘要	件数	件数	件数	备注

存货人验收通知单作为验收资料和"收货单"及其他验收资料一并交理货员。

（2）理货员根据业务受理员提供的收货单、验收资料、计量方式等确定验收方案、储存货位、堆码方式、所需人力、设备等，做好验收准备工作。

（3）由理货员开具作业通知单，进行验收入库作业，做好有关记录和标记。

（4）货物验收完毕后，理货员手工出具"验收码单"，一式一联，一并交给复核员。同时负责作业现场与货位的清理和货牌的制作、悬挂。

（5）复核员依据收货单、验收码单对实物的品名、规格、件数、存放货位等逐项核对，签字确认后返回给理货员。

（6）理货员在经复核员签字的收货单、验收码单诸联加盖"货物验收专用章"后，将验收码单录入到计算机中，据此生成仓单附属码单，根据验收结果填写存货人验收通知和收货单，并与其他验收资料一并转回业务受理员。

（7）业务受理员对理货员返回的单据和验收资料审核无误后，由计算机打印仓单附属码单一式两联，依据收货单、验收码单、计算机打印的仓单附属码单第一和第二联、存货人验收通知，以及有关验收资料、记录，报经主管领导或授权签字后，连同存货人验收通知、收货单、仓单附属码单第一和第二联转给收费员。

（8）收费员依据仓单、《货物储存保管合同》约定的收费标准，结算有关入库费用并出具收费发票。

（9）业务受理员将仓单正联、存货人验收通知、仓单附属码单第一联及收费单据等一并转交（寄）给存货人；其余单证资料留存并归档管理。入库单证流程如图2—2所示。

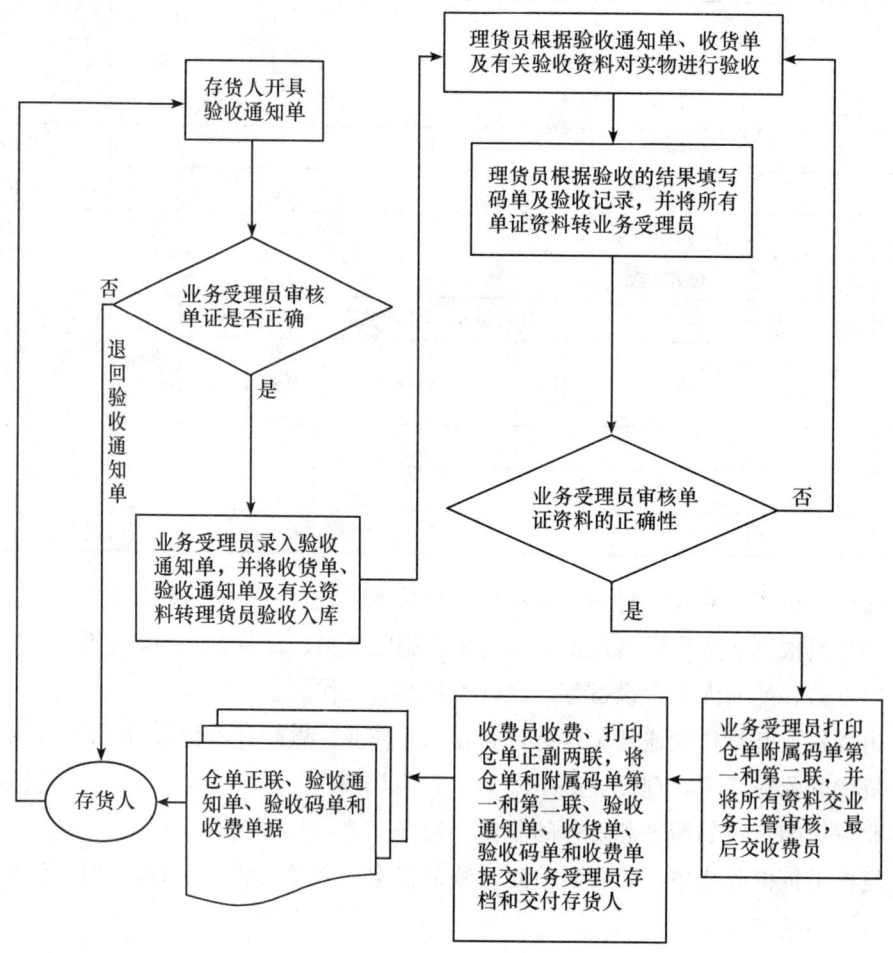

图 2—2 入库单证流程图

二、出库单证的流转和账务处理

出库单证主要是指提货单，它是向仓库提取商品的正式凭证。在不同单位中，会采用自提和送货这两种不同的出库方式，而不同单位在不同出库方式条件下，单证流转与账务处理的程序都会有所不同。

1. 提货方式下的提货单流转

（1）自提是仓库在收到提货单后，经审核无误向提货人开具商品出门证，出门证上应列明每张提货单的编号。

（2）出门证的一联交给提货人，管理人员根据另一联和提货单在"商品明细账"出库记录栏内登账并在提货单上签名，批注出仓吨数和结存吨数，将提货单交给保管员发货。

(3) 提货人凭出门证向发货员领取所提商品,待货付讫,保管员应盖付讫章和签名,并将提货单返回给账务人员。

(4) 提货人凭出门证提货出门,并将出门证交给门卫。门卫在每天下班前应将出门证交回账务人员,账务人员凭此与已经回笼的提货单号码和所编代号逐一核对。如果发现提货单或出门证短少应该立即追查,不得拖延。

自提提货单流转和出库账务处理程序如图 2—3 所示。

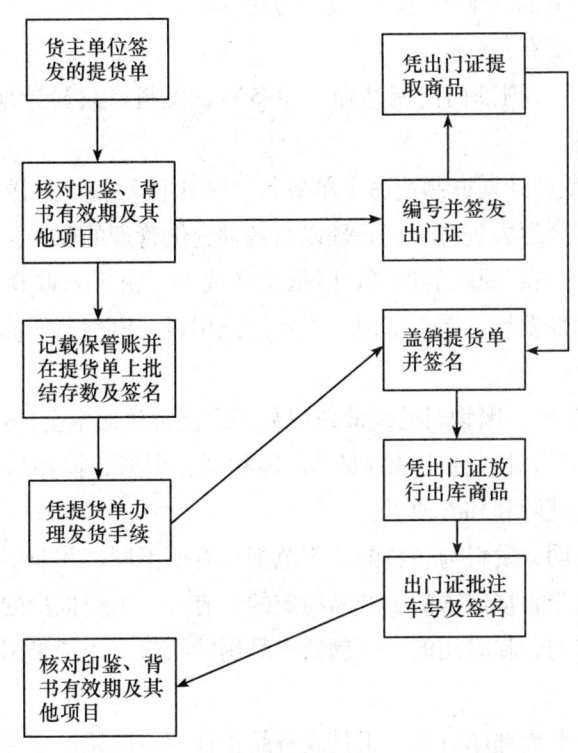

图 2—3　自提提货单流转和出库账务处理程序

2. 送货方式下的提货单

在送货方式下,一般是采用先发货后记账的程序。提货单随同送货通知单经内部流转送达仓库后,一般是直接送给理货员,而不先经过账务人员。理货员接单后,经过理单、编写地区代号,分送给保管员发货,待货发讫后再交给账务人员记账。

3. 其他的几种出库方式单证的流转与账务处理

取样和移库对于货主单位而言并不是商品的销售和调拨,但对仓库来说却也是一笔出库业务。货主单位签发的取样单和移库单也是仓库发货的正式凭证,它们的流转和账务处理程序与提货单基本相同。

商品的过户对仓库来说,商品并不移动,只是所有权在货主单位之间转移。所以,过户单可代替入库通知单，开给过入单位储存凭证，并另建新账务，即作为入库处理；对过出单位来说，等于所有商品出库。过户单位与提货单位一样，凭此进行出库账务处理。

4. 企业内部物料出库供应作业流程

(1) 企业物料出库供应的方式

企业物料供应方式有领料和发料两种。领料是指由生产部门的人员在某项产品制造之前填写领料单向仓库领取物料的方法；而发料是指由物料管理或仓储部门根据生产计划，将仓库储存的物料直接向制造部门生产现场发放的方法。

发料方式的优点主要有：

1) 仓库部门按生产计划部门的制造命令单备料、发料，只要计划稳定，就能够积极、主动、直接地掌握物料。

2) 仓库部门根据生产计划或制造命令单备料并一次性发料，这样仓储人员工作有计划性，也较顺利，因此有余力去进行仓储整理以及各种仓储管理的改善。

3) 加强制造部门用料、损耗的控制，降低生产成本。由于采取仓库部门根据制造命令单对制造部门直接一次性发料，制造部门不得不加强用料、定额消耗的控制，减少浪费，起到降低生产成本的功效。

4) 利于成本会计记账。因物料的发放资料易于掌握，故成本会计也就容易记账了。

5) 利于生产计划部门对制造日程的安排。因物料、用料、损耗易于控制，生产计划部门对制造日程的安排也就顺利和方便了。

根据实际情况的不同，发料与领料的适用范围也有所不同，并非所有物料的需求方式都可由仓库部门发料。对于直接需求的、产品稳定的、有一定生产批量的物料，采取物料发放的形式；对于间接需求的、临时用的、研制新产品用的物料等，则采用物料需求部门到仓库领料的方式较好。

领料单一般作为企业内部原材料、工具或备品备件领料的凭证。各企业的领（发）料单证种类、格式不尽相同。通常是一式四联。第一联交计划物控部门进行计算机处理，第二联交仓库，第三联交生产部门，第四联交会计部门核算。

某企业的领料单见表2—3。

(2) 物料出仓控制程序

1) 目的。对本公司物料出库的数量进行控制，确保发料的数量满足生产的需要。

2) 适用范围。适用于本公司所有原材料、生产辅料。

3) 各部门职责。货仓部，负责商品发放工作；生产部，负责商品的接收清点工作；计划物控部计划组，负责生产命令的下达；计划物控部物控组，负责物料的发放指令。

4) 某企业物料出库供应的内部控制程序为：

①下达生产计划。计划部门根据周生产计划和物控部门提供的物料齐备资料，签发制造命令单给物控部。物控部根据制造命令单开列发料单，并分别派发至生产部门和仓库部门。

表 2—3 领 料 单

领用单位：　　　　　　　　　　　　　　　　　　　领料单号：
日期：　　年　　月　　日　　　　　　　　　　　　发料日期：　　年　　月　　日

编号	材料名称	规格	单位	领料数量	实发数量	备注

批准人：　　　　　　　　　发料人：　　　　　　　　　　　　　　领料人：

注：此领料单一式四联，一般只填写一种物料，以便分类和统计。

②物料发放。仓库管理员接收到发料单后，首先应与用料标准（BOM）核对，有误时应及时通知物控开单人员，直至准确无误后，发料单交给仓库物料员发料。物料员点装好料后，及时在物料卡上做好相应记录，同时检查一次物料卡的记录正确与否，并在物料卡上签上自己的名字。

③物料交接。物料员将物料送往生产备料区与备料员办理交接手续，无误后在发料单签上各自名字，并各自取回相应联单。

④账目记录。仓库管理员按发料单的实际发出数量入好账目。

⑤表单的保存与分发。仓库管理员将当天有关的单据分类整理好存档，或集中分送到相关部门。

发料单的流转程序如图 2—4 所示。

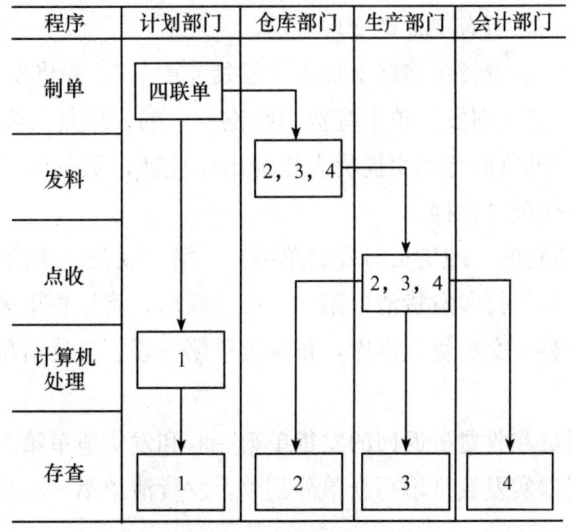

图 2—4 发料单流转程序

5. 出库单

出库单一般作为销售或第三方物流仓库商品出库的凭证。出库单的样式（见表2—4）因企业性质而异。一般来说，出库单主要有以下项目：发货单位、发货时间、出库品种、金额、出库方式选择、运费结算方式、提货人签字、仓库主管签字等。出库单通常是一式四份：第一联，存根；第二联，仓库留存；第三联，财务核算；第四联，提货人留存。

表2—4　　　　　　　　　　　　　　出　库　单

客户名称：					储存凭证号码：		
发货仓库：					仓库地址：		
发货日期：							
货号、品名、规格、牌号	国别及产地	包装及件数	单位	数量	单价	总价	实发数
危险品标志章及备注	运费	包装押金		总金额			
	人民币（大写）						

审核：　　　　　　　　　　　　制单：

出库单的流转程序是：

（1）业务受理员根据发货单和作业通知单，将发货单和货物档案（即货物资料）转给理货员，到现场备货。

（2）理货员根据发货单和货物档案核对货物，并与作业班组或计量员等联系，现场备货，核对无误、手续完备后装车发货，并与提货人清点交接。按照实发数量及有关内容填写发货单，转复核员进行实物复核。

（3）复核员根据发货单证，现场核对凭证号、实发数量、规格型号、储存货位、存货数量等，确认无误后签字，将所有单证退交理货员。

（4）理货员在复核后的发货单诸联上加盖"发货专用章"，并将发货情况录入计算机。

1）已办理结算和缴费（即发货单上有费用收讫章）的，理货员将发货单第二联（出门证）、发货清单第二联（随货同行）交提货人作为出库凭证；发货单第一联、发货清单第一联及货物档案转交业务受理员存档。

2）未办理结算和缴费的，理货员将发货单第一、第二联及货物档案等资料返给收费员。收费员结算、收费、盖章、打印发货清单第一、第二联后，将发货单第二联（出门证）与发货清单第二联及随货资料等交提货人出库，将发货单第一联、发货清单第一联及货物档案返回业务受理员。

（5）受理员对理货员和收费员返回的发货单第一联和发货清单第一联审核无误后，发货单第一联归档留存；根据实发数量填写仓单分割单，发货清单第一联经签字、盖章后返给存货人。

出库单的流转程序如图2—5所示。

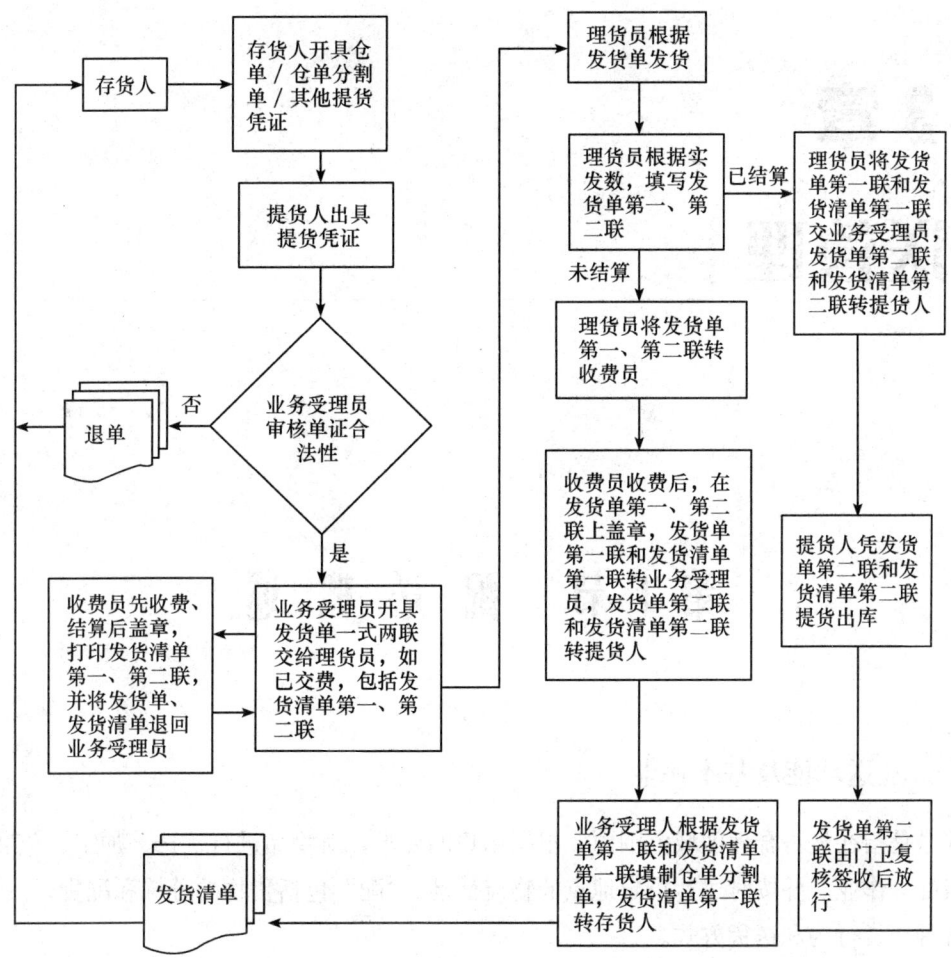

图 2—5 出库单的流转程序

第3章 配送管理

第1节 配送概述

一、配送功能及基本作业

配送是指在经济合理区域范围内，根据用户的要求，对物品进行拣选、加工、包装、分割、组配等作业，并按时送达指定地点的物流活动。"配"包括货物的分拣和配货，"送"则包括各种送货行为和送货方式。

1. 配送功能

配送本质上是运输，创造空间效用是它的主要功能。但配送不同于运输，它是运输在功能上的延伸，其延伸功能可归纳为以下几个方面：

（1）完善运输系统

现代的大载重量运输工具可以提高效率，降低运输成本，但只适于干线运输。支线小批量运输频次高、服务性强，要求比干线运输具有更高的灵活性和适应性，而配送通过其他物流环节的配合可实现定制化服务，能满足这种要求。因此，只有配送与运输的密切结合，使干线与支线运输有机地统一，才能实现运输系统的合理化。

（2）消除交叉输送

在没有配送中心的情况下，由生产企业直接运送货物到用户，即使采取直接配送方式，交叉运输也是普遍存在的，使输送路线长，规模效益差，运输成本高。如果在生产企业与客户之间设置配送中心，采取配送方式将货物运送到客户处（见图3—1），则可消除交叉运输。因为设置配送中心后，将原来直接由各生产企业送至各客户的零散货物通过配送中心进行整合再实施配送，缓解了交叉运输，输送距离缩短，成本降低。

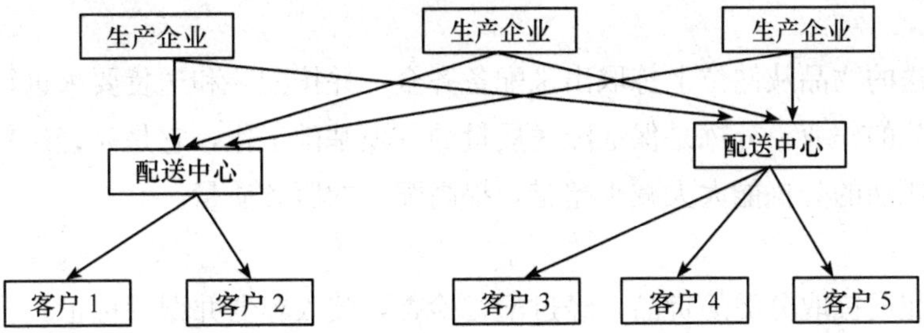

图 3—1 配送方式

(3) 提高末端物流的经济效益

采取配送方式，通过配货和集中送货，或者与其他企业协商实施共同配送，可以提高物流系统末端的经济效益。

(4) 实现低库存或零库存

配送通过集中库存使系统总库存水平降低，既减少了储存成本，也节约了运力和其他物流费用。尤其是采用准时制配送方式后，生产企业可以依靠配送中心准时送货而无须保持自己的库存，或者只需保持少量的保险储备，实现生产企业的"零库存"或低库存，减少资金占用，改善企业的财务状况。

(5) 简化手续，方便用户

由于配送可提供全方位的物流服务，采用配送方式后，用户只需向配送供应商进行一次委托，就可以得到全过程、多功能的物流服务，从而简化了委托手续和工作量，也节省了开支。

(6) 提高供应保证程度

由于配送中心比任何单独供货企业有更强的物流能力，所以，采用配送方式可使用户减少缺货风险。如巴塞罗那大众物流中心承担着为大众、奥迪、斯柯达、斯亚特等大众系统4个品牌的汽车零部件的配送任务。4个品牌的汽车在整车下线前2个星期，有关这些车辆的88 000种零配件在这里可以全部采购到。假如用户新买的车坏了，只要在欧洲范围内，24 h内就会由专门的配送公司把所需要的零部件送到用户手中。

2. 配送功能要素

配送实际是一个物品集散过程，这一过程包括集中、分类和散发三个步骤。这三个步骤由一系列配送作业环节组成，通常将这些作业环节称为配送功能要素，主要包括集货、分拣、配货、配载、送货等。

(1) 集货

集货是配送的首要环节，是将分散的、需要配送的物品集中起来以便进行分拣和配货。为了满足特定用户的配送要求，有时需要把用户从几家甚至数十家供应商处预订的物品集中到一处。集货是配送的前提，配送的优势之一是通过集货形成规模效益。

（2）分拣

将需要配送的物品从储位上拣取出来配备齐全，并按配装和送货要求进行分类，送入指定发货地点堆放的作业。分拣是保证配送质量的一项基础工作，它是完善送货、支持送货的准备性工作。成功的分拣能大大减少差错，提高配送的服务质量。

（3）配货

配货是将完成拣取分类的货品，经过配货检查，装入容器并做好标记，再运到发货准备区，待装车后发送。

（4）流通加工

在配送过程中，有时根据客户要求对物品进行套裁、打孔、简单组装、分装、贴标签等流通加工操作，以方便用户，进而提高顾客满意度。

（5）配载

配载指充分利用运输工具（如货车、轮船等）的载重量和容积，采用先进的装载方法，合理安排货物的装载。在配送中心的作业流程中安排配载，把多个用户的货物或同一用户的多种货物合理地装载于同一辆车上，不但能降低送货成本，提高企业的经济效益，还可以减少交通流量，改善交通拥挤状况。配载是配送系统中具有现代特点的功能要素，也是配送不同于一般送货的重要区别之一。

（6）送货

送货是将配好的货物按照配送计划确定的配送路线送达用户指定地点，并与用户进行交接。如何确定最佳路线，如何将配载和路线有效结合起来，是配送运输的特点，也是难度较大的工作。

3. 配送的基本作业

配送作业是按照用户的要求，将货物分拣出来，按时按量发送到指定地点的过程。配送作业是配送中心运作的核心内容，因而配送作业流程的合理性，以及配送作业效率的高低都会直接影响整个物流系统的正常运行。

具体来说，配送作业一般包括以下几项作业：进货，装卸搬运，储存，订单处理，分拣，补货，流通加工，配货，送货。其流程如图3—2所示。

二、物流中心与配送中心

1. 物流中心的概念及其类型

（1）物流中心的概念

物流中心是从事物流活动的场所或组织。它主要面向社会提供物流服务，具有很强的集散功能，一般靠近车站、港口兴建。物流中心的物流功能健全，有完善的信息网络，辐射范围广，储存、吞吐能力强，作业货物的批量大、品种少，是综合性、地域性、大批量货物的

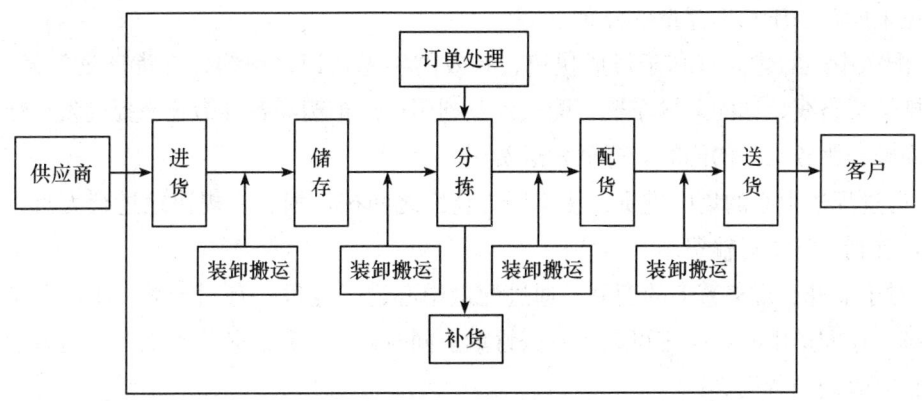

图3—2　配送中心的基本作业流程

集散地。物流中心把商流、物流、信息流、资金流融为一体，成为产销企业之间的中介。

（2）物流中心的类型

物流中心根据功能可以划分为多种类型。

1）流转中心（transfer center，简称 TC）。不具有商品保管、在库管理等功能，而是单纯从事商品周转、分拣作用的物流中心。

2）配送中心（distribution center，简称 DC）。拥有商品的集中、保管、在库管理等管理功能，同时又进行商品的分拣和送货。

3）储存中心（stock center，简称 SC）。单一从事商品保管功能的物流中心。

4）流通加工中心（process center，简称 PC）。从事流通加工功能的物流中心。

2．配送中心的概念及其类型

（1）配送中心的概念

配送中心是从事配送业务的物流场所或组织。它应符合下列要求：主要为特定的客户服务；配送功能健全；有完善的信息网络；辐射范围较小；作业货物的品种多、批量小；以配送为主，储存为辅。

配送中心为了能做好送货的编组准备，需要采取零星集货、批量进货等多种资源搜集并进行对货物的分整、组配等工作，因此配送中心也具有集货和分货的功能。为了更有效、更高水平地配送，配送中心往往还有较强的流通加工能力。此外，配送中心还必须将配好的货物送达客户手中。由此可见，配送中心实际上是集集货、分货、加工及送货于一体的综合性的物流据点。因此，配送中心作为物流据点的一种形式，有时便和物流中心等同起来。

（2）配送中心的职能

随着物流概念与实践的不断发展，现代配送中心的功能与传统仓库的功能相比已发生了很大变化。现代配送中心可以发挥以下几方面的优势：

1）配送中心有高效率的信息情报网，能够迅速、准确地掌握流通过程中的库存情况，从而避免了库存积压和库存量的分布不均。

2）配送中心的建立有利于形成快速、有效的事先登记、预约、订货计划等发送体制、合理安排送货路线、调配运输车辆、配载以及利用往返车辆等各种措施来提高发送效率。保证在提高顾客服务水平的同时，降低发送费用。

3）通过配送中心的集中进货，使工厂与仓库之间按计划、有规律地进行大批量运输成为可能，有利于降低运输费用。

4）对于品种、规格繁多的商品，通过配送中心进行配售，有利于减少中间环节，提高流通效率。在配送中心，顾客可以在一张订单上同时订购几种、几十种商品，这样就可以大大缩短订购时间和费用。

（3）配送中心的类型

1）按配送中心的经济功能分类。分为供应型配送中心、销售型配送中心、储存型配送中心、流通型配送中心、加工型配送中心。

①供应型配送中心是专门为某个或某些用户（如联合公司等）组织供应的配送中心，充当供应商角色。在物流实践中，那些接受客户委托、专门为生产企业配送零件、部件，以及专为大型商业组织供应商品的配送中心均属于供应型配送中心。

②销售型配送中心是以销售、经营为目的，以配送为手段的配送中心。根据隶属单位不同，销售型配送中心又可以分为三种：第一种是生产企业为了直接销售自己的产品及扩大自己的市场份额而建立的销售型配送中心；第二种是专门从事商品销售活动的流通企业，为了扩大销售而自建或合作建立起来的销售型配送中心；第三种是流通企业和生产企业联合建立的销售型配送中心，这种配送中心类似于国外的"公用型"配送中心。

③储存型配送中心是有很强储存功能的配送中心。实践证明，储存一定数量的物资（包括原料和成品）是生产和流通得以正常进行的物资保障。

④流通型配送中心是仅以暂存或随进随出进行配货、送货的配送中心。

⑤加工型配送中心是以储存作业和加工作业居主导地位的配送中心。

2）按服务范围和服务对象分类。分为城市配送中心和区域配送中心。

①城市配送中心是以城市（或经济都市圈）范围为配送范围的配送中心。在流通实践中，城市配送中心多采取与区域配送中心联网的方式运作。我国一些试点城市所建立的配送中心（如北京食品配送中心、无锡市各专业物资配送中心）绝大多数都属于城市配送中心。

②区域配送中心是以较强的辐射能力和库存准备，向省际、全国乃至国际范围的用户配送的配送中心。区域配送中心有三个基本特征：第一，经营规模比较大，设施设备齐全，并且数量较多，活动能力强；第二，配送的货物批量比较大而批次较少；第三，在配送实践中，区域配送中心虽然也从事零星的配送活动，但这不是它的主要业务。

3）按照业务范围分类。分为专业配送中心和柔性配送中心。

①专业配送中心有两种：一是配送对象、配送技术属于某一专业范畴，综合这一专业的

多种物资进行配送的配送中心；二是不从事经营的服务型配送中心。

②柔性配送中心对用户要求有很强适应性，能随时变化，不固定供需关系，是不断发展、改变配送用户的配送中心。

三、配送网络结构

配送系统是一个网络结构系统，是由物流节点活动和线路活动构成的。节点活动的场所（节点）包括物流中心、配送中心、物品的供方和需方；线路活动是运输工具在运输线路上的运动形成的，它反映了节点之间物品的传递关系。配送网络是配送作业的基本条件，不同类型的节点和不同的网络结构决定了配送的模式，从而产生不同的配送效果。

1. **集中型配送网络**

集中型配送网络是指在配送系统中只设一个配送中心，所有用户需要的物品均由这个配送中心完成配送任务。在这种系统中，配送决策只能由这个配送中心做出，配送的商品也只由这个中心进出，所以是一种集中控制和集中库存的模式。

集中配送的库存集中，有利于实现规模经济、减少管理费用，也有利于降低安全库存量，但有用户提前期长、外向运输成本（从配送中心到客户的运输成本）增大的趋势。

2. **分散型配送网络**

分散型配送网络是指在一个配送系统中（通常指在一个层次上）设有多个配送中心，而将用户按一定的原则分区，归属某一个配送中心。其特点是：配送中心离用户近，外向运输成本低；用户的提前期会相应缩短；库存分散，安全库存增大；内向运输成本（从供应商到配送中心的运输成本）大。

3. **多层次配送网络**

多层次配送网络是在系统中设有两层或更多层次的物流中心和配送中心，其中至少有一层是配送中心靠近用户。大型第三方物流企业、大型零售企业或从供应链来看的物流系统，它们的配送网络通常是这种结构。随着企业规模的大型化，配送规模扩大，经营品种多，以高频率、小批量为前提的高水平配送需要使库存集约化，需要最大限度地追求连托架、货柜、散货都能高效率快速处理的机械化、自动化、信息化的物流设施，同时也为了追求低成本物流战略，这种大型广域物流中心应运而生。

多层次配送的网络系统，由于与供应商和用户的距离都较近，所以内向运输成本和外向运输成本相对都会有所降低，而且商品库存量也未必会增加，有助于降低总物流成本。

4. **几种典型的配送网络**

（1）工业生产资料配送网络

工业生产资料的配送也可称供应配送或供应物流，它是为生产企业提供原材料、零部件、燃料、设备和工具等物品而进行的配送。工业生产资料配送服务的对象都是企业，供方是提供原材料和零部件的企业，需方是消耗原材料和零部件的企业。生产企业消耗生产资料用量一般比较大，计划性强，可替换性小，进入消耗可能要经过初加工。为了降低物流成本，保证生产的顺利进行，需方企业对配送系统在品种、数量、到达时间、到达地点的精度要求会比较高，特别是采用准时制生产的企业，要求物流配送系统能严格按生产计划和进度将所需生产资料直接配送到生产现场进入消耗。

（2）生活消费品配送网络

生活消费品是由工农业企业提供的个人消费品，包括五金、家电、家具、餐具、纺织品、化妆品、工艺品、食品、饮料、果蔬、药品等。生活消费品配送网络的结构和流程与工业生产资料的配送没有什么本质区别，只是配送的用户是零售店而不是生产企业。零售店只能根据对市场的预测来确定需求计划，因而计划的精度没有生产企业根据生产进度来确定原材料和零配件需求计划那样高。另外，零售店一般会保留一定数量的商品库存，也与生产资料配送中生产企业期望做到"零库存"配送的要求不同。

（3）包裹快递配送网络

包裹快递是在全国或全球范围内构筑一个多层次配送网络的基础上，各网点以小货车为工具收取用户（个人或组织）需要寄送的物品，并集中到发送地中转站，在中转站进行分拣、配货、配载，然后经区间运输送到接收地中转站，再通过接收地网点用小货车送到收货人手中。包裹快递原是为住宅区居民提供快捷、便利的包裹运输服务的一种物流方式，后来发展成一种专门的快递业务。

包裹快递是一种特殊的配送业务，与供应配送和销售配送的主要区别在于：

1）包裹快递配送的使命不同，是为人们的工作、生活提供方便。

2）包裹快递配送的功能是尽可能快地实现物品空间位置的转移，不需要储存和加工功能。

3）包裹快递配送的服务对象广泛，网络覆盖面宽，输送速度快。

四、配送模式与配送服务方式

1. 配送模式

（1）直接配送模式

这种模式实际是不设配送中心的配送模式，即用户或零售商需要的商品直接由供应商配送到指定的地点。这种模式的优势在于：减少了中间环节，避免了配送中心的费用。但这种模式同时也带来三个方面的问题：不能集中调度；保持较大的库存量；不利于组织共同配送，运输的规模效益难以形成。显然直接运输的配送模式是一种不太有利的配送模式，或者可以说不是真正概念上的配送。这种模式往往应某些大用户的要求，或者如鲜活等特殊商品对运输速度的要求很高，不宜有中间环节存在时而采用。

（2）储存配送模式

储存配送模式是最典型的配送模式，是在配送中心储存货物，然后根据用户需要进行配送。这种模式的重点是确定系统中的合理库存、优化配送线路和通过配货配载提高运输工具的利用率。这种模式又由于仓库的分散或集中,分为集中库存模式和分散库存模式,其特点也不同。一般来说,储存配送模式相对于其他配送模式而言,库存集中,有利于组织共同配送,规模效益好;有利于物品的综合调度,从而降低系统库存;用户到供货点的距离缩短,使用户的提前期缩短,库存降低,甚至可以为零。

(3) 直通配送模式

直通配送模式中,配送中心不具有专门的储存功能,而是一个转运站。商品从供应商到达配送中心后,迅速分拣、转移到用户或零售点,商品在配送中心停留的时间一般不超过 12 h。这种模式下,配送中心的仓库保管费用少。但由于库存分散,无法利用风险分担效应来降低系统库存量,系统总库存量可能较大。采用这种配送模式,必须有先进的信息系统和快速反应的运输系统作为保证,能有效地预测需求,能及时地采用转运策略进行终端销售点上的货物转运。

(4) 流通加工型配送模式

它是为了促进销售、方便用户,或是为了提高物流效率,在配送中心对需配送的物品进行生产辅助性加工后,再进行配送的配送模式。显然,流通加工一般在配送环节之前进行,有些资料对配送所下的定义中就包括了流通加工。

2. 配送服务方式

配送是直接面对用户的物流环节。为了满足不同用户和消费者的需求,应采用不同的配送服务方式。归纳起来,可供选择的配送服务方式主要有以下几种:

(1) 定时配送

它指按照与用户商定的时间或时间间隔进行的配送。每次配送的品种和数量既可以在协议中约定,配送时按计划执行;也可由用户在送货前以电话、传真、E-mail 等联络方式通知配送中心,配送中心根据通知的品种和数量安排配送。

定时配送的典型形式是日配式。即按用户的要求每天送一次货,用户只需有一天的库存量。适合日配式的用户主要有各种业态的零售店、生产比较稳定的生产企业等。

(2) 准时配送

它指按照双方约定的时间准时将货物配送到用户。这种方式的特点在于时间的精确性。它要求按照用户的生产节奏,在规定的时间将货物送达。采用这种方式,用户可以实现"零库存"。采取准时制生产方式的生产企业最需要这种配送方式。

准时配送方式既可以通过协议来实现,也可以通过看板方式来实现。和一般的定时配送相比,它需要有功能完善的信息系统和各种先进的物流设备来支持。这种方式适合于连续、重复、批量生产的企业用户,特别是装配型企业。由于用户所需的物品是重复的、大量的,因而往往是一对一的配送。

(3) 快递配送

这是一种快速、便利、向社会广泛提供服务的配送方式。这种方式覆盖范围较广，服务承诺的时限随着地域的变化而变化。我国邮政系统的"特快专递"等都是运作得异常成功的快递式配送企业。

（4）定量配送

它指按照协议约定的数量实施配送。这种方式由于数量固定，在管理上可以增强备货的计划性；便于配送企业合理安排运力，实施科学管理；也便于用户安排人力、装卸搬运机具和储存设施。其不足之处是，有时会增大用户的库存量。

（5）定时定量配送

定时定量配送即按照约定的时间和数量进行配送。这种方式集上述定时配送、定量配送两种方式的优点于一身，是一种精密的服务方式。这种方式计划性很强，要求配送中心必须有严格的管理，适合于生产量大且稳定的用户，如汽车、机电产品制造业等。

（6）定时定路线配送

这是一种在约定的运送路线上，按照运行时刻表进行的配送方式，又称班车式配送。此方式要求用户预先提出供货的品种、数量、到货时间和到货地点，以便合理地配货、配载。

（7）即时配送

它是为满足用户紧急需求进行的配送。这种方式是对其他配送服务方式的完善和补充，它主要是为了满足用户由于事故、灾害、生产计划突然改变等因素所导致的突发性需要，以及普通消费者的突发性需求，而采用的高度灵活的应急配送方式。

第 2 节　分 拣 作 业

一、分拣作业流程

分拣作业是配送作业的中心环节。所谓分拣，是依据顾客的订货要求或配送中心的作业计划，尽可能迅速、准确地将商品从其储位或其他区域拣取出来的作业过程。分拣作业在配送作业环节中不仅工作量大、工艺复杂，而且要求作业时间短、准确度高、服务质量好。因此，加强对分拣作业的管理非常重要。

在分拣作业中，根据配送的业务范围和服务特点，即根据顾客订单给出的商品特性、数量多少、服务要求、送货区域等信息，采取科学的拣货方式，进行高效的作业，是配送作业中关键的一环。拣货作业按实际作业流程大致分为以下四个部分：

1. 拣货资料的形成

拣货作业开始前，拣货作业的单据或信息必须先行处理完成。配送中心的拣货方式应将原始传票转换成拣货单（或电子信号），使拣货员（或自动拣取设备）进行更有效的拣货作业。但这种转换仍是拣货作业中的一大瓶颈，因此如何利用 EOS（electronic ordering system）和 POT（portable ordering terminal）直接将订货信息通过计算机快速、及时地转换成拣货单（或电子信号），是现代配送中心未来发展的重要研究课题。

2. 行走或搬运

拣货时，拣货作业人员或机器必须直接接触并拿取货物，因此形成拣货过程中的行走与货物的搬运。这一过程有两种完成方式：

（1）人—物方式

即拣货人员以步行或搭乘拣货车辆方式到达货物储存位置。这一方式的特点在于货物处于静态储存方式，主要移动方为拣取者（拣取机器人也属拣取者）。

（2）物—人方式

和第一种情况相反，该方式中主要移动方是货物，拣取人员在固定位置作业，货物随设备移动到拣取人员的作业位置上，不必去寻找商品的储存位置。这种方式的特点在于货品保持动态的储存方式，如轻负载自动仓储、旋转式自动仓储等。

3. 拣货

当货品出现在拣取者面前时，一般采取的两个动作为拣取与确认。拣取是抓取物品的动作，确认则是确定所拣取的物品、数量是否与指示拣货的信息相同。在实际的作业中多采用读取品名与拣货单据做对比的确认方式，较先进的做法是利用无线传输终端机读取条码后，再由计算机进行确认。通常对小体积、小批量、搬运重量在人力范围内、出货频率不是特别高的货品，采取手工方式拣取；对体积大、重量大的货物，利用升降叉车等搬运机械辅助作业；对于出货频率很高的货品则采用自动分拣系统进行拣货。

4. 分类与集中

配送中心收到多个客户的订单后，可以批量拣取，拣取完毕后再根据不同的客户或送货路线分类与集中。有些需要进行流通加工的商品还需根据加工方法进行分类，加工后再按一定方式分类出货。分类过程中多品种分类的工艺过程较复杂，难度也大，容易发生错误，它必须在统筹安排形成规模效应的基础上，提高作业的精确性。在物品体积小、重量轻的情况下，可以采取人力分货，或机械辅助作业的方式，还可利用自动分货机将拣取出来的货物进行分类与集中。分类完成后，货物经过核对、包装便可以出货、装运、送货了。

从分拣作业的四个基本流程可以看出，整个分货作业所消耗的时间主要包括：订单或送货单经过信息处理，形成拣货指示（拣货单）的时间；行走或搬运货物的时间；准确找到货物的储位并确认所拣货物及数量的时间；拣取完毕，将货物分类集中的时间四大部分。

因此，要提高拣货作业效率，主要应缩短以上四个作业时间来提高作业速度与作业能力。

二、拣货单位

1. 拣货单位的种类

（1）单件

单件商品包装成独立单元，以该单元为拣取单元的最小单位。

（2）箱

由单件装箱而成，拣货过程以箱为拣取单位。

（3）托盘

由箱堆码在托盘上集合而成，经托盘装载后加固，托盘堆码数量固定，拣货时以整只托盘为拣取单位。托盘为拣取单元的最大单位。

此外，有些特殊物品（体积过大、形状特殊，或必须在特殊情况下作业的货物），如桶装液体、散装颗粒、冷冻食品等，拣货时以特定包装形式和包装单位为标准。

2. 拣货单位的依据

拣货单位通常是由订单分析出来的结果而决定的，如果订货的最小单位是箱，则不需要以单件为拣货单位。库存的每一种货物都要根据实际情况选择合适的拣货单位，一种货物可能需要两种以上的拣货单位，所以一个配送中心的拣货单位经常在两种以上，设计时就要针对每种情况分别考虑。

三、拣货方式

1. 按订单拣货

按订单拣货可分为单一拣取、批量拣取与复合拣取三种方式。

（1）单一拣取

作业员巡回于仓库内，按每张订单所列的商品及数量，将客户所订购的商品逐一从仓库储位或其他作业区中取出，然后集中。

1）单一拣取的优点。作业前置时间短，作业方法单纯，接到订单后可立即拣货、送货；作业人员责任明确，易于安排人力；拣货后不用进行分类作业，适用于配送批量大的订单处理；导入容易且弹性大。

2）单一订单拣取的缺点。商品种类多时，拣货行走路径加长，拣货效率降低；拣货区域大时，搬运系统设计困难；少量多次拣取时，造成拣货路径重复，效率降低。

按订单拣取适合于订单大小差异较大、订单数量变化频繁、季节性强的商品配送。商品外形体积变化较大、商品差异较大的情况下也适宜采用这种拣取方式。如：化妆品、家具、电器、百货、高级服饰等。

（2）批量拣取

批量拣取即把多张订单集合成一批次，按商品品种汇总后再进行拣取，然后按客户或不同订单做分类处理。

1) 批量拣取的优点。适合配送批量大的订单作业；可以缩短拣取货物的行走时间，增加单位时间的拣货量；对量少、次数多的配送，批量拣取更有效。

2) 批量拣取的缺点。对紧急订单无法及时处理，必须等订单积累到一定数量时，才能做一次性的处理，从而会延长停滞时间。

批量拣取方式通常在系统化、自动化设备齐全，作业速度较高的情况下采用，适合订单数量稳定、变化较小的配送中心和外形较规则、固定的商品。另外，需进行流通加工的商品也可采用批量拣取，拣取后再进行批量加工、分类配送，有利于提高拣货及加工效率。

(3) 复合拣取

复合拣取是将单一拣取和批量拣取组合起来的一种拣货方式，即根据订单要求的品种、数量及出库频率，确定哪些订单适合单一拣取，哪些订单适合批量拣取，然后分别采取不同的拣货方式。

2. 按不同作业程序拣货

(1) 单一拣取法

一个人配货，按一张订货单据要求的货物进行拣取。

(2) 分程传递法

数人拣取，先决定各人负责的货物种类和货架范围，分拣中仅完成订单中自己所负责的货物种类和货架范围，然后分程传递或转交下一个分拣人员。

(3) 区间拣取法

与分程传递法相同，先完成自己所负责的货物种类和货架范围，然后将各区间分拣的货物汇总起来。

(4) 分类拣取法

将各种各样的形状、外形尺寸、重量的货物进行分类，按每一个产品类进行分拣的方法。

3. 按不同作业方法拣货

(1) 摘果式拣取法

货物在货位上，拣货员将每个客户的货物从货位上取走。

(2) 播种式拣取法

在分货场内为每张订单设置一个分货箱，拣货人员取来货物后，按每张订单所需品种和数量投入到指定的分货箱内。

四、补货作业

补货作业的目的是保质、保量、按时将货物从仓库保管区送到指定的拣货区。

1. 补货方式

(1) 整箱补货

这种补货方式是由货架保管区补货到流动货架的拣货区。这种补货方式的保管区为料架储放区，动管拣货区为两面开放式的流动棚拣货区。拣货员拣货之后，把货物放入输送机并运到发货区，当动管区的存货低于设定标准时则进行补货作业。这种补货方式由作业员到货架保管区取货箱，用手推车载箱搬至拣货区，较适合于体积小、少量多样出货的货品。

(2) 托盘补货

这种补货方式是以托盘为单位进行补货。托盘由地板堆放保管区运到地板堆放动管区，拣货时把托盘上的货箱置于中央输送机送到发货区。当存货量低于设定标准时，立即补货，使用堆垛机把托盘由保管区运到拣货动管区，也可把托盘运到货架动管区进行补货。这种补货方式适合于体积大或出货量多的货品。

(3) 货架上层-货架下层的补货方式

此种补货方式保管区与动管区属于同一货架，也就是将同一货架上的中、下层作为动管区，上层作为保管区，进货时将动管区放不下的多余货箱放到上层保管区。当动管区的存货低于设定标准时，利用堆垛机将上层保管区的货物搬至下层动管区。这种补货方式适合于体积不大、存货量不多，且多为中、小量出货的货物。

2. 补货时机

(1) 批组补货

每天由计算机计算所需货物的总拣取量和查询动管区存货量后得出补货数量，从而在拣货之前一次性补足，以满足全天拣货量。这种一次补足的补货原则，较适合一日内作业量变化不大，紧急插单不多，或每批次拣取量大的情况。

(2) 定时补货

把每天划分为几个时点，补货人员在时段内检查动管拣货区货架上的货品存量，若不足则及时补货。适合于分批拣货时间固定，且紧急处理较多的配送中心。

(3) 随机补货

指定专门的补货人员随时巡视动管拣货区的货品存量，发现不足则随时补货。较适合于每批次拣取量不大、紧急插单多、一日内作业量不易事先掌握的情况。

3. 补货方式的应用

(1) 自动仓库补货方式

由自动仓库将商品送至旋转货架进行补货。

(2) 直接补货方式

将需要补货的货品直接送到动管拣货区，而无须经保管区再转送。

(3) 拣货区采取复合制的补货方式

该方式中动管拣货区的货物采取相同种类相邻放置方式，而保管区采取两处两阶段的补货方式。第一保管区为高层货架仓库;第二保管区为动管区旁的临时保管处。进行第一阶段补货时,先由第一保管区的高层货架将货物运至第二保管区,动管拣货区内的其中一个托盘拣取完毕后,即将空托盘移出,后面托盘依序往前推出,第二保管区再将补货托盘移进动管拣货区,如图 3—3 所示。

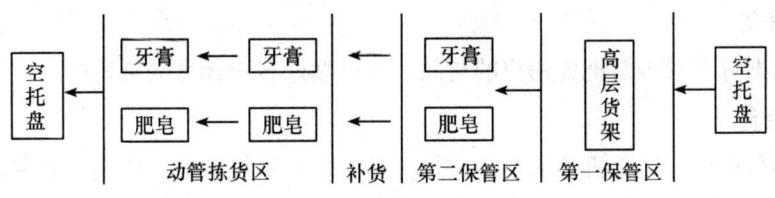

图 3—3 复合制的补货示意图

第 3 节 配 货 作 业

一、配货作业基本流程

配货作业是指把拣取分类完成的货品,经过配货检查过程后,装入容器并做好标记,再运到配货准备区,待装车后发送。其作业流程如图 3—4 所示。

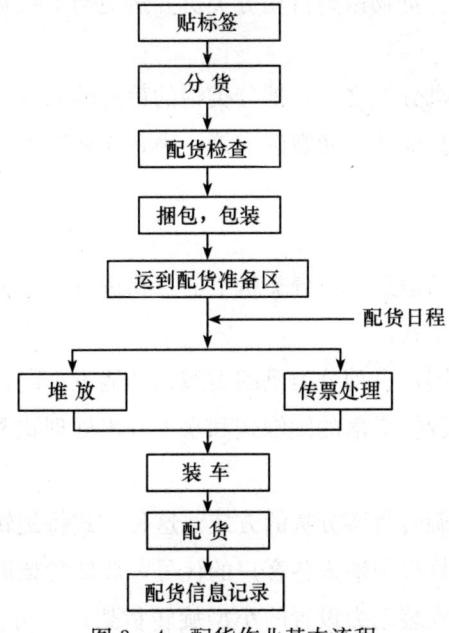

图 3—4 配货作业基本流程

二、分货

分货就是在拣货完毕之后，按用户或配送路线对货品进行分类的工作。分类方式一般有：

1. 人工分货

由人工根据订单或传票把各用户的货品放在已贴好客户标签的货箱中。

2. 自动分货

利用自动分类机、计算机辨识系统进行分货工作，不仅准确、快速且效率高。自动分类机的组成，简单来说包括以下六个装置：

（1）搬运输送机

搬运输送机有传送带输送机、滚筒输送机、整列输送机、垂直输送机四种类型。

（2）移动装置

移动装置也称导入口、进入站，其作用是把搬运来的物品及时取出并移送到自动分类机本体上，通常有直线形和环形两种。

（3）分类装置

分类装置是自动分类机的主体，按其分出货物的方式可分为四种，即推出式、浮起送出式、倾斜滑下式、传送带送出式。

（4）排出装置

排出装置是为了尽早将各货物搬离自动分类机并避免与下批货物相碰撞的装置。

（5）输入装置

输入装置是在自动分类机分类之前，把分类物的信息输入控制系统的装置。其输入方法常有：键入式、条码及激光扫描器、光学读取器、声音输入装置、反向记忆、主计算机、体积测量器、重量器。

（6）控制装置

控制装置是根据分类物的信息，对分类机上的货物进行分类控制的装置。其控制方式有两种：磁气记忆式和脉冲发信式。

上述六个装置的配置不同，自动分类机的类型、功能也不同，且各具特色，但按其滑出形式大体可分为将载物部分倾斜滑落的倾倒式和水平分出处理式两种。

3. 旋转货架分货

为节省成本，也可采用旋转货架分货的方式。这种方式将旋转货架的每一格位当成客户的出货框，分货时只要在计算机中输入各客户的代号，旋转货架即会自动将货架转至作业员面前。同样，即使采用没有安装动力设置的小型旋转货架，也可作为人工目视处理的货框，但是作业员要按每格位上的客户标签自行旋转寻找，以便将货物放入正确的储位中。

三、配货检查

1. 配货检查作业的内容

配货检查作业是指根据用户信息和车次，对配送物品进行商品号码和数量的核实，以及对产品状态、品质的检查。配货检查员的工作是进一步确认拣货作业是否有误。配货检查最原始的做法是纯人工进行，即将货品一个个点数并逐一核对出货单，进而查验配货的品质及状态情况。就配货状态及品质检验而言，纯人工方式逐项或抽样检查确有其必要性，但对于货物号码及数量核对来说，效率太低且存在错误。

2. 配货检查作业的方法

目前在数量及号码检查的方式上有许多改进，常用的方法有商品条码检查法、声音输入检查法和重量计算检查法。

（1）商品条码检查法

条码是随货物移动的，检查时用条码扫描器阅读条码内容，计算机再自动把扫描信息与发货单对比，从而检查商品数量和号码是否有误。

（2）声音输入检查法

声音输入检查法是一项较新的技术，当作业员发声读出商品名称、代码和数量后，计算机接受声音并自动辨识，转换成资料信息与发货单进行对比，从而判断是否有误。此方法的优点在于作业员只需读取资料，手脚可做其他工作，自由度较高。但需注意的是发音要准确，且每次发音字数有限，否则计算机辨识困难，可能产生错误。

（3）重量计算检查法

这种方法是把货单上的货品重量自动相加起来，再与货品的总重量相对比，来检查发货是否正确。

四、配货包装

配货包装是配货作业中一项重要的工作，它起到保护商品，便于搬运、储存，提高用户购买的欲望以及易于辨认的作用。

1. 配货包装的类型

（1）个装

个装又称商业包装，指货品的个别包装，是货品的重要组成部分。个装有利于提高商品的价值、美观度，同时还可保护商品。

（2）内装

内装又称中包装，是为了防止水、湿气、光、热、冲击等对商品质量的影响，为了携带方便而进行的货物内层包装。

（3）外装

外装又称为运输包装。外装是指货物包装的外层，即把货物装入箱、袋、木桶、金属桶和罐等容器中。在没有容器的条件下，应对货物进行捆绑和做记号等工作。外装容器的规格是影响物流效率的重要因素，它要求尺寸与托盘、搬运设备相适应，同时要求具有承重、耐冲击和抗压等能力。

2. 配货包装的要求

运输货物的内装和外装，通常不求装潢美观，只求坚固耐用且便于装卸，以免货物经长距离辗转运输而遭受损失。因此，配货包装应考虑以下的问题：

（1）包装的适当化

即避免包装不足或包装过剩。

（2）包装的可靠性

即包装材料、技术、强度的可靠性，应提升为顾客服务的品质。

（3）环境保护问题

即包装废弃物对环境造成污染的处理问题。

（4）包装资源问题

即包装回收的再生利用问题。

3. 配货包装的标识

配货包装外部常有印刷、粘贴或书写的标识，是判别配送货品特征、组织物流作业和维护货品质量的依据。配货包装的标识常有标记和标志两大类。

（1）标记

标记是根据包装内货品的特征和货品收发事项，在外包装上用文字和阿拉伯数字标明的规定记号。主要包括货品的品名、型号、计量单位、数量、重量、体积、收发货地点和单位等。

（2）标志

标志是用图像和文字来指明包装内货品的性质，以及在装卸搬运、储存、运输、堆码、理货等物流作业中注意事项的规定记号。包括指示性标志和危险性标志两大类。

1）指示性标志。又称储存图示标志，表示在物流作业中应注意的事项。如怕热、怕湿、易碎、请勿倒置、重心点、由此开启、由此吊起等。

2）危险性标志。又称危险货物标志，表示包装内货品的物理、化学性质及危险程度。如爆炸品、有毒品、自燃物品、易燃物品、腐蚀性物品、放射性物品等。

五、车载货物的配载

1. 配载装车概述

物流中心在流通中所起的作用是将不同供应商和很多品种的商品进行统一运送，发挥规模效应，从而实现减少单位商品的物流成本。物流中心靠商品的"配"和"送"来实现这个目的。可以说，商品的品种、数量越多，服务于供应商和客户的网点越多，物流中心通过配送所能实现的利润也就越多。

但是，一般在单个客户配送数量不能达到车辆的有效装载荷重时，应集中统一配送路线上其他客户的配送货物进行搭配装载，以提高车辆运力利用率。这样就实现了通过有效配载提高配送效率，降低配送成本。由于配送的货物种类繁多、特性各异，在运送过程中其操作工艺和作业要求不可能完全一样。为确保配送服务质量，应选择适宜的配送车辆类型，必要时还必须分别配送。

车辆配载技术要解决的主要问题是在充分保证货物质量完好和数量准确的前提下，尽可能提高车辆在容积和载重两方面的装载量，充分利用车辆的运力。

2. 配载形式

与拣货时一样，配载也多以托盘、箱、单件这三个单位来进行运作。因此，针对不同的拣货及发货形式，应采取不同的作业方式。

3. 车载货物的配载

因配载作业本身的特点，配载工作所需车辆一般为汽车。由于需配送货物的密度、体积以及包装形式各异，所以在配载货物时既要考虑车辆的载重量，又要考虑车辆的容积，使车辆的载重和容积都能得到有效利用。这样，就可以节省运力，减少配送的吨千米数，从而降低配送费用。

具体车辆配载则要根据需配送货物的具体情况以及车辆情况，主要是依靠经验或简单的计算公式来选择最优的装车方案。

4. 车辆配载注意事项

（1）货物之间、货物与车辆之间应留有空隙并适当衬垫，防止运输途中的货损。

（2）不同包装的货物应分开装载，重不压轻、大不压小，方便客户卸货和验收。

（3）具有尖角或突出部位的货物应和其他货物分开装载或隔离，以免发生损伤。

（4）多用户配送的货物，外观相近、容易混淆的货物应分开装载，以减少或避免差错。

（5）切勿将有异味的货物与具吸收异味性的食品混装。

（6）尽量不将散发粉尘的货物与清洁货物、渗水货物与易受潮的货物混装。

（7）易滚动的卷状、桶状货物要垂直摆放。

（8）装载单位尽量标准化，尽量做到后送先装，并附客户名称、卸货顺序等标志卡。

（9）装载完毕应采取稳固措施，以防开门卸货时货物倾倒造成货损和人身伤害。

第4节 送货作业

一、送货作业的概念

1. 送货作业的含义

送货作业是利用配送车辆把用户订购的物品从制造厂、生产基地、批发商、经销商或配送中心送到用户手中的过程。送货通常是一种短距离、小批量、高频率的运输形式。它以服务为目标，以尽可能满足客户需求为宗旨。从日本配送运输的实践来看，配送的有效距离最好在 50 km 半径以内，国内配送中心、物流中心其配送经济里程大约在 30 km 以内。

2. 送货作业的特点

送货作业是配送中心最终直接面对用户的服务，具有以下几个特点：

（1）时效性

时效性是流通业客户最重视的因素，即确保在指定的时间内交货。送货是从客户订货至交货各阶段中的最后一个阶段，也是最容易引起时间延误的环节。配送车辆故障、所选择的配送线路不当、中途客户卸货不及时等因素均会造成时间上的延误。因此，必须在认真分析各种因素的前提下，用系统化的思想和原则，有效协调、综合管理，选择合理的配送线路、配送车辆和送货人员，使每位客户在预定的时间收到所订购的货物。

（2）可靠性

送货的任务就是要将货物完好无损地送到目的地。影响可靠性的因素有货物的装卸作业、运送过程中的机械振动和冲击及其他意外事故、客户地点及作业环境、送货人员的素质等。

（3）沟通性

送货作业是配送的末端服务，它通过送货上门服务直接与客户接触，是与客户沟通最直接的桥梁，所以，必须充分利用与客户沟通的机会，巩固和发展公司的信誉，为客户提供更优质的服务。

（4）便利性

配送以服务为目标，以最大限度地满足客户要求为宗旨。因此，应尽可能地让顾客享受到便捷的服务。通过采用高弹性的送货系统，如采用急送货、顺道送货与退货、辅助资源回收等方式，为客户提供真正意义上的便利服务。

（5）经济性

实现一定的经济利益是企业运作的基本目标。因此，对合作双方来说，以较低的费用完成送货作业是企业建立双赢机制、加强合作的基础。所以不仅要满足客户的要求,提供高质量、及时方便的配送服务,还必须提高配送效率,加强成本管理与控制。

二、送货作业的基本流程

送货的基本作业流程如图 3—5 所示。

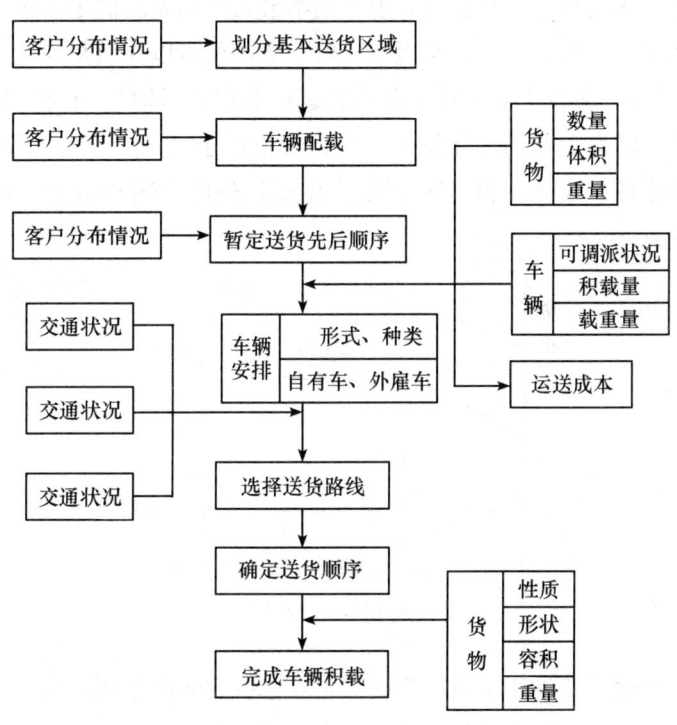

图 3—5 送货基本作业流程

1. 划分基本送货区域

先对客户所在地的具体位置做较系统的统计,并做区域上的整体划分;再将每一客户包括在不同的基本送货区域中,以此作为配送决策的基本参考。如:按行政区域或按交通条件划分不同的送货区域,在区域划分的基础上再做弹性调整来安排送货顺序。

2. 车辆配载

由于配送货物的品种、特性各异,为提高送货效率,确保货物质量,必须先对特性差异大的货物进行分类。在接到订单后,将货物按特性进行分类,以分别采取不同的送货方式和运输工具。如按冷冻食品、速冻食品、散装货物、箱装货物等货物类别进行分类配载。其次,配送货物也有轻重缓急之分,必须初步确定哪些货物可配载于同一辆车,哪些货物不能配载于同一辆车,以做好车辆的初步配载工作。

3. 暂定送货先后顺序

确定送货方案前，应先根据客户订单的送货时间将送货的先后次序大致预订，为后面车辆积载做好准备工作。预先确定基本送货顺序可以有效地保证送货时间，提高运作效率。

4. 车辆安排

车辆安排要解决的问题是：安排什么类型、吨位的配送车辆进行最后的送货。

一般企业拥有车辆的车型、数量也有限。当本公司车辆无法满足需求时，可使用外雇车辆。在保证送货运输质量的前提下，是组建自营车队，还是以外雇车为主，则须视经营成本而定，如图3—6所示。曲线1表示外雇车辆的运输费用随运输量的变化情况，曲线2表示自有车辆的运输费用随运输量的变化情况。当运输量小于 A 时，外雇车辆费用小于自有车辆费用，所以应选用外雇车辆；当运输量大于 A 时，外雇车辆费用大于自有车辆费用，所以应选用自有车辆。

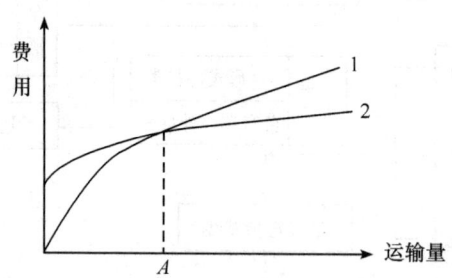

图3—6 外雇车辆和自有车辆费用比较
1—外雇车辆 2—自有车辆

无论选用自有车辆还是外雇车辆，都必须事先掌握有哪些车辆可供调派并符合要求，即这些车辆的容量和额定载重是否满足要求；其次，安排车辆之前还必须分析订单上的货物信息，如体积、重量、数量、对装卸的特别要求等，综合考虑多方面因素的影响后，再做出最合适的车辆安排。

5. 选择送货线路

如何选择配送距离短、配送时间短、配送成本低的线路，还需根据客户的具体位置、沿途的交通情况等做出优先选择和判断，才能以最快的速度完成对这些货物的配送。除此之外，还必须考虑有些客户或其所在地点环境对送货时间、车型等方面的特殊要求，如有些客户不在中午或晚上收货，有些道路在某高峰期实行特别的交通管制等。

6. 确定最终的送货顺序

做好车辆安排及选择好最佳的配送线路后，依据各车辆负责配送的先后顺序，即可确定客户的最终送货顺序。

7. 完成车辆积载

明确了客户的送货顺序后，接下来就是如何将货物装车，按什么次序装车的问题，即车辆的积载问题。原则上知道了客户的配送顺序之后，到仓库提货时只要将货物依"后送先装"的顺序装车即可。但有时为了有效利用空间可能还要根据货物的性质（怕震、怕压、怕撞、怕潮）、形状、体积及重量等做出弹性调整。此外，如何选择货物的装卸方法也必须在考虑货物的性质、形状、重量、体积等因素后再做具体决定。

在整个送货作业过程中必须注意：明确订单内容，了解货物的性质，明确具体送货地点，适当选择配送车辆，选择最优的配送线路，充分考虑各作业点的装卸货时间等。

第5节 流通加工

流通加工有利于配送，能提高物流系统对用户的服务水平，还有提高物流效率和使物流活动增值的作用。

一、流通加工的类型

为满足用户需要和有利于配送，流通加工的作业类型可分为：

1. 为弥补生产领域加工不足的流通加工

有许多产品在生产领域受许多因素限制，不能完全实现终极的加工，进一步的下料、切裁、处理等则由流通加工来完成。

2. 满足需求多样化的流通加工

需求存在着多样化和变化两个特点。为了满足用户对产品多样化的需求，同时又要保证高效率的大生产，就由流通加工来完成大量带有服务性的初级加工，将单一化的产品进行多样化的改制加工。

3. 保护产品的流通加工

为使产品的使用价值得到保护，采用稳固、改装、冷冻、保鲜、涂油等流通加工，以延长产品在生产、储存和使用期间的寿命。

4. 提高物流效率的流通加工

有些产品本身的形态使之难以进行物流操作或其本身极易受损，通过流通加工，可以使物流各环节易于操作，提高物流效率，降低物流损失。

5. 促进销售的流通加工

通过分装、组装、分块、装潢性包装等流通加工，可以方便消费者，起到吸引消费者、指导消费、促进销售的作用。

6. 提高原材料利用率的流通加工

合理套裁、集中下料、优材优用等流通加工可以提高产品利用率和加工质量，减少原材料消耗。

7. 消费方便、省力的流通加工

根据下游生产的需要，通过流通加工，将产品加工成下游生产直接可用的状态。如将水泥拌成混凝土混合料等。

8. 满足配送的流通加工

为实现配送活动，应根据客户的需要进行整理、挑选、分装、拼装、配套、组装、贴标签等流通加工环节。

9. 便于运输的流通加工

流通加工便于解决大批量、低成本、长距离干线运输与多品种、小批量、多批次支线末端运输和集货运输之间的衔接问题；也可将运输包装转换成销售包装，能有效衔接不同目的的运输方式。

10. 提高经济效益的流通加工

这类流通加工是经营的一个环节，在满足生产和消费要求的基础上获取利润。

11. 生产—流通一体化的流通加工

依靠生产企业和流通企业的联合，形成对生产与流通加工的合理分工、合理规划、合理组织，统筹安排生产与流通加工。

二、流通加工的方式

1. 生产资料的流通加工方式

生产资料的流通加工最具代表性的是钢材、水泥、木材。钢材的流通加工是对薄板的剪裁、切断，型钢的熔断，厚钢板的切割，线材的切断、集中下料、冷拉加工等；水泥则利用水泥搅拌运输车作业；木材是将原木加工成各种规格的锯材、门窗料，还进行打眼、凿孔。另外，平板玻璃、铝材等同样可以进行剪裁、切断、弯曲、打眼等各种流通加工。

2. 消费（生活）的流通加工方式

消费（生活）的流通加工方式有：纤维制品的缝制和整烫、贴价格标签，进口货品贴中文标志和税条，小包装分装，礼盒包装，热收缩包装（商品组合或与赠品组合），高级服饰或珠宝等贵重商品的品质或数量检查等。

3. 生鲜食品的流通加工方式

鲜活食品采用低温冷冻方式加工；瓜果、谷物、棉毛原料采用分选方式加工；农、牧、渔、副等产品，为了方便购买者及综合利用，可采用分部精制的方式加工；为便于零售，可采用大改小、运输包装改销售包装的方式加工。

三、流通加工的管理

流通加工管理是在流通领域中的生产加工作业管理。从其本质来说，和生产领域的生产管理一样；所不同的是流通加工管理既要重视生产的一面，更要着眼于销售的一面，这是流通加工的主要目的。流通加工管理工作有以下几个方面：

1. **计划管理**

计划管理是对流通加工的产品，必须事先制订计划。如对加工产品的数量、质量、规格、包装要求等，都要按用户的需要做出具体计划，按计划进行加工生产。

2. **生产管理**

生产管理主要是对加工生产过程中的工艺管理。如生产厂房、车间的设计，生产流程的安排，原材料的储存、供应，产成品的包装、入库等的工艺流程设计是否科学、合理。

3. **成本管理**

流通加工一方面是为了方便用户、创造社会效益，另一方面也是为了扩大销售、增加企业收益。所以，必须加强成本管理，不能进行"亏本"的加工。

4. **销售管理**

流通部门的主要职能是销售，加工也应为此目的服务，因此在加工之前要对市场情况进行充分调查。只有广大用户需要的、加工后有销路的，才能组织加工。用户不需要或销路不畅的就不能进行加工，因为这样的加工是无效的、徒劳的。

第 6 节　配 送 单 据

一、拣货单据

在设计拣货单时应根据货架编号、货号、品名、数量安排顺序，以免拣货时产生混淆。订单拣货作业单据见表3—1。

表 3—1　　　　　　　　　　　订单拣货作业单

拣货单号：		用户订单号：		拣货时间：		起　　止			
用户名称：				复核时间：		起　　止			
拣取储位：				拣货员签名：					
出货日期：				复核员签名：					

序号	储位号码	商品名称	商品编号	包装单位				拣货转换	拣取数量	备注
				箱	盒	散品	零散总数			
合　计											

二、配送单据

1. 驾驶记录表（见表3—2）

表3—2　　　　　　　　　　　　驾驶记录表

车号：		驾驶员：			日期：				
顺序	送货地点	送货单	品名数量	客户名称	驾驶距离	驾驶时间	停留时间	时间合计	摘要
				预计驾驶里程			实际驾驶里程		

2. 配送调度表（见表3—3）

表3—3　　　　　　　　　　　　配送调度表

												编号：＿＿＿＿＿			
出货日期：200　年　月　日　星期＿＿＿											调度员：＿＿＿＿＿				
出货顺序					配送运输							费用			
开始时间	结束时间	时间合计	分店	单数	金额	是否有尾货	车牌	分店	司机	出发时间	到店时间	离开时间	到仓时间	总时间	超停时间	原因	里程	路费	燃油费	备注
合计															
配送中心经理：								调度主管：							

3. 月度运输作业报表（见表3—4）

表3—4　　　　　　　　　　　　月度运输作业报表

日期　年　月		单位				
车辆号码	工作日数	总车辆数	行走距离	运输吨数	燃料	其他
合　计						

4. 送货单（见表3—5）

表3—5　　　　　　　　　　　　　　送　货　单

司机姓名：			送货客户：			送货单号码：					
封条号码：			送货日期：								
车牌号码：			出货员：								
出货地点：			收货地点：								
序号	商品编码	商品名称	条码	规格	单位	发货数量			实收数量			备注
						总数	箱	散货	总数	箱	散货	
		合　计										
配送中心经理：						客户收货人：						
						收货时间：						

5. 配送日报表（见表3—6）

表3—6　　　　　　　　　　　　　　配送日报表

日期	年 月 日		星期		天气		温度	℃	单位			
卡车	号码	驾驶员	运送内容	驾驶时间			行走	燃料	输送量	同乘者	运费	收款人运费计算				其他

卡车	号码	驾驶员	运送内容	驾驶时间			行走	燃料	输送量	同乘者	运费	收款人	运费	人事费用	合计	其他
				开始	终了	移动时间	合计										
合计	作业时间		行走距离		输送吨数		燃料		人事费用		支付费用		备注			
合计	本日(h)	累积(h)	本日(km)	累积(km)	本日(t)	累积(t)	本日(L)	累积(L)	本日(元)	累积(元)	本日(元)	累积(元)				

第4章 运输管理

第1节 运输概述

一、运输分类与功能

1. 运输的定义

运输是采用运输工具将物品进行长距离的位置移动。运输作业与搬运作业不同，运输是在大范围内进行的货物位移，搬运是在同一区域小范围内进行的货物位移；运输作业与配送作业不同，运输是大运量、快速、长距离的干线货物运送，配送是在物品完成干线运输之后的终端物流活动，包括商业交易、分拣配货、送达服务等。

2. 货物运输的分类

货物运输可按运输工具、运输线路、运输作用、运输协作方式分类：

（1）按运输工具分为公路运输、铁路运输、水路运输、航空运输和管道运输五种方式。

（2）按运输线路分为干线运输与支线运输两类。

1）干线运输。利用铁路和公路的干线、大型船舶的固定航线进行长距离、大运量的运送，是进行远距离空间位移的重要运输方式。干线运输的速度快、成本低，是运输的主体。

2）支线运输。与干线运输相接的分支线运输。支线运输是干线运输与收、发货地点之间的补充性运输形式，路程较短，运量相对较小，速度较慢。

（3）按运输作用分为集货运输与配送运输两类。

1）集货运输。将分散的货物通过支线运输汇集到一个大型的集货中心，然后进行干线快速运输。集货运输是短距离、小批量、频繁的运输，集货运输是干线运输的补充形式。集货运输与分货运输是作业相同、运作形式相反的同种运输方式。

2) 配送运输。将配送中心按客户订单要求已经配装的货物送达客户。配送运输是短距离、小范围的运输,是物流的终端资源配置。

(4) 按运输协作方式分为一般运输、联合运输和国际多式联运。

1) 一般运输。独立地采用不同运输工具或同类运输工具而没有协作关系的运输,如汽车运输、火车运输等。

2) 联合运输。使用同一运送凭证,由不同运输方式或不同运输企业进行有机衔接的货物运输,是利用各种运输方式的优势,充分发挥不同运输工具效率的运输形式。对用户来说,采用联合运输可以简化托运手续,方便用户,同时可以加快运输速度,有利于节省运费。经常采用的联合运输形式有:铁海联运、公铁联运、公海联运等。其中以公路运输衔接干线运输实现"门到门"的联合运输最为普遍。

3) 国际多式联运。联合运输的一种现代运输形式。国际多式联运是在国际物流中将多种运输手段进行衔接,实现一张提单下的货物"门到门"运输。国际多式联运的核心是总承运人,由总承运人向托运人开立提单,以一张提单、单一费率、一次保险,实现全程运输,如图 4—1 所示。

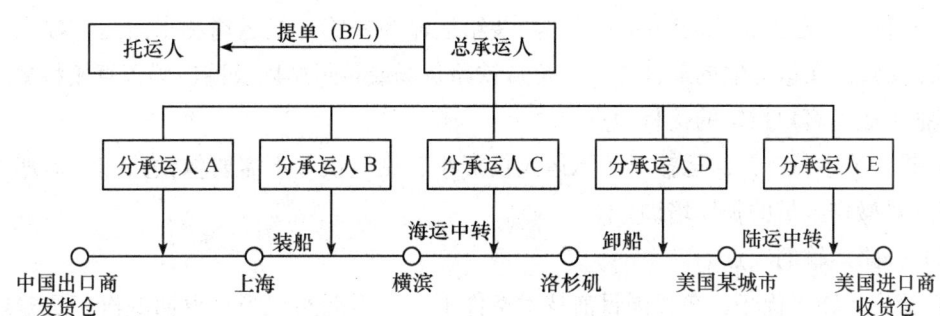

图 4—1 国际多式联运示意图

3. 运输的功能

(1) 物品空间效用

运输实现物品空间位移的功能。任何物品从供应方到需求方实现其使用价值,都不能离开运输。运输的目的就是以最低的成本,在合理的时间内,保质保量地完成物品从卖方向买方的转移。运输是物流最主要的实体功能。

(2) 物品短期存储效用

运输可以实现物品临时存储的功能。物品在中转运输过程中,需要较短时间的停顿。考虑到物品两次卸货与装货的成本及仓储的时间成本,不如将物品暂时存放在运输工具中,实现物品存储的作用。

二、各种运输方式的比较

不同的货物、不同的运输距离要求决定了不同的运输方式。有五种货物运输方式可供货主和托运人选择,以提高运输效率,降低运输成本,并且对整个物流系统产生优化作用。

1. 公路运输

(1) 公路运输的优点

公路运输最大的优势是灵活性,可以实现货物从发货人仓库到收货人仓库的"门到门"运输,具体表现为:

1) 日内往返的快速运输。在同一经济区域范围内,公路运输可以实现中等距离日内到达并返回的快速运输。在我国长江三角洲、珠江三角洲和京津唐三大经济区域内的城市之间,均可以实现快速日达。如果配合运输路线策划,还可以做到局部或整体的回程载货。以目前我国高速公路的状况,公路运输的经济里程已经达到 500 km。

2) 同城快速货运。在同一大型城市范围内,公路运输以起运频度高、转运时间短的优势,实现随时可送货。公路短程运输和城市配送结合,为专业工业区和大型配送中心提供快速货运服务。

3) 提供不同运输方式的衔接。公路集装箱运输为铁路干线运输和水路运输提供了衔接起点和终点短途集散运输的最佳选择,可从铁路货场或转运站以及港口码头直接将集装箱通过汽车拖车送达客户指定的接货地点。

4) 投入成本低。公路运输对于承运人投资小、见效快,不需要像铁路和水运那样的巨额投资和对操作人员的长期培训。

(2) 公路运输的缺点

1) 长途运输无优势。在我国目前技术条件下,凡不能实现当日返回的汽车运输经济性能均不稳定。

2) 油耗高。标准集装箱重箱拖车每 100 km 消耗零号柴油 25 L。

3) 事故多。在公路事故中,货运汽车事故率最高,占总事故率的 25%,损失率的 78%。

公路快速运输的货物对象分为零担货运和整车货运。由于零担货运可以在经济路线下将多个货主的货物共载一车,收费又比整车运输高,因此中短途零担运输的经济效率高。

2. 铁路运输

铁路运输衔接了大城市之间、经济区域之间的大批量货物干线运输,是我国陆上货物运输的最重要方式。

(1) 铁路运输的优点

1) 大运量、长距离。火车运输承运能力大,适于大批量、长距离运输。在散货运输状态下,每列车运量可达 4 000 t,重载列车可以达到 10 000 t。

2) 运输变动成本小。在电气化机车时代,铁路运输变动成本仅为汽车运输变动成本的 1/15。如果加上固定成本,铁路运输的总成本也仅为公路运输成本的 1/4。

3) 快速准时。铁路运输速度达 150 km/h,具有固定的时刻表、准确的运行时间,保证货物准时到达。从广州至北京的 2 500 km 的干线货运,17 h 即可到达。从上海至北京,8 h 即可到达。

4) 运营技术指标高。在运输工具承载率(吨千米数)、劳动生产率(人均投入产出比例)和运输安全可靠性方面,铁路运输与公路运输相比具有很大优越性。

(2) 铁路运输的缺点

1) 不灵活。由于受轨道和整体列车的限制,铁路运输起运频率低且不灵活,两端集货与散货必须依赖公路。

2) 装卸搬运时间长。在 500 km 经济里程内,铁路运输经济技术性能不如公路运输。

3) 中转时间长。在非直达运输情况下,绝大部分的列车均需中转解体然后重新编组。60 节列车的中转编组时间长达 4 h,加上编组前后的等待时间,一次中转的全部时间达到一个工作日(8 h)。

4) 投资大。铁路运输在路线和中转站、编组站和货场方面的投资大,投资时间长,形成规模效益的周期也较长。

铁路适于干线快速、长距离、大运量货物运输,公路适于中短距离、高频度"门到门"运输。铁路运输必须与公路运输实行联合,将各自的优势互补。今后,铁路与公路总承运人的发展趋势将是铁路承运人与汽车货物承运人结成战略联盟,形成两端运输一体化,以节省运输时间和成本,提高陆上货物运输的经济效益。

3. 水路运输

由于环境保护的要求,以及公路快捷运输的挑战,内河运输已经大大受到限制。内河运输在货物水路运输方面已经下降到了不足 2% 的比例。因此,水路运输主要是海洋运输,包括近海和远洋货物运输。

(1) 海洋运输的优点

1) 运输距离最长、运量最大。在运量方面,散货运输平均一列火车的运量为 4 000 t,平均一艘散装货轮运量为 35 000 t,集装箱列车的最大承载量为 240 个标准集装箱,而中等集装箱班轮可承载 3 500 个标准集装箱。

2) 运输成本最低。海运成本为铁路运输成本的 1/5,公路运输成本的 1/20。

3) 国际贸易的主要运输方式。我国的国际贸易 92% 通过海运完成,只有 8% 通过铁路和公路运输完成。

(2) 海洋运输的缺点

1) 速度慢。从上海到洛杉矶的班轮需 2 周,到纽约需 1 个月。长时间海上货物运输的市场风险大,进出口货物的价格必须包括未来的商品价格变动。

2) 港口投资大。由于海运货量巨大，必须设有足够的空间和设施以应付集中待运和到货分散的集装箱堆场、散货码头和各种各样的仓储，以及疏港公路和航道。

3) 管理复杂。海洋运输包括货物管理，船舶管理，港口管理，进出口货物海关、商检、检疫管理，还有航线管理等。这些管理规则和法律均以海运货物为中心展开，涉及提单、信用证、保险单、物品产地证书、贸易许可证等，并且均与国际法和国际规则相接。

4. 航空运输

航空货物运输是朝阳产业，它的运输潜力远没有发掘出来。随着产业结构的变化，客户对应时性商品的要求越来越高，空运货物的市场份额将会稳步上升。

航空运输的最大优势是快速、安全，弱点是运价高、货物检查时间长。在未来的经济与技术发展中，航空货运业可以通过技术的改革与竞争降低飞行器的成本，使运价中固定成本部分降低，同时通过各种识别技术与检测技术缩短货检时间。航空运输也可以通过与两端短途配送结合，实现快速低成本的服务，扩大服务半径和服务网络。

航空运输的货物是高价值、应时性物品，如高科技产品、贵重商品、样品和邮件。以邮件为例，目前全国每天平均的快邮专递邮件平均为700万件，其中信件为500万件，每日的快邮专递收费超过2亿元。

5. 管道运输

传统上的管道运输以运送石油、天然气为对象，近年来有输送煤浆和水的新技术出现。

(1) 管道运输的优点

1) 运量大，变动成本较低。

2) 损耗低。

3) 效率高。以管道直径1 m、输送距离2 000 km的石油管道计算，年输送量达到$(2.5 \sim 5.0) \times 10^7$ t。管道运输实现货物的快捷转移。

4) 人力成本低。

5) 易管理。管道运输除了起始点和中间加热装置外，不需要其他管理。

(2) 管道运输的缺点

1) 只适用于特定的少数气体和液体货物运输。

2) 永远是单向运输，无机动性。

3) 一次性固定投资大。特别是处在恶劣地质条件下的管道运输，如阿拉斯加的输油管道必须采用高强度、可伸缩变形的合成塑料材料，导致投资成本高。

根据上述特点，管道运输只能承担单向转移、定点发送与接收的液体和气体货物。

三、运输方式的选择原则

运输方式的选择受货物种类、运输数量、运输距离、运输时间和运输成本五个因素的制约，其中货物种类、运量和运距是由货物性质和存放地点决定的，是很难变更的不可变量，它们对运输方式的改变影响很小。运输时间和运输成本是不同运输方式相互竞争的结果，是运输方式的可变量。根据对运输五大因素的分析，可以按照以下原则选择合适的运输方式：

（1）在 500 km 经济里程之内的中短途运输由公路运输承担。

（2）干线大运量快速运输由铁路承担，两端与公路运输衔接形成铁路与公路的联合运输方式。

（3）海运的两端与公路衔接，再衔接干线铁路，实现水、公、铁三者联合运输。

（4）航空运输与城市配送衔接，实现快速运输与客户网络相适应的空运与路运联运。

第 2 节 货物运输作业程序

货物运输过程为货物接收与装载、货物运输、货物到达与提货三个阶段。参与货物运输合同的关系人为货主与托送人、承运人、收货人三方。在发货阶段，当货主与托运人是两个不同的关系方时，托运人为货主的代理。

一、公路货物运输业务

在公路货物运输中，货物托运人向运输公司提出运送货物的要求为托运，运输公司接受货物运输是受理，也称为承运。公路运输的作业内容见表 4—1。

表 4—1　　　　　　　　　公路运输的作业内容

发送作业	途中作业	到达作业
1. 受理托运	1. 中途货物交接	1. 货运票据交接
2. 组织装车	2. 货物整理与换装	2. 货物卸车
3. 核算制票	3. 承运	3. 保管与交付

1. 整车货物运输

一次货物运输在 3 t 以上为整车运输。

（1）托运人填写托运单

货物托运单是托运人与承运人双方订立的运输合同，它明确规定了双方在货物承运期间的权利、责任。表 4—2 为公路货物运输托运单。货物托运单的作用包括：

1) 托运单是运输公司开具货票的凭证。

2) 托运单是调度部门派车、货物装卸、货物到达交付的依据。

3) 在运输期间发生事故时，托运单是判定双方责任的原始记录。

4) 托运单是货物收据、交货凭证。

表 4—2 　　　　　　　　　　　公路货物运输托运单

托运人：　　　　　　　　　　　　　　　　　　　　　经办人：
电　话：　　　　　　　　　　　　　　　　　　　　　地　址：
运单编号：

发货人	地址	电话	装货地点				
收货人	地址	电话	卸货地点				
付款人	地址	电话	约定起运时间	月/日	月/日	需要车种	
货物名称及规格	包装形式	件数	体积(长×宽×高)	件重量(kg)	重量(t)	保险与保价	货物等级	计费项目		计费重量	单价
								运费	装卸费		
合计						计费里程					
托运人注意事项	付款人银行账号		承运人记载事项			承运人银行账号					
注意事项	1. 货物名称应填写具体品名，如货物品种过多不能在运单内逐一填写须另附物品清单 2. 保险或保价货物，在相应价格中填写货物声明价格					托运人签章 年 月 日		承运人签章 年 月 日			

注：本运单一式两份：(1) 受理存根；(2) 托运回执。

整车货物的托运单一般由托运人填写，也可委托他人代填并在托运单上加盖与托运人名称一致的印章。

（2）托运单的审批和检验

1）审批货物详细情况。包括货物名称、体积、重量、运输要求。对于不符合国家规定的货物，以及承运人不能承担的货物不应受理。

2）检验有关运输凭证。货物托运人应根据有关规定，向承运人提交准许出口、外运等证明文件,以及随货同行的有关票据单据。

3) 审批有无特殊运输要求。如运输期限、押运人员等。

(3) 确定货物运输里程和运杂费

(4) 托运单编号及分送

托运单认定后,应将其编定托运号码,告知调度与运务部门,并将结算通知交货主。

(5) 整车货物的理货

货物的理货工作分为受理前货物的核实和起运前的货物核实。

(6) 交费并领取货票

托运人向承运人交纳运费和杂费,领取承运凭证—货票,表 4—3 为公路运输货票。

表 4—3 公路运输货票

甲联：No. 0001

自编号：
托运人： 车属单位： 牌照号：

装货地点			发货人			地址			电话		
卸货地点			收货人			地址			电话		
运单或货签号码		计费里程	付款人			地址			电话		
货物名称	包装形式	件数	实际重量(t)	运费运量		吨千米运价			其他收费		运费小计
				t	km·t	货物等级	道路等级	运价率	运费金额	计费项目	金额
										装卸费	
运杂费合计金额(大写)				￥							
备注						收货人签收盖章					

开票单位： 开票人： 承运驾驶员： 时间： 年 月 日

注：本货票共分四联：第一联黑色存根；第二联红色运费收据；第三联浅蓝色结报单；第四联绿色收货回单,经收货人盖章后送车队统计。

(7) 整车货物监装与监卸

1) 承运人车辆到达装货地点,监装人员应根据托运单和货票填写的内容、数量与托运人确定交货手续。

2) 承运人车辆到达卸货地点后,应会同收货人员、驾驶员、卸车人员检查车辆有无异常,然后卸货。

3) 卸货时,应根据托运单及货票所列的项目与收货人清点和监秤记录交接。如发现货损,应按有关规定编制记录并申报处理,收货人在记录或货票上签署意见。交货完毕后,由收货人在货票收货回单联上签字盖章,承运人的责任即告结束。

(8) 整车货物的运输变更

通常,当货物的托运人或收货人对运输中的货物因特殊原因提出变更要求时,应由托运人提出变更运输的申请和其他有效证明文件,填写变更说明书、货物运输变更原因,加盖与原托运单相同的印章。在变更运输不违反有关规定时,才予以受理。

2. 零担货物运输

一次汽车货物运输在3 t以下为零担货物运输。公路零担货物运输分为普通零担货物运输和特种零担货物运输。普通零担货物是指在《公路价规》中列名的,适于公路零担运输的普通货物。特种零担货物是指超长、超大、笨重、危险、贵重以及特种鲜活零担货物。

零担货物的办理内容包括七个程序:受理托运、检货司磅、验收入库、开票收费、配运、装车、卸车保管、提货交付。其中主要的程序为:

(1) 零担货物托运受理

1) 托运受理的方法

①站点受理。由货主送货到站,办理托运手续。

②上门受理。由车站指派业务人员到托运人货仓办理托运手续。

③预约受理。与货主约定时间和地点提取货物。

2) 托运单的填制与审核　公路零担货运单一式两份,一份由起运站存查,另一份随货同行。凡货物到站在零担班车运输路线范围内的是直线零担,填写《零担货物托运单》。如需中转换装的为联运零担,填写《联运货物托运单》。

(2) 零担货物的配运装车

1) 随货同行的单据包括提货联、随货联、托运单、零担货票及其他随运单据。

2) 根据运输车辆核定吨、容积、货物理化性质、形状、包装等合理配载,并编制货物交接清单。

3) 货物装车前,货物保管人员将接受的货物按货位、批量向承运车辆的随车人员或驾驶员和装车人员交代货物的品名、件数、性能,以及具体装车要求。

4) 中途装卸零担货物,应先卸后装。

5) 起运站与承运车辆应根据《零担货物装车交接清单》办理交接手续,并按交接清单有关栏目逐批点交。交接完毕后,由随车理货人员或驾驶员在交接清单上签收。交接清单为一站一单原则。

(3) 零担货物的卸车交货

零担货物到站后对普通、中转联运零担分别理货和卸货。

1) 班车到站时,车站货运人员应向随车理货员或驾驶员索阅货物交接单以及跟随的有关单证,并与实际装载情况核对,如有不符应在交接单上注明。

2) 卸车时应向卸车人员说明有关注意事项，根据随货同行托运单与货票逐批、逐件验收。卸车后，收货人员与驾驶员或随车理货员办理交接手续，并在交接清单上签字。

3) 卸车完毕后，对到达的货物计入《零担货物到达登记表》，并迅速用到货公告或到货通知催请收货人前来提货。

3. 公路集装箱货物运输

公路集装箱货物运输的责任自承运人接受货物、签发货物运单或其他货运单证起，至将货物交给收货人为止的整个期间。作业程序是：

（1）检查集装箱货物

对托运单所记载的货物件数、规格、标志、重量、外表情况予以检查；承运人与发货人、收货人、集装箱货运站或集装箱码头办理集装箱货物交接时，均应在单证上做交接记录。

（2）中转集装箱

与前后承运人办理交接手续。

（3）交接

驾驶员与集装箱货运站、托运人、收货人办理交接与签收手续；驾驶员与集装箱堆场、发货人、收货人办理集装箱外表状况、铅封的交接、签收手续。

4. 汽车货物运输变更、取消应办理的手续

（1）在承运人未将货物交付收货人之前，托运人可以要求承运人中止运输、返还货物、变更到达地或者将货物交付给其他收货人，但应当赔偿承运人因此受到的损失。

（2）凡发生下列情况之一者，允许变更和解除：

1) 由于不可抗力使运输合同无法履行。

2) 由于合同当事人一方的原因，在合同约定的期限内确实无法履行运输合同。

3) 合同当事人违约，使合同的履行成为不可能或不必要。

4) 经合同当事人双方协商同意解除或变更，但承运人提出解除运输合同的，应退还已收的运费。

5. 汽车货物运输中货物交接的手续

（1）货物运达承托双方约定的地点后，收货人应凭有效单证提（收）货物，若无故拒提（收）货物，应赔偿承运人因此造成的损失。

（2）货物交付时，承运人与收货人应当做好交接工作，发现货损货差，由承运人与收货人共同编制货运事故记录，交接双方在货运事故记录上，签字确认。

（3）货物交接时，若承托双方对货物的重量和内容有质疑，均可提出查验与复磅，查验和复磅的费用由责任方负担。

（4）货物运达目的地后，收货人应当及时提（收）货物，收货人逾期提（收）货物的，应当向承运人支付保管费等费用。

(5) 承运人未按约定的期限将货物运达,应负违约责任;因承运人责任将货物错送或错交,应将货物无偿运到指定的地点,交给指定的收货人。

6. 因汽车货物运输事故要求赔偿的手续

(1) 承运人未遵守承托双方商定的运输条件或特约事项,由此造成托运人的损失,应负赔偿责任。

(2) 货物在承运责任期间和站、场存放期间内,发生毁损或灭失,承运人、站场经营人应负赔偿责任。但有下列情况之一者,承运人、站场经营人举证后可不负赔偿责任。

1) 不可抗力。

2) 货物本身的自然性质变化或者合理损耗。

3) 包装内在缺陷,造成货物受损。

4) 包装体外表面完好而内装货物毁损或灭失。

5) 托运人违反国家有关法令,致使货物被有关部门查扣、弃置或做其他处理。

6) 押运人员责任造成的货物毁损或灭失。

7) 托运人或收货人过错造成的货物毁损或灭失。

二、铁路货物运输业务

1. 铁路货物运输对象与车辆调度

(1) 铁路货物运输种类

1) 整车运输。我国现有货车主要为敞车、平车、棚车和罐车,标记载重量为 50 t 和 60 t,棚车容积在 100 m^3 以上。托运人向铁路承运人托运一批货物的重量、体积形状需要一辆货车运输,应按整车托运。

2) 集装箱、托盘和集装运输。凡货物容积超过了 3 m^3、总重量达 2.5~5 t,应采用集装箱运输;货物容积为 1~3 m^3,总重量未超过 2.5 t 的,可采用托盘或集装货捆方式运输。

(2) 铁路运输计划

铁路运输的核心是车辆调度,它建立在严密的铁路运输计划基础上。

1) 货物列车编组计划。包括货运列车始发站直达列车编组计划和中间编组站列车编组计划。始发站直达列车编组计划的作用是在装车地最高限度组织直达运输和成组装车。中间编组站列车编组计划的作用是:根据车流的实际运行状况,合理分配中间编组站(技术站)的编组调车。

2) 车站作业计划。该项计划是中间编组站和货运站的日常调度计划,包括班计划(12 h 期间)、阶段计划(3~4 h 期间)和调车计划。车站作业计划是在货物列车编组计划之下,实现在本站范围内的列车编组和车辆配置作业的实际行动计划。

2. 整车货物运输

(1) 货物的托运与受理

1) 铁路托运程序。铁路运输部门根据托运人的需要完成向货车上装货、卸货、收集、发送等工作，称为铁路托运，包含以下内容：

①托运人将需要铁路运输的货物交给铁路。

②发货人与铁路运输人签订运输合同，办理运输业务。

③经铁路运输的物品，按照货主的要求，办理向铁路运输起点站集中和终点站分发的业务活动。

④在铁路运输从开始到完成的全过程中，完成各项装卸活动的组织和实施。

⑤完成与上述活动相关的一切附带工作，如发放领取货物凭证、签订运输保险、部分物资的包装分类等。

⑥铁路托运过程中严格执行有关规章制度。

铁路货物运单见表4—4。

表4—4　　　　　　　　　　　　**铁路货物运单**

承运人/托运人装车
承运人/托运人施封

货票第　　号

货物指定于　月　日搬入　　　　　　　　××铁路局
货位：
计划号码或运输号码：　　　　　　　货物运单号码：
运到限期限　　日　　　　　　　　　托运人→发站→到站→收货人

托运人填写				承运人填写					
到站		到站（局）		车种车号			货车标重		
到所属省（市）自治区				施封号码					
托运人	名称		邮政编码	经　由		铁路货车棚车号码			
	住址		电话						
收货人	名称		邮政编码	运价里程		集装箱号码			
	住址		电话						
货物名称	件数	包装	货物价格	托运人确定重量	承运人确定重量	计费重量	运号号	运价率	运费
合计									
托运人记载事项			保险			承运人记载事项			

2) 铁路货物运输承运货物的手续

①受理。车站接受托运人提出的货物运单时，应进行审查，看是否符合铁路运输条件，并审查应随同提出的证明文件是否齐备和有效；合格则制定搬入车站或装车日期。

②确定货物质量。铁路运输货物按件数和质量承运，但散堆装货物或一批数量多且货物

价值不高的成件货物,按整车运输时,只按重量承运,不计件数。整车货物和使用集装箱运输的货物,由承运人确定重量。此外,由承运人确定重量并核收过称费。由托运人确定的整车货物重量,承运人应进行抽查。

(2)进货与验货

1)进货。托运人凭承运人签署后的货物运单,按指定日期将货物移入货场的指定货位。

2)验货。为保证货物运输安全,确定待运货物完好,必须对货物进行下述检验:货物名称与件数是否与货物运单相符;货物的待运状态是否良好;货物的运输包装与标记(货签)是否符合运输规定;货物的标记是否齐全与正确,原留存的旧标记是否已消除;装载整车货物所需的货车装备物品或加固材料是否齐备。

(3)货票整车货物装车后,货运员将签收的货物运单移交货运室填写货票,核收运杂费,表4—5为铁路运输货票。

表4—5　　　　　　　　　　　**铁路运输货票**

货　票　　　　　　　　　　　No.

计划号码或运输号码:　　　　×××铁路局　　　　　　　甲联

发站		到站(局)		车种车号		货车标重		承运人/托运人装车	
经由				货物运到期限			施封号码或铁路棚布号码		
运价里程			集装箱号码		保价金额		现金付金额		
							费别	金额	费别	金额
托运人名称及地址							发到运费		运行运费	
收货人名称及地址							印花税		京九分流	
货物品名	品名代码	件数	货物重量	计费重量	运价号	运价率	建设基金		电气化附加费	
集装箱号码										
记事							合计			

(4)货物的承运

1)承运前的保管。托运人将货物搬入车站,经验收,一般不能立即装车,需在货场内存放。对整车货物实行承运前保管,其责任从收货完毕填写收货证起。

2)承运。整车货物装车完毕,发货站在货物运单上盖日期起,即为承运。

3. 铁路集装箱货物运输

(1)空箱发放

先将空箱运至货物所在的货场,以便装货。在本阶段,应先检查集装箱是否符合货主的需要,以及调度安排的箱号。货物装箱关闭箱门后检查所挂标签和进行加封,将铅封号记入货物运单内。

(2) 集装箱货物的接受与承运

发运货运员在接受集装箱货物时，应对发货人装载的集装箱货物进行检查。经检查确认无误后，在货物运单上签字，并交发货人付款起运。

(3) 集装箱货物交付

交付货运员在接到交货通知后，认真核对箱号、铅封号和标签。核对无误后通知装卸交货，并当面点交收货人。收货人收到货物后在有关单据上盖章，并将签章的单据交给货运员，由货运员在运单上加盖"交付讫"的章印记。对"门到门"运输的集装箱货物，货运员在复查运单后，填写"门到门"运输作业单，由收货人签收。对收货人返回的空箱，应检查箱体状况，在"门到门"运输作业单上签章。

4. 托运人托运超限货物时应提供的资料

(1) 托运超限货物时除按一般手续办理外，还应提供以下资料：

1) 托运超限货物说明书、货物外形的三维图示，并须以"十"号标明货物重心位置。

2) 自轮运转的超限货物，应有自重、轴数、轴距、固定轴距、长度、转向架中心销间距离、制动机形式以及限制条件。

3) 必要时应附有计划装载、加固计算根据的图纸和说明。

(2) 托运超长超限或超重货物时应向发站提供：

1) 货物外形尺寸图。

2) 应以"十"号标明货物重心位置及其有关尺寸。

3) 货物支重面的长度和宽度。

4) 计划装载、加固方案。

三、水路货物运输业务

水路货物运输主要与船舶运输作业相关，它的业务流程是：

1. 托运

(1) 托运人货物运单的填写

1) 同一货物运单的货物仅限同一托运人、收货人、起运港和目的港。

2) 同一托运人的多种货物者，若其中货物性质相差甚远，应分别填写货运单。

3) 危险货物托运填写红色的危险货物运单。

4) 如实填写货物件数、重量、体积、包装和标志等内容。对整船散装货物，如托运人不能准确核定重量时，可要求承运人提供船舶载货的吃水尺度，以换算重量。对于重型大件货物，必须填写准确的重量和体积，以便确定运输工具和装卸设备。

5) 特殊货物按货物托运和承运的运输要求填写。

提单是海洋运输中货物运单的表现形式，也是海洋货物运输的物权凭证。本书第6章专门有海运提单的叙述。

（2）提交托运货物

1）托运人根据货物性质和运输要求做好货物的包装，使货物适于运输与装卸。

2）托运人制作托运货物标志，包括托运输标志、指示标志和危险货物标志。

（3）支付费用

托运人在提交货物前或同时支付所有费用。如发生延期支付时，则应支付滞纳金。

2. 审证与验货

（1）审核有关货运单证

1）审核货物的托运计划号码。考虑到船舶运载的严格计划性，对无合同、不属于托运计划的货物，应做后置处理，如船舶尚有承载空间才能承运，否则不能接受承运。

2）审核运单。主要是审核关于货物方面的内容。其他的均按水运合同法规的规定办理。

（2）验收货物

起运港在运输货物时必须按照核准的进货日期按运单验收货物，把好验收关。包括：

1）货名、件数、包装、发货符号必须与运单相符。按件承运的货物要当场点收清楚。对不符合要求的应由托运人订正、整理，更换后验收。

2）要详细检查货物包装状况，充分考虑运输和中转换装要求，对包装不符合标准要求的，应由发货人整修合格后再验收。

3）对发货人交运的货物内容或质量进行抽查，发现匿报货名或夹带危险品、违禁品的应拒收，重量不符的应订正，并按规定核收运费。

3. 装船

（1）配载与积载

1）配载。确定船舶航次后装运的货物种类、数量、尺码和目的港，编制配载计划图。

2）积载。在配载的基础上，做出所配货物在各个货舱和甲板位置上的合理配置与堆装，编制积载计划图。

（2）装船

货物装船主要由港口装卸公司承办，在装卸中应注意下述事项：

1）装船前对装船货物进行复查，确定货物与单证相符。

2）装船过程中应复核点数，做到货物数量准确无误。

3）船方应派人看舱理货，如发现货损、标志不清和装船混乱等情况，应要求港口整理和编制记录。

4）装船完毕，应立即办理货运票据的签证和交接。

（3）货物退装

计划配载的货物原则上不予退装。装船港应根据积载图和积载清单将计划装船的货物全部装船。在实际操作中，如货物不能按计划装船，装船港应与船方协商，在征得船方同意后，做如下处理：

1）退装货物应按一张运单、货名和付款办理。

2）如同一张运单的货物全部退装，应将运单从装船的运单中抽出。

3）同一张运单的不能退装部分及整批货物的退装部分，应按实际发生数量，记录随货同行，并在交接清单内注明实际装货件数。

4. 运输

货物装船完毕，船公司与港口装卸公司办妥交接手续后，运输开始。运输途中由于承运人照管货物的过失造成的任何货物损失，均应由承运人负责赔偿。承运人在运输过程中的主要责任和义务如下：

（1）在合同规定的时间与期限内将货物运抵卸船港。

（2）应根据危险货物的特性采取安全措施。

（3）在航行途中对封仓的货物应保持完整封仓。

5. 卸船

由港口装卸公司承接的卸船主要包括：

（1）根据船舶到港前的货物卸船信息编制卸船计划，做好卸船准备。

（2）船舶到港后，应核对到港货物的各项单证。

（3）装卸人员应服从船方指导，按实际积载顺序、标志卸船。大票货物和整批货物做到一票一清，零星货物集中卸船。

（4）如发现混装、货损情况，应及时会同船方编制记录。

（5）卸船后，在规定时间内完成船方与港方交接手续。

6. 到达交货

（1）到货通知

承运人向收货人发出货物已经运达、催请提货的通知。

（2）交货前验查

对卸船过程中的问题货物进行核对。

（3）费用结算

收货人在支付一切运杂费后，才能提取货物。

（4）交付货物

收货人提货时，应在提货单上签章确认。

四、航空货物运输业务

1. 航空货物运输方式

（1）班机运输（scheduled airline）

具有固定航行时间、航线和停靠航站，通常为客货混合型飞机。优点是航期固定；缺点是货舱容量较小，运价较高。

(2) 包机运输（chartered carrier）

航空公司按约定的条件和费率，将整架飞机租给一个或若干个航空货运代理公司，从一个或几个航空站装运货物至指定的目的地。包机运输适合大宗货物运输，费率低于班机，但运送时间比班机长。

(3) 集中运输（consolidation）

航空货运代理公司将若干批单独发运的货物集中成一批向航空公司办理托运，填写一份总运单，至同一目的地，然后由其在当地的代理人负责分发给各个收货人。这种托运方式费率低，是航空货运代理的主要业务方式。

(4) 联合运输方式

主要有三种类型：火车—飞机—汽车的联合运输；火车—飞机的联合运输；汽车—飞机的联合运输。

(5) 航空快递业务

由快递公司与航空公司合作，向货主提供快递服务，主要是邮件和样品的快递。

不管采用上述哪种航空货物运输方式，航空货运市场的主要组织渠道都是代理销售制，即由航空货运代理企业组织货源，由承运人或其代理人签发货物单据。

2. 航空运单的作用

航空运单有别于海运提单，它并非货物的物权凭证，是不可议付的单据。

航空运单是发货人与承运人之间的运输合同；是货物发运后，发货人的货物收据；是运费账单，即发货人或收货人已付运费的凭证；是报关单据，海关查验放行时的基本单据；是保险证书、承运人内部业务依据。

3. 航空运单的内容

航空运单每套12联，其中正本3联，副本9联，每联上都注明该联的用途。正本3联的作用是：

(1) 第一联

货物托运后由承运人或代理公司将该联交托运人，作为接受货物的证明。

(2) 第二联

记有收货人与发货人应负担的费用，由承运人留存作为运费账单和记账凭证。

(3) 第三联

随货到目的地将此联交收货人，作为核收货物的依据。

4. 航空运单的种类

(1) 航空主运单（master air way bill，简称 MAWB）

由航空公司签发的航空运单称主运单，是承运人与托运人之间的运输合同，是承运人办理该运单项下货物的发运和交付的依据。

(2) 航空分运单 (house air way bill, 简称 HAWB)

它是由航空货运代理人在办理集中托运业务时签发给各发货人的运单。航空主运单与航空分运单的不同双方当事人关系如图 4—2 所示。

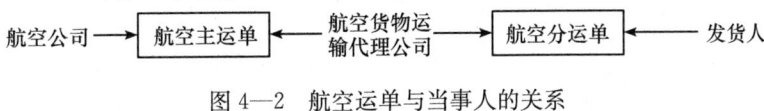

图 4—2 航空运单与当事人的关系

5. 航空运输实务

(1) 办理航空货物托运手续

1) 托运人托运货物时应向承运人填交货物托运单，并根据国家主管部门规定附随必要的有效证明文件。托运人填写的托运单经承运人接受，并由承运人填发货运单后，航空货物运输合同成立。

2) 托运人对托运的货物，应按国家主管部门规定的包装标准包装；没有统一规定包装标准的，应遵循运输安全的原则，按货物的性质和承载飞机等条件包装。

3) 托运人必须在托运的货件上标明发站、到站和托运人、收货人的单位、姓名、地址，按照国家规定标明包装储运指示标记。

4) 国家规定必须保险的货物，托运人在托运时应投保货物运输险。

(2) 货物包机、包舱运输

托运人要求包机运输货物时，应填交包机申请书，经承运人同意后，双方签订包机合同，每架次货物包机应当填制托运书和货运单，作为包机的运输凭证。

申请包舱或包集装板（箱）的合同签订及双方应当承担的职责和义务参照包机的有关条款办理。

(3) 货物不正常运输的赔偿处理

由于承运人的原因造成货物丢失、短缺、变质、污染、损坏，应按照下列规定赔偿：

1) 货物没有办理声明价值的，承运人按照实际损失的价值进行赔偿，但赔偿最高限额为毛重 20 元/kg。已办理货物声明价值的货物，按声明的价值赔偿，如承运人证明托运人的声明价值高于民用航空规章规定的货物的实际价值时，按实际损失赔偿。

2) 超过货运合同规定期限运达的货物，承运人应该按照合同约定进行赔偿。若托运人或收货人发现货物丢失、短缺、变质、污染、损坏或延误到达，应当场向承运人提出，承运人应按规定赔偿。

第3节　集装箱运输作业

一、集装箱的选择与检查

1. 集装箱的选择

（1）在使用集装箱之前，应根据货主运输货物的种类、性质、包装和运输要求，确定合适的集装箱。

（2）在选择集装箱时应按下述条件进行：应符合 ISO 标准；集装箱的八个角配件和四柱、六箱面完好无损；箱内外各焊接部位牢固；符合检疫标准，箱内清洁、干燥、无味、无尘、不漏水、不漏光；具有合格检验证书。

2. 集装箱的检查

（1）外部

检查箱的六面，如外部有任何损伤、变形、破口等，应立即标明修理部位。

（2）内部

检查箱内侧六面，察看是否漏水，漏光，有无污点、水迹。

（3）箱门

检查门是否四周水密，门锁是否完整，箱门可否270°开启。

（4）清洁

检查箱内有无残留物、污染、锈蚀、异味、水湿等。

（5）附属件

检查货物的加固环接状态是否完好。

二、集装箱货物装载要求

1. 一般装载要求

集装箱在积载与堆装时的一般要求是：

（1）不同件杂货混装在同一箱内时，应根据货物的性质、重量、外包装、强度、货物特性等，将箱内货区分开，将包装牢固的重件货装在箱底部，轻货装在箱上部。

（2）货物在箱内的重量分布均衡，箱的前后与箱的左右都要均衡配置货物。

（3）为保障货物不致压坏，应根据货物的包装强度，确定货物的堆码层数。

（4）货物之间应加隔板或隔垫材料，避免货物相互擦伤与污损。

（5）箱内货物装载严密整齐，货物之间不留间隙，防止货物相互碰撞致损。

(6) 装箱完毕关箱前应采取系固措施，防止开箱时箱门附近货物倒塌。

(7) 使用清洁、干燥的垫料。

2. 特殊货物装载要求

(1) 超长与超宽货物

由于集装箱的尺寸限制，超长与超宽货物应使用特殊集装箱，如在陆上运输许可下，采用开顶集装箱。一般情况下，超尺度货物应拆解运输。

(2) 超重货物

集装箱绝对不允许超重。

3. 液体货物装载

运输液体货物的集装箱有两种：一种是罐式集装箱；另一种是液体货物装入其他容器后再装载入集装箱。液体货物的装载要求是：

(1) 罐式集装箱的结构、性能、箱内面保护涂料是否符合液体货物运输要求。

(2) 检查液体货物的密度是否较大，若较大则只能装载半罐，以免运输途中货罐翻倒。

(3) 检查排放的阀门与安全阀是否有效。

(4) 确定液体货物是否需在运输与装卸过程中加温，以及目的地是否具备加温条件。

(5) 是否符合有关法规的要求。

4. 冷藏货物装载要求

冷藏集装箱装载分为冷藏货物和冷冻货物两种，前者温度范围在1～11℃之间，后者温度在－20～－10℃之间。应严格按照货主的要求，保持运输中的冷藏温度。同时，按货主签发的有关票据的温度要求条件保管好货物，以备发生争议时妥善解决。

5. 散装货装载要求

用集装箱运输某些特定散装货可以节省包装费和装卸费。散装集装箱主要装载小麦、麦芽、谷物，以及较贵重的金属材料物品。其要求是：装卸地的装卸设施配套；箱型的选定及清扫；防止因箱内出汗造成货损；不同货物的自然特性；箱内应清洁、干燥、无味。

6. 危险货物的装载

危险货物的装载必须符合《国际海运危险货物规则》（以下简称"危规"）中对危险货物集装箱装载的要求，其主要规定是：

(1) 不符合"危规"要求的货物，严禁装载。

(2) 危险货物必须按"危规"中有关包装的规定执行才能装载入集装箱。

(3) 危险货物与不相容货物不得装载在同一集装箱内。

(4) 装载危险货物的集装箱必须在外部贴有明显危险货物标志，其规格不小于250 mm×250 mm，并且至少有4幅危险货物标志，分别贴在箱的两侧和前后端。

(5) 负责将危险货物装入集装箱的工作人员，必须提交《危险货物装箱证明书》，证明符合"危规"的所有主要规定。

三、集装箱货物的流转

集装箱货物的流转形态有两种：整箱货与拼箱货。

1. 整箱货

它指由货方承担装箱和计数、填写装箱单、加封标志的集装箱货物，常是一个发货人和一个收货人。承运方负责在箱体完好和封志完整的状态下接受承运，并以相同状态交付整箱货。

（1）整箱货流转过程

发货人在发货仓装箱→通过内陆或内河运输→在装船港集装箱码头堆场交接→根据堆场计划存放集装箱→装船→海上运输→卸船→根据卸货港堆场计划存放集装箱→在卸货港堆场交接→通过内陆或内河运输→在收货人的收货仓拆箱→空箱回运。

（2）集装箱拖运

在从发货人仓库到集装箱码头堆场，以及从堆场运至收货人仓库集装箱的陆上运输采取三种汽车拖运方式：

1）货主自己拖运。货主负责空箱配置和重箱的运输。
2）承运人拖运。承运人负责空箱配置和重箱的运输。
3）混合拖运。货主负责空箱配置，承运人负责重箱的运输，或者相反。

2. 拼箱货

它指由承运人的集装箱货运站承担装箱与计数、填写装箱单、加封标志的集装箱货物。拼箱内货物涉及多个发货人与收货人。承运人负责在箱内货物外表良好的状况下接受货箱，并在同样状况下交付拼箱货。拼箱货的流转过程与拖运和整箱货基本相同。

四、集装箱货物的交接方式

集装箱海洋运输是集装箱货运的主体，从海运集装箱的实践出发，班轮公司承运整箱货在集装箱堆场交接，承运集装箱拼箱的经营人在集装箱货运站与货方交接货物。

经常采用 8 种集装箱货物交接方式：

1. 门到门交接（Door to Door）

运输方在发货人仓库接受货物，负责将货物运至收货人仓库整箱交接。

2. 门到场交接（Door to CY）（CY-Container Yard）

运输方在发货人仓库接受货物，负责运至卸货码头堆场或内陆堆场，向收货人整箱交货，内陆运输由收货人自己安排。

3. 门到站交接（Door to CFS）（CFS-Container Freight Station）

运输方在发货人仓库接受货物，负责运至卸货港或内陆的集装箱货运站，经拆箱后向各收货人交货，这是整箱接货，拼箱交付货物。

4. 场到门交接（CY to Door）

运输方在集装箱堆场接受发货人货物，承运至收货人仓库交货，这也是整箱交接。

5. 场到场交接（CY to CY）

运输方在堆场接货，承运至卸货地堆场整箱交货。

6. 站到门交接（CFS to Door）

运输方在集装箱货运站接货，承运至收货人的仓库。这是拼箱接货，整箱交货。

7. 站到场交接（CFS to CY）

运输方在集装箱货运站接货，在卸货港堆场交货。这是拼箱接货，整箱交货。

8. 站到站交接（CFS to CFS）

运输方在装货港集装箱货运站接货，在卸货港集装箱货运站交货。这是拼箱接货，拼箱交货。

上述集装箱货物交接方式以门到门、场到场、站到站三种方式较为普遍。

第4节 散装及托盘化运输作业

一、散装运输

1. 散装运输的概念

散装运输是指产品不带包装的运输，是用专用设备将产品直接由生产厂方送至用户使用的运输方式。散装运输在特定的场合具有无可比拟的优越性。

目前采用散装运输的产品：液体类的有原油、汽油、柴油、食用油、液体化工品；固体类的有水泥、粉煤灰等粉料，沥青、焦炭等块料，化工产品中各种塑料切片、粒料、粉料等。在工业发达国家，大部分化工产品都采用散装运输。

2. 散装运输在我国的发展

散装运输是实现交通运输工业化的一项重要战略措施。粮食、化肥、水泥等粉粒状货物由包装运输改为散装运输，是流通领域的一次重大改革。散装运输在国外发展十分迅速，发达国家早已完成了这一运输方式的改革。

我国在20世纪60年代末期开始发展散粮装卸机械和基层散粮储库，初步形成了散运装备体系。在60年代中期，我国开始推广水泥散装运输，1978年又推行了油脂散装运输。

3. 散装运输的作用

（1）可以节省包装材料和费用，减少货物在运输过程中的损失，提高运输质量，加快车船周转速度，提高运输效率。如水泥由纸包装改散装，每吨可节省包装费8.3元；油脂散装运输与桶装运输相比,每 5 000 万 kg 油脂可节省油桶购置费 131 万元。另外,采用密闭的专用运输工具,可大大避免因包装破损、雨淋、污染等而产生的货损,保证了运输质量。

(2) 可减少工作环节,机械化、自动化程度高,装卸速度快。如卸一辆载 8 t 的袋装粮汽车至少需要 30 min,而卸同样吨位的散装粮汽车只需要 6 min。

二、托盘化运输作业

1. 托盘化运输的概念

托盘化运输是指货物按一定要求成组装在一个标准托盘上组合成为一个运输单位,结合使用铲车或托盘升降机进行装卸、搬运和堆放的一种运输方式。

托盘是按一定规格制成的单层或双层平板载货工具。在平板上集装一定数量的单件货物,并按要求捆扎加固,组成一个运输单位,以便在运输过程中使用机械进行装卸、搬运和堆放。同时,托盘又是一种随货同行的载货工具。

2. 托盘化运输的特点

(1) 托盘化运输的优点

1) 提高运输效率。托盘化运输以一个托盘为运输单位。运输单位增大便于机械操作,有利于提高运输效率、缩短货运时间、降低运输成本,还可减轻劳动强度。

2) 便于理货,减少货损货差。以托盘为运输单位,货物件数变少,体积重量变大,每个托盘所装货物数量相等,既便于点数、理货交接,又可减少货损货差事故。

3) 投资小、收效快。相对于集装箱而言,托盘的投资小、时间短,收效也较快。

(2) 托盘化运输的缺点

1) 货物形态有限。最适合托盘化运输的是箱装物品、硬纸盒装的消费品等较小的包装商品,对于体积大、形式不一的家具、机械及散装货物很难采用托盘化运输。

2) 托盘化运输要投资托盘会增加费用,托盘的重量和体积会使运输工具的载量减少。

3) 托盘化运输不能完全适应国际多式联运方式,不是最理想的运输方式。

3. 托盘化运输的注意事项

(1) 注意托盘化运输的货物形态。如散装、裸装、超重或冷藏货物不适宜托盘化运输;两种性能不同的危险品绝对不能装载于同一托盘上等。

(2) 必须符合托盘积载的规定。

1) 同一批货物装载于每个托盘上的数量和重量必须相等。

2) 不同收货人的货物及不同类的货物不能装载于同一托盘上。

3) 托盘平面应全部装载货物,码齐放平,四角成 90°,四边须平行,顶部保持水平。

4) 除货物原包装上的唛头标志外,在托盘铲车叉臂托入的两侧应加印托盘货物的毛重量、目的港、托盘件数和编号标志。每个托盘的载货重量不得超过规定的最大毛重量。

(3) 每个托盘的货载必须捆扎牢固,具有足够的强度和稳定性。

(4) 按国际航运习惯，对托盘本身免收运费。托运人应分别申报货物和托盘的重量和体积，以避免支付托盘本身的运费。

(5) 货物以托盘化运输时，必须在所有的运输单证上注明"托盘运输"字样。在提单上还须列明托盘数量和托盘上装载货物的件数，标明一旦货物发生灭失或损坏时，应按何种标准计算赔偿费用。

第 5 节　特殊货物运输作业

一、危险货物运输作业

1. 危险货物的内容

(1) 危险货物的特性

具有爆炸、易燃、毒害、腐蚀和放射性的威胁；易对人体、财产和环境造成伤害、损毁和污染；必须具备特别防护措施才能移动、作业等。

(2) 危险货物的确认

对危险货物，国际组织和我国都有具体的规定，包括：

1) 联合国推荐的《危险货物运输规则》。

2) 国家标准 GB 6944—2012《危险货物分类和品名编号》。

3) 国家标准 GB 12268—2012《危险货物品名表》。

在具体操作上，托运人与承运人必须以上述规定确认危险货物并制定运输方案。

2. 危险货物运输管理法规

国家对危险货物运输的法规分为行政法规和技术法规两部分。

(1) 危险货物运输行政法规

1) 危险货物运输的资质管理。所有从事危险货物运输的企业必须具备合格的操作人员，符合危险货物运输法规的运输工具与运输设施（包括危险货物储存和运输工具停放的设施），以及健全的危险货物操作规章制度与监督保障体系。

2) 危险货物运输的资质凭证。从事危险货物运输的企业必须具有相关国家政府部门颁发的从业许可证、运输工具许可证以及从业人员的上岗作业凭证。

(2) 危险货物运输技术法规

包括危险货物受理托运、货物运送、交接保管以及对危险货物的运输工具与设施管理等方面的法规。

二、超限货物运输作业

1. 超限货物的定义

超限货物运输是公路运输中的特殊概念,是使用超重型汽车或车队,载运外形尺寸和重量超过常规车辆装载的大型货物的公路运输。本节中超限货物指:

(1) 货物外形尺寸长度在 14 m 以上,或宽度在 3.5 m 以上,或高度在 3 m 以上的货物。

(2) 质量在 20 t 以上的单体货物或不可拆解的成组货物。

2. 超限货物的运输程序

(1) 托运

托运人只能向已取得大型物件运输经营资格的承运人或代理人办理托运。

(2) 理货

对大型货物的形状、尺寸、重量和重心位置进行测量,为确定超限货物的级别和运输形式以及查验道路、制定运输方案提供可靠依据。

(3) 验道

查验超限货物所经道路的状况,编制运行路线图。

(4) 制定运输方案

在理货和验道的基础上,制定安全可靠与可行的运输方案。

(5) 签订运输合同

(6) 线路运输实施组织

(7) 运输统计与结算

三、鲜活易腐货物运输作业

1. 鲜活易腐货物的定义

鲜活易腐货物是在运输过程中需要采取相应措施,防止死亡和腐烂变质的货物,如鲜鱼、鲜虾、肉、瓜果、蔬菜,以及牲畜等。

2. 鲜活易腐货物的冷藏运输作业

冷藏运输作业分为低温货运输作业与冷冻货运输作业两种。

(1) 低温货运输是允许温度在 1～16℃ 之间的低温运输,以维持货物的呼吸,保持货物的鲜度。

(2) 冷冻货运输是在冻结状态下进行运输,其温控范围在 －20～－10℃ 之间。

冷藏运输作业要根据上述两种货物运输要求,尽可能配备相适应的保温车和冷藏车,尽量组织"门到门"的直达运输,提高运输速度,注意装卸搬运过程中货物的保存,确保鲜活易腐货物完好。

第6节 运输装卸搬运作业

装卸搬运在运输活动中起非常重要的衔接作用,但是并不是一项增值的活动。因此,组织装卸搬运作业的原则应是:次数越少越好,距离越短越好。

装卸搬运作业从货物状态可以分为件杂货装卸搬运、集装箱装卸搬运、干散货装卸搬运和液体货装卸搬运四种方式。

一、件杂货装卸搬运作业

1. 件杂货及其作业要求

(1) 件杂货

件杂货是物流活动中成件的包装货物,主要有箱装货物、袋装货物、捆装货物、无包装大件货物等。

(2) 件杂货对运输工具的要求

1) 充分利用运输工具的容积,货物的装载分布应均匀,装卸中应合理配置轻货与重货,重货在下、轻货在上。

2) 避免货物挤压损坏和相互污染。

3) 不准超限装载。

2. 件杂货装卸搬运方法

件杂货在露天港站与室内仓库装卸搬运方法不同。

(1) 在港站装卸搬运

件杂货在港站装卸搬运是利用装卸工具/设备、水平搬运设备和库场作业设备完成的。

1) 装卸运输工具设备。经常采用门座式起重机和轮胎式起重机将货物从船、车搬运到临时放货点,减少码头和火车站场前沿车辆和起重机的拥挤。

2) 水平运输设备。利用各种叉车、货车、传送带等设备将货物移至储存位置。

(2) 在仓库与物流中心的装卸搬运

件杂货在室内装卸搬运主要是使用叉车(在低层仓库中)和巷道堆垛起重机(在高层立体仓库中)以及配套的水平传送设施完成。

二、集装箱装卸搬运作业

1. 吊装作业

在集装箱港站中,从事港站前沿集装箱起落舱作业的主要是集装箱装卸桥吊装。

2. 堆垛作业

在堆场中采用大型的集装箱叉车,将集装箱短距离移动后堆垛。

3. 水平移动作业

使用底盘车和半挂车、全挂车在堆场中移动集装箱。

4. 集装箱的装箱作业

主要使用起重能力为 2 t 的平衡式叉车,将货物配装入集装箱。在装箱时,必须充分考虑到箱内前后与左右的重量和空间的分布均匀,货物须靠紧、不产生相对运动。箱内留有 1 m^3 以上的空间。

三、干散货装卸搬运作业

物流过程中的干散货是呈现松散颗粒或粉末状的货物,主要的货物种类有散粮、散糖、散化肥、散矿砂等大宗的物品。常用的干散货装卸搬运有干散货船舶装卸搬运、干散货车辆装卸搬运、干散货库场装卸搬运,以及干散货带式输送机搬运四种方式。

1. 干散货船舶装卸作业

(1) 带式输送机装卸

先将干散货连续集中到船侧堆场的大型漏斗内,然后通过中间一系列带式输送机,将干散货输送到前端的悬臂式输送机口,通过溜筒装入舱内。装船过程中为使船舱平衡载货,悬臂可以经摆动与伸缩,将物料均匀分配到舱内。

(2) 抓斗式装卸

采用抓斗先将干散货从船舶抓卸到岸边的大型漏斗内,然后再通过带式输送机输入指定货位或包装成袋。

(3) 气力输送装卸

采用风机使管道内形成气流,输送散粒物料。

2. 干散货车辆装卸作业

装运干散货的铁路车辆主要有敞车和自卸车两大类。敞车的顶端开放,干散货从上部敞开部分装入。卸料时,可以从上方卸出,也可以打开侧门卸出。自卸车是专用型车辆,从上部敞口处装料,底部设有开门,开启后物料自流卸出。

装运干散货的汽车均为专用车,采取自卸方式和气力输送方式。

3. 干散货库场装卸搬运

干散货在库场或堆场中散堆放置,使用带推板的堆料机或斗式取料机将物料推入地面的开口内,然后由开口内的下方带式输送机输送到指定地点,再由斗式提升机连续提升到确定货位。

4. 干散货带式输送机搬运

带式输送机是干散货水平移动的最佳连续搬运设备,在干散货物流运过程中广泛采用,它可以使传输距离达到 100 km 以上,并可以实现不同水平位置的港站与货场以及货场与运输工具之间的无阻隔运输。

四、液体货物装卸搬运作业

液体货物主要为石油及成品油,液化气以及液体化学品。

港口、车站、库场液体货物装卸作业包括船和装卸车作业。

1. 液体货船装卸作业

(1) 直接装卸

液体货船靠码头装卸入库区直接装卸。

(2) 海上泊地装卸

液体货船在离开陆地较远的深水地设置靠船设施,液体货船先进入海上泊地短暂储存,然后通过输油管(气管)输往陆上库区。

2. 液体货车装卸作业

液体货车的装卸采用泵抽卸方式。

第 5 章
生产物流管理

第 1 节 生 产 物 流

一、生产物流的概念

1. 生产物流的概念

生产物流是指原材料、燃料、外购件投入生产后,经过下料、发料、运送到各个加工点和储存点,以在制品的形态,从一个生产单位(仓库)流入另一个生产单位(仓库),按照规定的生产工艺过程进行加工、储存的全部过程(见图 5—1)。因此,生产物流的形式和规模取决于生产的类型、规模、方式和生产的专业化与协作化水平。

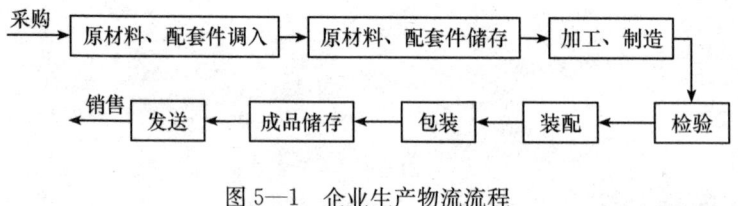

图 5—1 企业生产物流流程

生产物流区别于其他物流系统的最显著特点是它和企业生产密切联系在一起。只有合理组织生产物流过程,才有可能使生产过程始终处于最佳状态,生产物流不畅就会导致生产停顿或混乱。生产物流过程需要物流信息提供支持,通过信息的收集、传递、储存、加工和使用,控制各项物流活动的实施,使其协调一致,保证生产的顺利进行。生产物流管理的核心是对物流和信息流进行科学的规划、管理与控制。

2. 生产物流的基本特征

制造企业的生产过程实质上是每一个生产加工过程连接起来时出现的物流活动，因此，为保证生产过程始终处于最佳状态，一个合理的生产物流过程应该具有以下基本特征：

(1) 连续性、流畅性

连续性、流畅性是指物料总是处于不停流动之中，包括空间上的连续性和时间上的流畅性。空间上的连续性要求生产过程各个环节在空间布置上合理紧凑，使物料的流程尽可能短，没有迂回往返现象。时间上的流畅性要求物料在生产过程的各个环节的运动自始至终处于连续流畅状态，没有或很少有不必要的停顿与等待现象。

(2) 平行性

平行性是指物料在生产过程中应实行平行交叉流动。平行指相同的在制品同时在数道相同的工作地（机床）上加工流动；交叉指一批在制品在上道工序还未加工完时，将已完成的部分转到下道工序加工。平行交叉流动可以大大减少产品的生产周期。

(3) 比例性、协调性

比例性、协调性是指生产过程的各个工艺阶段之间、各工序之间在生产能力上要保持一定的比例，以适应产品制造的要求。比例关系表现在各生产环节的工人数、设备数、生产面积、生产速率和开动班次等因素之间的相互协调和适应，所以，比例性是相对的、动态的。

(4) 均衡性、节奏性

均衡性、节奏性是指产品从投料到最后完工都能按预定的计划（一定的节拍、批次）均衡地进行，能够在相等的时间间隔内（如月、旬、周、日）完成大体相等的工作量或稳定递增的生产工作量。很少有时松时紧、突击加班现象。

(5) 准时性

准时性是指生产的各阶段、各工序都按后续阶段和工序的需要生产，即在需要的时候，按需要的数量，生产所需要的零部件。只有保证准时性，才有可能推动上述连续性、平行性、比例性、均衡性。

(6) 柔性、适应性

柔性、适应性是指加工制造的灵活性、可变性和可调节性。即在短时间内以最少的资源从一种产品的生产转换为另一种产品的生产，从而适应市场的多样化、个性化要求。

二、生产物流的组织

1. 按空间组织生产物流

生产物流的空间组织是相对于企业生产区域而言，目标是如何缩短物料在工艺流程中的移动距离。一般有三种专业化组织形式，即工艺专业化、对象专业化、成组工艺。

(1) 按工艺专业化形式组织生产物流

工艺专业化形式也叫工艺原则或功能性生产物流体系。其特点是把同类的生产设备集中在一起，对企业欲生产的各种产品进行相同工艺的加工。即加工对象多样化，但加工工艺、方法却雷同，如图5—2所示。在企业生产规模不大，生产专业化程度低，产品品种不稳定的单件小批量生产条件下，适宜于按工艺专业化组织生产物流。

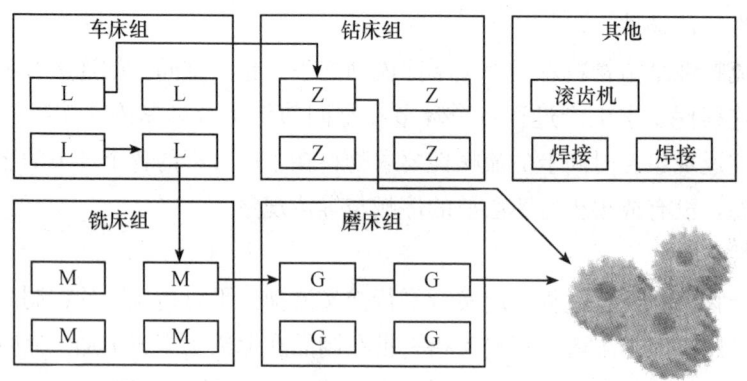

图5—2　按工艺专业化形式组织生产物流

该形式的优点是对产品品种的变化和加工顺序的变化适应能力强；生产系统的可靠性较高；工艺及设备管理较方便。缺点是物料在加工过程中物流次数及路线复杂、难以协调。

(2) 按对象专业化形式组织生产物流

对象专业化形式也叫产品专业化原则或流水线。其特点是把生产设备、辅助设备按生产对象的加工路线组织起来，即加工对象单一但加工工艺、方法却多样化，如图5—3所示。在企业专业方向已经确定，产品品种比较稳定，生产类型属于大量、大批生产，设备比较齐全并能有充分负荷的条件下，适宜于按产品专业化组织生产物流。

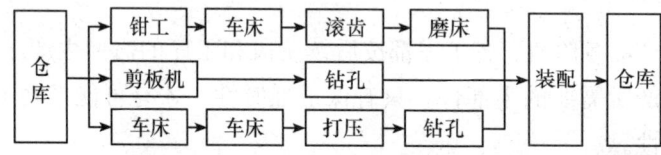

图5—3　按对象专业化形式组织生产物流

该形式的优点是可减少运输次数，缩短运输路线；协作关系简单，从而简化了生产管理；在制品少，生产周期短。缺点是对品种的变化适应性差；生产系统的可靠性较低；工艺及设备管理较复杂。

(3) 按成组工艺形式组织生产物流

成组工艺形式是结合了上述两种形式的特点，按成组技术原理，把具有相似性的零件分成一个成组生产单元，并根据其加工路线组织设备，如图5—4所示。该形式的优点是可以大大地简化零件的加工流程，减少物流迂回路线，在满足品种变化的基础上有一定的批量生产，具有柔性和适应性。

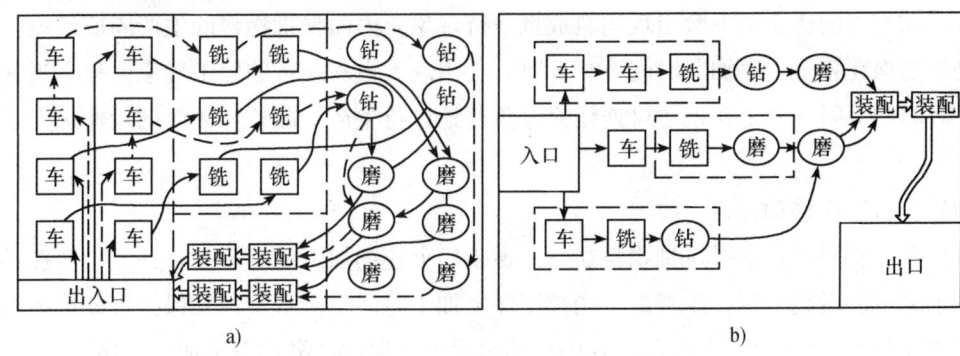

图 5—4 按成组工艺形式组织生产物流
a) 运用成组技术之前 b) 运用成组技术之后

上面三种组织生产物流形式各有特色，而如何选择则主要取决于生产系统中产品品种（P）的多少和产量（Q）的大小。它们之间关系的一般规律可用如图 5—5 所示的 $P-Q$ 分析图来表示。

2. 按时间组织生产物流

生产物流的时间组织是指一批物料在生产过程中各生产单位、各道工序之间在时间上的衔接和结合方式。要合理组织生产物流，不但要缩短物料流程的距离，而且还要加快物料流动的速度，减少物料的成批等待，实现物流的节奏性、连续性。

(1) 顺序移动方式

顺序移动方式是指一批物料在上道工序全部加工完毕后才整批地转移到下道工序继续加工，如图 5—6 所示。其中横轴表示加工周期，纵轴表示加工工序。

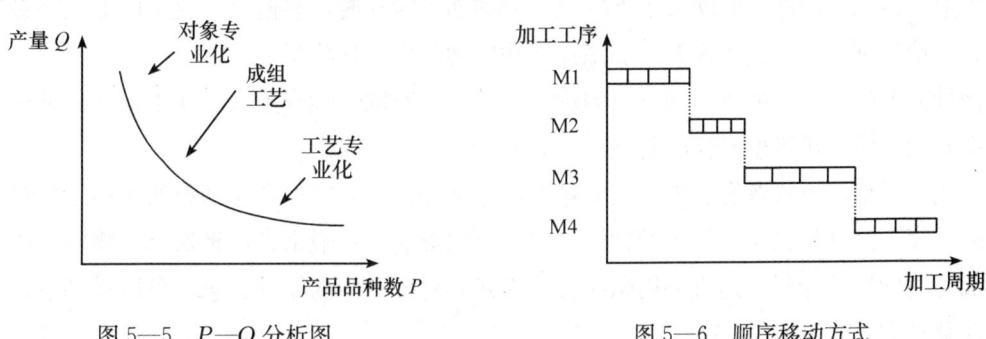

图 5—5 $P-Q$ 分析图　　　　图 5—6 顺序移动方式

该移动方式的优点是一批物料连续加工，设备不停顿，物料整批转工序，便于组织生产。但其缺点是不同的物料之间有等待加工、运输的时间，因而生产周期较长。

(2) 平行移动方式

平行移动方式是指一批物料在前道工序加工一件物料以后，立即送到后道工序去继续加工，形成前后交叉作业，如图 5—7 所示。其中横轴表示加工周期，纵轴表示加工工序。

该移动方式的优点是不会出现物料成批等待现象,因而整批物料的生产周期最短。但其缺点是当物料在各道工序加工时间不相等时,会出现人力和设备的停工现象。只有当各道工序加工时间相等时,各工作地才可连续充分负荷地进行生产。此外,频繁的运输加大了运输量。

(3) 平行顺序移动方式

平行顺序移动方式是指每批物料在每一道工序上连续加工没有停顿,并且物料在各道工序的加工尽可能做到平行。既考虑了相邻工序上加工时间尽量重合,又保持了该批物料在工序上的顺序加工,如图5—8所示。其中横轴表示加工周期,纵轴表示加工工序。

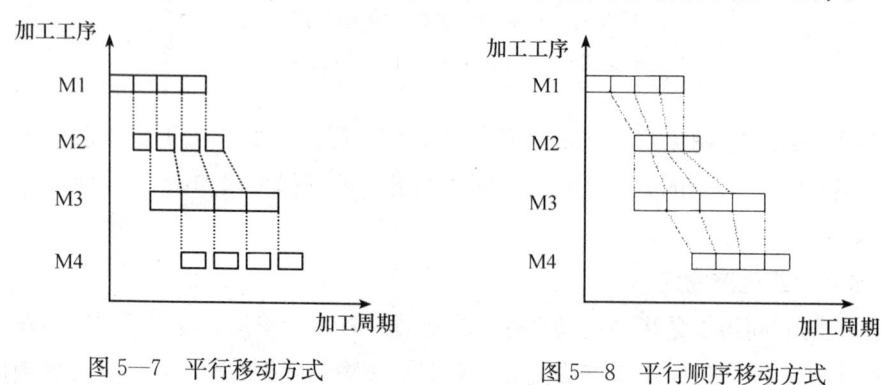

图5—7　平行移动方式　　　　图5—8　平行顺序移动方式

虽然其生产周期要比平行移动方式长,但可以保证设备充分负荷。其特点是:

当上一道工序的加工时间小于或等于下一道工序的加工时间时,上一道工序加工完每一件物料后,应立即转到下一道工序去加工。

当上一道工序的加工时间大于下一道工序的加工时间时,要使上一道工序加工完最后一件物料,恰好供应下一道工序开始加工该批物料的最后一件物料。

该种方式吸取了前两种移动方式的优点,消除了间歇停顿现象,能使工作充分负荷。工序周期较短,但安排进度时比较复杂。

上述三种移动方式各有利弊。在安排物料进度计划时,需要考虑物料的大小、物料加工时间的长短、批量的大小以及生产物流的空间组织形式。一般来讲,批量小、物料小或重量轻而加工时间短的物料,适宜采用顺序移动方式;对生产中的缺件、急件可以采用平行或平行顺序移动方式,见表5—1。

表5—1　　　　　　　选择按时间组织生产物流时需考虑的因素

物料移动方式	物料尺寸	物料加工时间	物料批量大小	物料空间组织形式
顺序移动	小	短	小	工艺专业化
平行移动	大	长	大	对象专业化
平行顺序移动	小	长	大	对象专业化

3. 按人员组织生产物流

生产物流的人员组织主要体现在人员的岗位设计方面。要实现生产物流在空间、时间两方面的组织形式，必须对工作岗位进行再设计，以保证生产物流优化通畅。

人力资源管理理论提倡岗位设计应该把技术因素与人的行为、心理因素结合起来考虑。根据生产物流的特征，岗位设计的基本原则应是"因物料流向设岗"而不是"因人、因设备、因组织设岗"，因此要考虑以下几个问题：

（1）岗位设置数目是否符合最短物流路径原则？目标是以尽可能少的岗位设置完成尽可能多的工作任务，从而降低成本。

（2）所有岗位是否实现了各工艺之间的有效配合？目标是保证生产总目标、总任务的实现。

（3）每一个岗位是否在物流过程中发挥了积极的作用？目标是岗位之间的关系应协调统一。

（4）物流过程中的所有岗位是否体现了经济、科学、合理的系统原则？目标是物流优化。

三、生产物流的计划

1. 生产物流计划的内容

生产物流计划的核心是生产作业计划的编制工作，即根据计划期内确定的产品品种、数量、期限，以及发展变化的客观实际，具体安排产品及其部件在各个生产工艺阶段的生产进度和生产任务。

2. 生产物流计划的任务

（1）保证生产计划的顺利完成

为了保证按计划规定的时间和数量生产各种产品，要研究物料在生产过程中的运动规律，以及在各个工艺阶段的生产周期，以此来安排经过各个工艺阶段的时间和数量，并使系统内各个生产环节内的在制品结构、数量和时间相协调。

（2）为均衡生产创造条件

均衡生产是指企业及企业内的车间、工段、工作地等各个生产环节，在相等的时间段内，完成等量或均增数量的产品。

均衡生产的要求：

1）每个生产环节都要均衡地完成所承担的生产任务。

2）不仅在数量上均衡地生产和产出，而且各个阶段的物流要保持一定的比例性。

3）尽可能缩短物料流动周期，同时保持一定的节奏性。

（3）加强在制品管理，缩短生产周期

保持在制品、半成品的合理储备，是保证生产物流连续进行的必要条件。在制品过少，会使物流中断，影响生产的顺利进行；反之，又会造成物流不畅，延长生产周期。因此，对在制品的合理控制，既可减少在制品占用量，又能使各个生产环节实现正常衔接、协调，按物流作业计划有节奏地、均衡地组织物流活动。

3. 期量标准

期量标准是生产物流计划工作的重要依据，因此也称为作业计划标准。它是根据加工对象在生产过程中的运动，经过科学分析和计算所确定的时间和数量标准。"期"表示时间，如生产周期、提前期等；"量"表示数量，如一次同时生产的在制品数量（生产批量）、仓库最大储存量等。期和量是构成生产作业计划的两个方面，为了合理组织生产活动，有必要科学地规定生产过程中各个生产环节之间在生产时间和生产数量上的内在联系。合理的期量标准为编制生产计划和生产作业计划提供了科学的依据，从而提高了计划的编制质量，使它真正起到指导生产的作用。按期量标准组织生产，有利于建立正常的生产秩序，实现均衡生产。

四、准时制生产与看板管理

精益生产是当今生产和物流管理领域具有代表性的管理模式，其管理思想的核心是要求企业及时制造，消灭故障，消除一切浪费，向零缺陷、零库存进军。准时生产是精益生产的三大理论支柱之一，要求"在需要的时候，按需要的量生产所需的产品"，追求一种无库存或是库存最小的生产系统。看板管理是为了达到准时生产的目的，用来控制生产现场的一个生产流程控制工具。

1. 精益生产

（1）精益生产产生的背景

精益生产（Lean Production，简称LP）是美国麻省理工学院数位国际汽车计划组织的专家对日本丰田准时化生产JIT方式的赞誉称呼。它是以丰田汽车公司为代表的一批优秀的日本企业在一步步扩大其生产规模，同时为了实现满足市场多样化需求、快速应对市场变化的目标，从20世纪60年代才逐渐发展起来的综合管理技术，历经20多年的不断完善才趋于成熟。20世纪80年代中期开始，欧美国家及台湾地区、韩国的大部分企业也开始全部或部分地导入了精益生产。

精益生产突破了"批量小，效率低，成本高"的逻辑，打破了大量生产"提高质量则成本升高"的惯例，使得企业能够以更低的成本，更高的质量生产更多的品种。

（2）精益生产方式的目标

精益生产方式的最终目标是"零浪费"，通过实现"零"转产工时、"零"库存、"零"浪费、"零"不良、"零"故障、"零"停滞、"零"灾害等来提升企业的利润，从某种程度上来讲，精益生产方式与企业的经营目标是一致的，都是为了实现利润最大化。实现这个最终目标的方法就是不断取消那些不增加产品价值的工作，降低成本，快速应对市场的需求。这是精益生产方式的两个基本目标。

（3）精益生产方式的基本手段

精益生产方式力图通过"彻底排除浪费"及"建立柔性生产机制"来达到基本目标。为了排除这些浪费，相应地产生了适时适量生产、建立柔性生产机制以及保证品质等基本手段，见表5—2。

表5—2　　　　　　　　　　排除浪费的基本手段

基本手段	基本目标	最终目标
适时适量生产	降低成本 能快速应对市场的需求	利润最大化
建立柔性生产机制		
保证品质		
模块化设计与并行设计法		

1）适时适量生产。在需要的时候，按需要的量生产所需的产品。

2）建立柔性生产机制。即弹性地配置作业人数。当生产量发生变动时，弹性地增减各生产线的作业人数，尽量用较少的人力完成较多的生产。这里的关键在于能否将生产量已减少了的生产线上的作业人员数减下来。这种"弹性地配置作业人数"的做法一反历来的生产系统中的"定员制"，是一种全新的人员配置方法。

3）品质保证。在精益生产方式中将品质管理贯穿于每一工序之中，实现提高品质与降低成本的一致性。在生产中导入两种机制：

①在设备上开发、安装各种加工状态检测装置和自动停止装置，使设备或生产线能够自动检测产品，一旦发现异常或不良品可以自动停止的设备运行机制。

②设备操作工人发现产品或设备的问题时有权自行停止生产的管理机制。

依靠这两种机制，出现不良品时马上就能发现，从而防止不良品的重复或大量出现，避免由此可能造成的巨大浪费。而且，由于一旦发生异常，生产线或设备就立即停止运行，比较容易找到发生异常的原因，从而能够针对性地采取措施，防止类似异常情况的再次发生，杜绝类似不良品的再次产生，为实现适时适量生产提供质量上的保证。

4）模块化设计与并行设计法。在产品的开发设计中导入两种机制：

①模块化设计。当设计新产品时，总是在某些模块（或单元）上有新的突破，而其他部分尽可能使用现存的技术。计算机、汽车等产品均是采用此种方法进行开发的。

②并行设计法。即在开发过程中，以设计部门为主，其他部门（如工艺部门、制造部门、采购部门、质量保证部门、生产计划部门等）共同参与，形成团队，分工协作，同时进行有关工作。这样一方面可以提早发现开发设计上的问题（性能、成本、质量等方面），减少失误或不完善可能带来的成本损失；另一方面，当设计开发完成的同时，产品也能立刻进行批量生产，大大减少从开发设计到批量生产的时间。

(4) 实现精益生产的具体手法

1) 生产同步化。为了实现适时适量生产，首先需要致力于生产的同步化。即工序间、部门间不设置仓库，前一工序加工结束后立即转到下一工序去，组装线与机械加工几乎平行进行，产品被一件一件、连续地生产出来。对铸造、锻造、冲压等必须成批生产的工序，则通过尽量缩短作业切换时间来缩小生产批量。

2) 生产均衡化。生产均衡化是实现适时适量生产的前提条件。所谓生产的均衡化，是指总组装线在向前道工序领取零部件时，应均衡地使用各种零部件，混合生产各种产品。为此，在制订生产计划时就必须加以考虑，然后将其体现在产品投产顺序计划中。

3) 生产柔性化。生产柔性化是通过设置细胞（cell）生产线、固定变动生产线以及简易易拆装生产线等方式来实现的。当生产量发生变动时，可以十分方便地弹性增减各生产线的作业人数，缩短生产周期，快速地应对市场的需求变化。

(5) 实现精益生产的管理工具

采用看板进行管理（简称看板管理）可以说是精益生产方式中最独特的部分，看板的主要机能是传递生产和运送的指令。在精益生产方式中，生产的月度计划是集中制定的，同时传达到各个工厂（车间）以及协作企业（供应商）。而与此相应的日生产指令只下达到最后一道工序或总组装线，对其他工序的生产指令均通过看板来实现。即后道工序"在需要的时候"用看板向前道工序去取"所需的量"时，同时就等于向前道工序发出了生产指令。由于生产是不可能100%地完全按照计划进行的，日生产量的不均衡以及日生产计划的修改都通过看板来进行调整。看板就成为工序之间、部门之间进行生产沟通的重要工具。

2. 准时制生产

(1) 准时制生产（just in time）原理

准时制生产简称JIT，它应用了拉引式生产物流控制原理的方法。在生产系统中任何两个相邻工序，即上下工序之间都是供需关系，如何处理这种关系，就是生产物流所要研究的问题。JIT方法改变了传统的思路，由需方起主导作用，需方决定供应物料的品种、数量、到达时间和地点。供方只能按需方的指令（一般用看板）供应物料，其原理如图5—9所示。送到的物料必须保证质量，无残次品。这种思想就是以需定供，可以大大提高工作效率与经济效益。在JIT体系下，产品完工时正好是要运输给顾客的时候。同样，材料、零部件等到达某一生产工序时正好是该工序准备开始生产之时。没有任何不需要的材料被采购入库，没有任何不需要的产成品被加工出来，所有的"存货"都在生产线上，由此使整个企业的库存降低到最低程度。

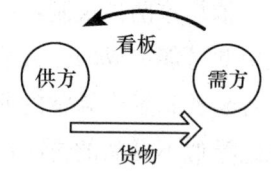

图5—9 JIT原理图

(2) 准时制生产的目标

JIT的中心思想是消除一切无效劳动和浪费，它的具体目标有：

1) 最大限度地降低库存，最终降为零库存。JIT认为任何库存都是浪费，必须予以消除。在生产现场，生产线需要多少就供应多少，生产活动结束时现场应没有任何多余的库存品。

2) 最大限度地消除废品，追求零废品。JIT 的目标是消除各种引起不合格品的因素，在加工过程中，每一工序都力求达到最高水平。要最大限度地限制废品流动造成的损失，每一个需方都拒绝接受废品，让废品只能停留在供应方，不让其继续流动而损害以下的工序。

3) 实现最大的节约。JIT 认为，多余生产的物资或产品不但不是财富，反而是一种浪费，因为要消耗材料和劳务，还要花费装卸搬运和仓储等物流费用。它的生产指令是由生产线终端开始，根据订单依次向前一道工序发出的。

(3) 准时制生产的关键点

JIT 的原理虽然简单，但由于对物流控制的要求很高，实施时具有一定的难度。建立 JIT 管理系统需要一段很长的时期，它需要企业文化和管理方式发生巨大的变革，这并不是轻易就能完成的。然而，采用 JIT 管理系统的企业将获得巨大的收益，提高市场的竞争力，获得生存。企业在建立 JIT 管理体系时，应重视以下几个方面：

1) 实行全面质量管理。全面质量管理主要包括建立质量保证体系：在资源方面，重视原材料和外购件的质量保证，慎重选择供应厂商；在设计方面，运用 JIT 管理体系要求设计的产品具有很强的柔性。一些高科技的企业成功地把 JIT 和柔性制造系统（FMS）结合在一起，采用标准件降低 JIT 生产系统的复杂度；在人员上，强调人的工作质量和对产品质量的责任感；在加工过程中，重视质量过程控制。只有在全面质量管理的作用下，才能在 JIT 系统的每个环节上把好质量关，使之尽力做到"零缺陷"，才能实现"零库存"。

2) 企业全员参与管理。为了实现不间断地提高产品质量和生产效率，企业需要建立一支经过交叉岗位训练和一专多能的职工队伍。按产品分类的生产原则重新组织起来，形成若干个班组，各班组的职工应对本部门原材料、产品质量负责。同时，企业还要改革劳动、人事和分配制度，形成一种激励机制和不断创新的工作氛围。

3) 控制生产准备耗费和储存成本。引进先进的机器设备、计算机的控制与操作，使得生产准备阶段所耗时间变得最短，从而使准备耗费大幅度下降。选择几个可靠的供应商，且与他们建立长期的订购关系，采购业务仅通过传真、电话或电子表单的方式进行，从而大量缩减采购费用。选定信誉较好的供应商，要求他们能按时、按量及按质将材料运到，因此，企业的库存可以压到最低，由此存储成本也降低到最低水平。

4) 利用看板管理法保证生产管理过程物流畅通。看板管理是一种需求拉动型生产管理方式，与供应推动型管理方式相区别。生产按加工顺序，逐级发出生产指令，每一次指令只生产零件装满限量的容器，决无积压和拖延。这种需求拉动型的生产管理，有效形成了一个紧密联系的生产链和快节奏的生产时间计划，减少了在制品的库存和相应的搬运、计量、记录等工作量。

5) 系统的不断改善。JIT 系统是一个需要不断改进完善的过程，理想的 JIT 系统的最高目标是"零机器调整时间""零缺陷""零库存""零设备故障",因而JIT是一个永不停止改善的过程。

3. 看板管理

看板管理经历了一个产生、发展和完善的过程。最初是从超级市场的管理结构和工作程序中受到启发,可以把超级市场看做是作业线上的前一道工序,把客户看做是这个作业线上的后一道工序。客户(后道工序)来到超级市场(前道工序),在必要的时间就可以买到必要数量的必要商品(零部件)。超级市场不仅可以非常及时地满足客户对商品的需要,而且可以非常及时地把客户买走的商品补充上(当POS机将顾客买走的商品进行计价之后,载有购走商品数量、种类的卡片就立即送往采购部,使商品得到及时的补充)。看板是传递信号的工具,它可以是某种"板"、一块指示牌、一张卡片,也可以是一种信号。看板管理的流程如图5—10所示。

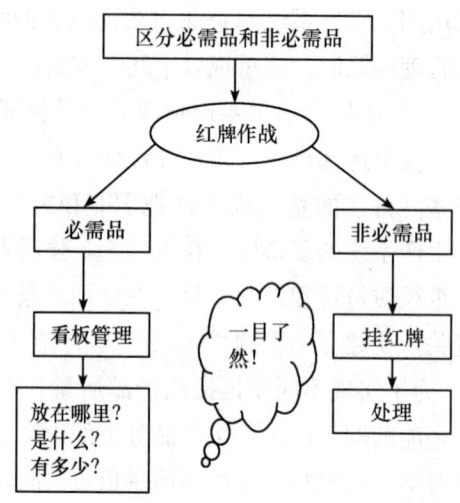

图5—10 看板管理的流程

看板系统是生产和库存管理领域的一场革命,也是对传统的MRP(物料需求计划)的一场革命。利用看板进行信息传递,借以协调所有的生产过程、物流过程,以及过程中的每一个环节,使生产过程、物流过程同步。

(1)看板的机能

看板作为一种生产、搬运指令的管理工具,其主要机能可概括如下:

1)生产以及搬运的作业指令。这是看板最基本的机能。企业生产计划部门根据市场预测以及订货而制定的生产指令只下达到总组装线,各个前道工序的生产均根据看板来进行。看板中记载着生产量、生产时间、方法、顺序以及搬送量、搬送时间、搬送目的地、放置场所、搬送工具等信息,从总组装工序逐次向前道工序拉动。在总组装线将所使用的零部件上所带的看板取下,据此去前道工序领取;前道工序则只生产被这些看板所领走的量。"向前道工序领取"以及"准时制生产"就是通过看板来实现的,如图 5—11 所示。

图 5—11　向前道工序领取

2) 防止过量生产和过量搬运。看板的操作必须遵守既定的使用规则,其中一条是"没有看板不能生产,也不能搬运"。根据这一规则,各工序如果没有拿到看板,既不能进行生产,也不能进行搬运;看板数量减少,则生产量也相应减少。由于看板所表示的只是必要的量,因此通过看板的运用能够做到自动防止过量生产以及过量搬运。

看板操作的 6 个使用规则:

①没有看板不能生产,也不能搬运。

②看板只能来自后道工序。

③前道工序只能生产取走的部分。

④前道工序按收到看板的顺序进行生产。

⑤看板必须与实物在一起。

⑥不能把不良品交给后道工序。

3) 进行"目视管理"的工具。根据看板使用规则④和⑤,作业现场的管理人员对生产的优先顺序能够一目了然,易于管理。并且只要一看看板所表示的信息,就可知道后道工序的作业进展情况,如图 5—12 所示。

4) 改善的工具。看板的改善机能主要是通过减少看板的数量来实现。看板数量的减少意味着工序间在制品数量的减少。在运用看板的情况下,如果某一工序设备出故障,生产出不良品,根据看板的运用规则⑥,后道工序所需得不到满足,就会造成全线停工,由此可使问题立即暴露,从而必须立即采取改善措施来解决问题。

(2) 看板的种类及用途

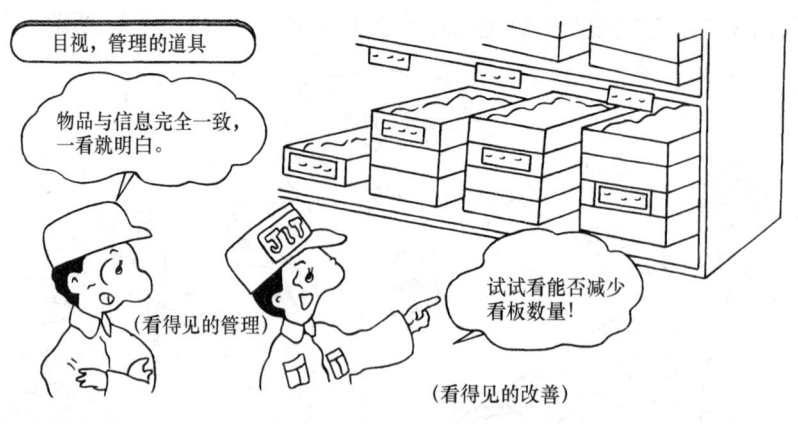

图 5—12 一目了然的工具

1）传送看板。用于指挥零部件在前后工序之间的移动，又分为工序间看板和外协看板。

①工序间看板。它是工厂内部后道工序到前道工序领取所需的零部件时使用的看板。工序间看板挂在从前道工序领来的零部件的箱子上，当该零部件被使用后，取下看板，放到设置在作业场地的看板回收箱内。看板回收箱中的工序间看板所表示的意思是"该零件已被使用，请补充"。现场管理人员定时来回收看板，集中起来后再分送到各个相应的前道工序，以便领取需要补充的零部件。典型的工序间看板见表 5—3。

表 5—3　　　　　　　　　　　　　　典型的工序间看板

前道工序 部件 1 号线	零部件号：A232—6085C（上盖板）	使用工序 总装 2 号
	箱型：3 型（绿色）	
出口位置号 (POSTNO. 12—2)	标准箱内数：12 个/箱	入口位置号 (POSTNO. 4—1)
	看板编号：2 号/5 张	

②外协看板。这种看板与工序间看板类似，只是"前道工序"不是内部的工序而是供应商，是针对外部的协作厂家所使用的看板。对外订货看板上须记载进货单位的名称和进货时间、每次进货的数量等信息。

2）生产看板。将计划部门的排程计划以生产指示的形式分发到各个工序，明确各工序的生产任务及生产进度，也分为工序内看板和信号看板。

①工序内看板。它是各工序进行加工时所用的看板。这种看板规定了所生产的零部件及其数量，它只在工作地和它的出口存放处之间往返。工序内看板的使用方法中最重要的一点是看板必须随实物，即与产品一起移动。后工序来领取中间品时摘下挂在产品上的工序内看板，然后挂上领取用的工序间看板。该工序然后按照看板被摘下的顺序以及这些看板所表示的数量进行生产，如果摘下的看板数量变为零，则停止生产，这样既不会延误也不会产生过量的存储。典型的工序内看板见表 5—4。

表 5—4　　　　　　　　　　　典型的工序内看板

（零部件示意图）	工序	前道工序————→本道工序	
		热处理	机加 1 号
	名称	A233—3670B（连接机芯辅助夹）	
管理号	M—3	箱内数	20	发行张数	2/5

②信号看板。信号看板是在不得不进行成批生产的工序所使用的看板。例如树脂成形工序、模锻工序等。信号看板挂在成批制作出的产品上。当该批产量的数量减到基准数时摘下看板，送回到生产工序，然后生产工序按该看板的指示开始生产。另外，零部件出库到生产工序，也可利用信号看板来进行指示配送。

信号看板挂在成批制作出的产品上面。如果该批产品的数量减少到基准数时就摘下看板，送回到生产工序，然后生产工序按照该看板的指示开始生产。没有摘牌则说明数量足够，不需要再生产。

3）临时看板。进行设备维护、设备修理、临时任务时所使用的看板。

（3）看板的使用方法

看板是用来组织生产、传递信息的一种手段。如果制定看板的使用方法时不够周密，生产就无法正常进行。为了有效地实施看板管理，通常要对设备进行重新排列，重新布置。要做到各工序所使用的每种零部件都只有一个发出地（前道工序），在整个生产过程中零部件要有明确的、固定的移动路线。每一个作业点也要重新布置，每个作业点通常都设有两个存放处：入口存放处和出口存放处。对于组装作业，一个作业点可能有多个入口存放处，如图5—13 所示。

图 5—13　作业点零部件存放

在看板管理中，将物流与信息流区分为工序之间的物流与信息流和工序内的物流与信息流，分别由传送看板与生产看板进行控制。

传送看板指挥零部件在前后两道工序之间的移动。传送看板的使用方法中最重要的一点是看板必须随实物，即与产品一起移动。当后道工序需要补充零部件时，传送看板就被送至前道工序的出口存放处并附在放置所需的零部件的容器上，同时取下该容器上的生产看板，放入生产看板专用盒中，传送看板附在装有零部件的容器从前道工序的出口存放处搬运到后道工序的入口存放处。当后道工序开始使用其入口存放处容器中的零部件时，传送看板就被取下，放入传送看板专用盒中。由此可见，传送看板只是在前道工序的出口存放处与后道工序的入口存放处之间往返传递。每一个传送看板只对应一种零部件。每种零部件总是存放在规定的、相应的容器内，所以，一个传送看板对应的容器也是一定的。

生产看板控制工序内的物流与信息流，指挥工序的生产，生产看板规定了所生产的零件及其数量。它只在作业点与其出口存放处之间往返。当后道工序传来的传送看板与该作业点出口存放处容器上的生产看板相关内容一致时，取下生产看板放入生产看板专用盒内。该容器连同传送看板一起被送到后道工序的入口存放处。该作业点作业人员按顺序从生产看板专用盒内取走生产看板，并按生产看板的具体内容，从作业点的入口存放处取出要加工的零部件，加工完规定的数量之后，将生产看板附于容器上，放置于该作业点出口存放处。如果生产看板专用盒中的看板数量变为零，则停止生产。在一条生产线上，无论是生产单一品种还是多品种，均按这种方法所规定的顺序和数量进行生产，既不会延误也不会产生过量的中间库存。

（4）用看板组织生产的过程

用看板组织生产的过程如图 5—14 所示。假设只有 3 个作业点，其中 3 号作业点为组装。通常对于组装工位有很多前道工序向它提供多种零部件，故可能有较多的容器在它的入口存放处，存放着各种零部件。

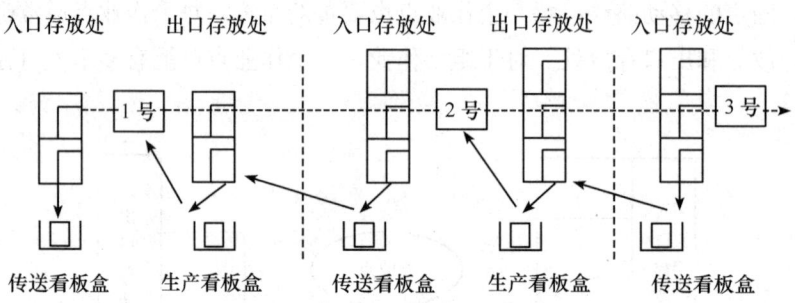

图 5—14 作业点零部件存放

产品组装是按生产计划进行的。当需要组装某台产品时，从 3 号作业点就发出传送看板，在传送看板规定的前道工序（本例中为 2 号作业点），按传送看板上标明的出口存放处号码，找到存放所需零件的容器。取下附在容器上的生产看板，放到 2 号作业点的生产看板专用盒中，并将传送看板附在该容器上，将容器运到 3 号作业点的入口存放处相应的位置，供组装使用。2 号作业点的工人从生产看板专用盒中按顺序取出一个生产看板，按生产看板上标明的入口存放处号码，到 2 号作业点的入口存放处找到放置所需零件的容器，从中取出零件进行加工。同时将该容器上的传送看板放入 2 号作业点的传送看板专用盒中。传送看板专用盒中的传送看板所表示的意思是："该零部件已被使用，请补充。"现场管理人员定时来回收看板，集中起来后再分送到各个相应的前道工序，以便领取补充的零部件。当 2 号作业点的生产数量达到标准容器的要求，则将生产看板附在该容器上，按生产看板上标明的出口存放处号码，将容器放于 2 号作业点的出口存放处相应的位置。同样，将 2 号作业点的传送看板送到 1 号作业点的出口存放处，取走相应的零件。按同样的方式，逐步向前推进，直到原材料或其他外购件的供应地点。

(5) 实现适时、适量、适物生产

如图 5—14 所示的看板组织生产的过程表明，有两个存放在制品的地方：前道工序的出口存放处和后道工序的入口存放处。这两处在制品数量越少，则生产的准时性（适时、适量、适物）就越好。

在制品的数量可以通过发出的看板数来计算与控制。实际上，大多数在制品存放在出口存放处，因为发出的生产看板都附在出口存放处的容器上，故出口存放处的在制品数量可按发出的生产看板数来计算。至于入口存放处与搬运过程的在制品数量，则可以用发出的传送看板数来计算，因为当传送看板附在容器上时，容器不是处于搬运过程中，就是放在入口存放处。因此，控制看板的发出数量就控制了各工序上的在制品数量。

通常可以用下述方法来控制与调整在制品数量：

1) 前后工序生产的均衡化。通过提高前后工序生产的均衡化程度，减少维持前后工序不平衡的在制品所对应的看板数。

2) 减少看板。有计划地主动减少看板，如出现问题，则找出原因。当需要找出某一作业点生产上存在的问题时，则减少发出的生产看板数；当需要找出搬运方面或后道工序作业点存在的问题时，则减少发出的传送看板数。生产中的问题有些是可以事先发现的，有些则只有通过减少在制品库存（看板数）的方法才能发现。采用最简单易行的、花费最少的方法使生产在新的低库存水平下运行。当在该水平下生产能够平稳地运行时，再减少一些看板。重复以上过程，直至不需要看板（如"一个流"生产），就完全实现了准时生产。

3) 全员参与。要让每一个员工参与发现问题以及想办法来解决所发现的问题。管理者的精力是有限的，并且有些问题及好的解决方法可能只有具体作业者最清楚。如果能激发出全员的智慧，让大家思考如何减少调整准备时间、如何更好地确定设备保全周期以减少停机时间、如何更好地防止品质问题的发生等，就能更好地实现精益生产，减少在制品数量。

4. 5S 现场管理法

5S 现场管理法起源于日本，指整理（SEIRI）、整顿（SEITON）、清扫（SEISO）、清洁（SEIKETSU）、素养（SHITSUKE）五个项目。

1955 年，日本的 5S 的宣传口号为"安全始于整理，终于整理整顿"。当时只推行了前两个 S，其目的仅为了确保作业空间和安全。后因生产和品质控制的需要而又逐步提出了 3S，也就是清扫、清洁、素养，从而使应用空间及适用范围进一步拓展。到了 1986 年，日本的 5S 著作逐渐问世，从而对整个现场管理模式发展起到了促进的作用，并由此掀起了 5S

的热潮。日式企业将5S运动作为管理工作的基础，推行各种品质的管理手法，产品品质得以迅速提升，奠定了经济大国的地位，而在丰田公司的倡导推行下，5S对于塑造企业的形象、降低成本、准时交货、安全生产、高度的标准化、创造令人心旷神怡的工作场所、现场改善等方面发挥了巨大作用，逐渐被各国的管理界所认识。随着世界经济的发展，5S已经成为工厂管理的一股新潮流。

根据企业进一步发展的需要，有的企业在原来5S的基础上又增加了安全（Safety），形成了"6S"；有的企业再增加了节约（Save），形成了"7S"；也有的企业加上习惯化（Shiukanka）、服务（Service）及坚持（Shikoku），形成了"10S"；有的企业甚至推行"12S"。但是万变不离其宗，都是从"5S"里衍生出来的，例如，在整理中要求清除无用的东西或物品，这在某些意义上来说，就已经涉及节约，又如，横在安全通道中无用的垃圾，这就是安全应该关注的内容。

第 2 节　物　料　管　理

一、制造业物料管理

1. 物料管理的范围

物料管理重在管"物"，因此，必须明确物料包括哪些范围。

（1）广义的物料范围

广义的物料通指下列八类物料：

1）成品。可供直接销售用的产品，一般为已包装完成可待装运产品，也可指生产现场完成缴库，再经仓库稍事包装即可出货的产品。

2）原材料与半成品。指供生产所需，直接构成产品结构之一的部分。是经外购，或委托外加工，或厂内自制加工完成而缴入物料仓库，待再领出投入生产的物品。

3）在制品。指原材料或半成品经领用而投入生产现场，其制造流程尚未完成、尚未缴入物料仓库或成品仓库的物品。

4）设备维修用零组件或工具。生产设备必有其零组件备存，待预防保养或故障时得以置换使用。而修护时所需工具也归入此类，必要时机械工厂的刀具也属于此类。

5）售后服务用零组件。大部分机械产品或电子仪器均是"生产材"或"消费材"，为能维持更长久的使用功效，必须备存相当程度的零组件库存，以备售后服务更换之需。

6）制造耗材。指在生产制造过程中的辅助用品，并未构成产品的一部分。例如电子装配厂内的焊锡或除焊剂；又如注塑成型塑胶制品厂中的离模剂等。

7) 事务及杂项用品。管销过程所需的文具用品以及厂务设施、辅助用品等。

8) 固定资产。例如设备、机器及模具等。

(2) 狭义的物料范围

即专以"原材料与半成品"为探讨对象,指用以供给生产制造产品所需的原料、零件、组件以及半成品,但以能经过仓库管理为原则。不管是未加工的生产用材料,还是已加工但不属成品的半成品,均为管理对象。

1) 依材料用途可分为:主要材料,是构成产品的主要部分,例如电子产品的 IC、电容器,塑胶管的 PVC 塑胶粒等;辅助材料,如电子装配厂中的焊锡或除焊剂等。

2) 依加工与否可分为:素材,是直接购入的未加工材料,如家具木器厂的板材、机械加工厂的铸件等;成型材,指素材经自制或委托外加工完成缴入仓库,待再加工或装配的物品,如家具木器厂已涂装的书桌面板、抽屉等。

3) 依来源可分为:外购材料、委托外加工半成品和自制半成品。

2. 物料管理架构

(1) 计划面

1) 拟订适宜的物料存量计划,尤指存量水准,作为管制基准,使物料既不致积存太多,又可满足生产所需。

2) 进行仓储规划,使物料能各就其位,不致混乱,仓库储位得以充分利用,寻找、搬运不会费时费力。

3) 以生产计划或订单排程为基础,做好用料需求计划,使"无效库存"接近于零,既能适料、适时、适量供应生产所需,又能使一切购料、生产活动得以循环或推动。

4) 依细部进度计划做出"备料计划",作为备料工作的基准,不致损失现场工作效率。

(2) 实施面

1) 依存量管理或用料需求计划,进行物料采购、委托外加工、开立内部指令等实务工作。

2) 进行物料进厂时的点收、验收、退回等工作。

3) 进行物料验收后的入库归位,以及账务与报表编制工作。

4) 进行仓库内整理及盘点。

5) 依生产命令或其他指令进行备料发料作业。

6) 执行其他出入库作业。

(3) 查核面

1) 查核低于安全存量的物料,分析其替代方案,或提示采取行动。

2) 比较近期生产进度的需求,如有缺料的可能性,应立即提示采取行动。

3) 查核应进料却未进料的状况,或生产进度变更从而进料期必须修正的物料,提示稽催。

4）查核物料采购价格、质量、数量短少的差异所在，以利研拟对策。

（4）对策行动面

1）针对确定无法如期进料的物料，分析修正原订进度排程。

2）针对紧急稽催需求，到供应厂商处执行"现地"催促。

3）针对进物料质不佳的状况，对协作厂商进行辅导。

4）针对紧急缺料部分，研拟替代物料对策。

3. 物料管理四阶段与检核要点

物料管理在制造业中可大致分为下列四大阶段，检核要点如下：

（1）需求估算或规划阶段

此阶段大多由管理人员所执掌，其重点应在于：

1）要买什么。不论是"政策性"购买，还是基于订单或者预测的生产计划性购买，或为填补"库存"不足而购买，首先必须明确买些什么物料及物料的规格与质量水准。

2）买多少。无谓的库存绝对是明显的浪费；即使是投机性的采购，也要事先盘算风险，库存数量越大，其风险与浪费的可能性就越高。因此，如何掌握库存现状与需求预估，以及相关的信息，则是决策的关键。

3）何时进料。一般认为，生产需用前若干日为最佳进料参考日，或以"前置期"（lead time）的紧急度为衡量基准。

不论是安全存量法，还是用料需求规划法，均需检核上述要点，依此拟订购料计划。

（2）购料或自制物料阶段

此阶段的检核重点如下：

1）向谁买或向哪个部门订制、以何种价格订购。这涉及供应厂商（或制造部门）对质量及数量的供应能力，经济批量与价格的决策，并考虑其他经营政策面因素，也有很单纯的询价作业的。

2）订单是否发出。这是纯事务作业，在很多管理不上轨道或待订物料繁多的工厂，常有订购单遗漏未开立，或虽开立而未予处理的失误；有时则因协作厂商的管理事务疏忽，而未排入生产。这些"小失误"，其结果乃是"未能及时供货"的严重后果。

3）进货是否超交，还是不足。大部分的协作厂商延误交货期难免变成常态。如非企业紧密追踪稽催，协作厂商很难"自动"配合。有些协作厂商常忙中有错，即使进料，其数量也有超交或不足的情形。如缺乏精明的管制，要做到正确的供料，也是困难的。

4）进料质量是否符合预期或标准。库存料的目的，当然是备良品供生产使用，因此验收入库是一个极重要的关卡。此项工作称为"进料质量管理"，是以质量管理的手段技巧，确保入库物料的质量，将不良物料退回供料厂商。

（3）仓储作业阶段

常称为"仓储管理"，此阶段的检核重点如下：

1) 物料放置何处最宜。既要方便寻找，又要有利于搬运和仓储空间的有效运用。

2) 能否确保库存物料质量。应考虑仓库的温度、湿度等会不会影响到质量。

3) 能否确保库存物料数量。既要避免遗失或被偷窃，又要避免发料时的错置误账，更需避免储位的失误而造成呆料积存，料账的正确性更影响库存用料计划的成败。

（4）备料发料阶段

本阶段的检核要点可略述如下：

1) 物料的备料检出工作。在正常状况下是依生产管理员开立的"制令"去备料的。但应考虑各物料是否急用，到底是采用送料制较佳，还是采用领料制较适合，备料完成后存置何处等问题。

2) 多发或补发。检核是依据用料标准（BOM）发料，还是根据现场申请领用量发料；使用哪种具体的凭证、授权幅度如何、可否允许领用者补办手续凭证等。

3) 欠拨问题。如果库存物料不足，局部发料后（欠拨）应如何管制和紧急处理。

如能确实了解以上四阶段的检核要点，事实上已大致掌握了物料管理实务的要点。

4. 物料管理目标

物料管理在于运用合理有效的方法，在计划、实施、查核与行动的管理过程中，使物料能在符合适当时间、适当地点、适当价格、适当数量、适当质量的五大原则下，供应组织内部各部门生产所需。

（1）良好的物料管理系统，在制造业是定义在下列目标的：

1) 适料、适量、适时供应生产所需，使产销配合顺利，整体生产绩效提高并确保交期。

2) 防止呆料的发生，如已发生，能及时有效处理。

3) 提高用料周转率，使财务运营绩效上升，减少财务无形成本。

4) 及时控制材料成本及因材料储存而附加的间接成本，确保利润。

5) 确保企业资产的数量及质量与价值。

（2）更简单地说，物料管理在于达成下列目的，以使企业的经营圆满顺利：

1) 以最少的库存，达成产销需求，以减少财务负担及成本。

2) 确保库存品的质与量即是确保资产。

3) 适料、适量、适时供应生产计划需求，可减少停工待料损失，提高周转率。

4) 减少呆料报废损失，可抑制直接浪费。

5) 降低成本、控制成本（含最小仓储成本在内）。

二、委托外加工用料和备料的组织

1. 委托外加工用料的管理

委托外加工与采购作业最大的不同点，就是企业要供料给外协厂商。这就涉及到"用料"管理的问题，尤其是企业以原料形态交给对方，经过对方的加工，已变成半成品（也可能变成直接投入生产现场的在制品）的形态，这又渗入双方权利与义务即责任关系，比单纯的采购作业复杂得多了。

（1）委托外加工用料管理的关键理念

1）用料是企业的资产。由企业供给外协厂的物料，是企业付钱买入的，交给外协厂可以视为外围的在制品，仍是企业的资产。外协厂受企业之托，也有义务去维护它；即使变成产成品，在还未进料到企业仓库之前，仍是在制的物料，依然在企业的账项之内。

在此立场之下，盘点一定要包括这种委托外加工物料。如果有数量上或质量上的损失，理论上外协厂都要负责任，企业可以要求外协厂赔偿。

2）用料是成本项目之一。跟生产现场的领料一样，一旦领用就列入物料成本项下。为了控制成本，企业发料应很细心，应该依用料标准去展开用料量，多发少发都是不对的。

3）用料是投入生产的资源。既然是资源，就要很有效率地利用，不要太早发料，以免积存；当然也不能太晚发，因为会影响到生产流程。

（2）标准发料管制

委托外加工的发料作业是由生产管理部门提出，依照指令上的生产批量、产品与流程找到用料标准，展开其标准需用物料量，依此资料正式开立委托外加工标准领料单，其格式可参考表5—5。

表5—5　　　　　　　　委托外加工标准领料单参考格式

托工标准领料单									
厂商代号：＿＿＿＿　　发料日期：＿＿＿＿　　托工订制单No.：＿＿＿＿									
厂商全名：＿＿＿＿									
生产批号：＿＿＿＿　　（半成品/零件）料号：＿＿＿＿　　托工批量：＿＿＿＿									
料品品名规格：＿＿＿＿									
序号	料号	品名规格	单位	标准用量	应用总量	实领料量	备注		
说明			厂商签收	核准	仓库	主管部门	主管填表		
						主管发料			

（3）委托外加工发料的时机

最好是在开立正式的委托外加工订制单的同时，就展开其用料需求量，即时开立委托外加工标准领料单与备料物料（实物）一并交予外协厂商。也可以先发出委托外加工订制单给外协厂准备，待快要投产时才由外协厂到企业仓库依所备委托外加工标准领料单来清点领料；或由企业送料到外协厂点收，同时收回已加工完的半成品。

2. 备料的管理

做好备料管理可以解决供料不及时而使生产现场停工待料的问题。

(1) 备料管理的目标

1) 复核近期计划所需用料，确定计划可行度或提示警告信息。生产现场最怕乱，因此，必须事先有生产计划（production schedule）去规范。生产计划又分为主生产计划（master production schedule）与详细生产计划（detail production schedule）。前者是物料需求计划（简称 MRP）展开的基准，而后者（简称 DPS）则为投产的依据。投产计划由于已经面临真正"生产"的关口，更需要保证 DPS 的可行度。人员、设备由现场主管安排，材料由生产管理员或仓库复查，如没有缺料，则保证生产计划进度指令可以进行；如有缺料项目，则再调整生产计划或急谋对策，以行动来补缺失。

2) 制造指令发布的附带保证。工厂对各大制造流程下达作业指令，大多必须有"制造指令"（work order）的格式（指批次生产而言），大多在投产前近数日（或一日）才正式发布于现场，一旦发布，就不会撤回，因为这是正式指令。为了使制造指令得以保证执行，工厂大多同时开出备料指令（或称备料单，有时则以领料单替代，以简化手续），指派该批物料的批次用途。

3) 事先备料的基础。投产的准备包括了作业标准（包括蓝图）、模具、夹具，必要时包括设备制造能力的复查、制造中品质管理有关的检验标准与自主检查用的量具，更应包括所需要的材料。这些材料最好在投产前事先依生产批次或制造指令安排妥当，及早送交生产现场（包括送交生产线边的备料区或机台旁）；或在仓库备料区内等待现场来领料时，能及时地供料。

4) 严密及时地控制用料成本。控制成本是维护利润的最基本手段，发料已经是用料成本管制的最后把关机会。因此，按用料标准去备料、发料，不迁就"方便"而变成"随便"。如果现场因为各种原因而不得已需要补领料，也宁可另订补领料的程序，借以明确责任，区分原因，求得改善。

(2) 备料管理的系统架构

备料管理的框架如图 5—15 所示。

1) 缺料分析。工厂产销流程的控制者是生产管理部门。生产管理部门订出最近期间内的详细生产计划，也就是生产进度预定表，针对一个生产组织或生产线，订出次周或次半周（当然也可能是次日）确定的作业指令，要求现场按照执行，以达成主生产计划的目的。

2) 备料作业。一般的作业程序，由生产管理人员开具制造指令，确定某生产批次所属

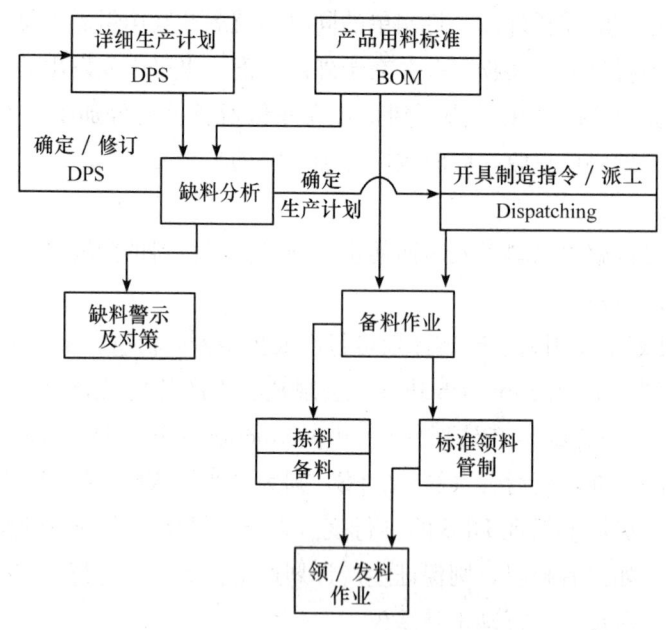

图 5—15 备料管理架构图

的产品（或产品下属展开的零件）的生产批量，包括将开始投产时间的指令交代现场主管，挂在派工板上作为派工的依据。生管人员还要同时依用料标准开立备料指令，要求仓储人员事先拣料，按制造指令批次确定用料项目与数量，备妥于备料区内，待现场人员来领用。

3）标准领料管制。这项工作可以跟备料作业合并进行，也可以分别进行。但基本上是依据用料标准（BOM）去备料、发料，而不是漫无限制地由现场来领料。

领料作业一定要有领料单作为正式凭证。为了实现标准化的管理，而且达到成本控制的功能，一定要由生产管理部门作为主控单位，依生产批的制造指令去开立领料单，又称为标准领料单，以别于此后因流程问题或其他问题而产生的超损耗等性质的补领料单。一旦开立标准领料单，立即改变了制造指令的管制状态，这种流程为不可逆向的严密程序。

这个标准领料单交予生产现场主管，由他们持单向仓库领料。如果是采取发料制的工厂，也可能是仓库连同表单与物料送交现场，由现场人员签收。

三、物料搬运系统

1. 物料搬运系统概述

企业中物料的装卸搬运是制造企业生产过程中的辅助生产过程，它是工序之间、车间之间、工厂之间、仓库内部、仓库与车间之间物流不可缺少的环节。据国外统计，在中等批量的生产车间里，零件在机床上的时间仅占生产时间的5%，而95%的时间消耗在原材料、工具、零件的搬运、等待上；物料搬运的费用占全部生产费用的30%～40%。为此，设计一个合理、高效、柔性的物料搬运系统,并合理组织装卸搬运活动,对缩短物料搬运所占时间、压缩库存资金占用是十分必要的。

生产企业的装卸搬运活动通常是指生产物料或产品在工厂车间或仓库内部移动以及在仓库与生产设施之间和仓库与运输车辆之间的转移。装卸搬运活动是否合理不仅影响运输和仓库系统的运作效率,而且影响企业整个系统的运作效率。

2. 物料搬运系统的定位

企业物料搬运系统的定位是一个比较复杂的问题,我国东西部地区的经济发展不平衡,决定了企业物料搬运系统的多样性,既有体现当今世界物料搬运先进科技水平,由无人自动搬运小车、自动化立体仓库、自动化输送机等组成的无人化物料搬运系统,也有还处于20世纪中期的较原始的物料搬运输送线。但不论何种水平,有一点是共同的,即这些物料搬运系统都与企业的经济状况、产品质量要求、劳动力水平的高低、产品的市场竞争力等状况相匹配,也就是说没有最好的物料搬运系统,只有最经济、最合适的物料搬运系统。

3. 物料搬运的目标

(1) 提高仓储设施的利用能力

仓库的容量是有限的,因此充分利用仓库的空间可以降低仓库的运作成本。在仓库空间的使用上通常需要注意两个方面:一是尽可能利用建筑物高度。在一些仓储设施中,由于货物没尽可能地向高处堆放,从而浪费了许多空间,高度也是一个成本因素,因此要有效利用仓库就必须有效地利用仓库的垂直空间。二是在保证货物能有效通行的前提下,尽可能减少通道空间。物料搬运设备的类型对通道的宽度有一定的限制,例如叉车通常需要一定的转弯空间,因此对叉车来说往往要比其他类型的物料搬运设备需要更宽的通道。

(2) 减少货物的搬运次数

通常情况下,产品至少经过运入仓库后放置于一个储存地点,然后移动到订货分拣区进行分拣,最后,再次移动产品以便装运并送达客户手中等程序,这一过程中不可避免地需要几次搬运。然而,在一些仓库中,货物在前面提及的每一地点上都被搬运好几次,这就是不合理,因此,必须避免这些额外的搬运,才能提高仓库的运作效率。此外,搬运本身并不产生价值,同时还会导致产品破损,因此,任何一个物料搬运系统及与之相关的活动都必须尽量确保货物在仓库内的搬运次数及搬入、搬出仓库的次数达到最小。有时,在过分拥挤的情况下,额外的搬运是不可避免的,任何厂商都可能面临这样的情况:产品不得不暂时存放,然后再进行搬运。尽管如此,有效的物料搬运系统可以使搬运次数达到最少,并且能够保证产品在仓库内迅速有效地移动。

(3) 建立一个高效的工作环境

对物流领域来说,高效的工作环境是非常重要的,这一目标包含许多内容,安全性就是一个方面。所有的物料搬运系统,不管是与物流部门有关还是与生产部门有关,都必须在提高劳动生产率的同时保证员工的人身安全,这就要求尽可能减少在仓库中短距离搬运时的体力劳动。

(4) 提高物流服务水平

物料搬运作为物流系统的一个子系统,对于物流系统中对工厂和客户的需要做出快速反应、提高物流系统运作效率、提高服务水平起着重要作用。物料搬运在把货物适时、适量送到客户手中的过程中起着关键作用,将货物有效地搬入仓库、定位储存、准确备货等活动,对于进货和出货来说都是非常重要的。

4. 物料搬运的设备和器具

物流作业过程中的装卸搬运设备在前面章节已述,在生产物流中常见的还有:

(1) 起重电梯

电梯是一种依靠轿厢沿着垂直方向运送人员或货物的间歇性运动的主要起升机械。起重电梯的选择首先要根据服务对象选择类型,再根据速度要求、起升高度、操作方式等选择电梯型号。起重电梯可从不同角度分类:

1) 按运行速度可分为低速电梯、快速电梯、高速电梯和超高速电梯等。

2) 按电动机电源可分为交流电梯和直流电梯。

3) 按操纵方式可分为有司机操纵电梯和无司机操纵电梯。

(2) 手动托盘搬运车

手动托盘搬运车用来搬运装载于托盘(托架)上的集装单元货物,当货叉插入托盘(托架)后,上下摇动手柄,使液压千斤顶提升货叉,托盘(托架)随之离地。当物品搬运到目的地后,踩动踏板,货叉落下,放下托盘(托架),它操作灵活、轻便,适合于短距离的水平搬运。

(3) 无人搬运车(即自动引导车 AGV,LGV,AHV)

无人搬运车就是无人驾驶自动搬运车。它可以自动导向、自动认址、自动程序动作,具有灵活性强、自动化程度高、可节省大量劳动力等优点,还适用于有噪声、空气污染、放射性元素危害人体健康的地方及通道狭窄、光线较暗等不适合驾驶车辆的场所。它正日益引起人们的关注并得到广泛应用。

(4) 工业机器人

工业机器人是一种能自动定位控制、可重复编程、多功能、多自由度的操作机。能搬运材料、零件或操持工具,用以完成各种作业。目前已广泛应用于产业部门,用得最多的是汽车工业和电子工业。从作业内容看,以工作堆垛、包装、机床上下料、点焊、弧焊以及喷涂最为普遍。

第 6 章 国际货运管理

第 1 节　国际海上运输实务基础

一、国际海上运输的主要运作机构

1. 国际航运企业

国际航运企业，一般是指以直接从事客货国际水上运输，实现客货空间位移为主要业务的独立经济实体。狭义上的国际航运企业，是以船舶为运输工具，从事本国港口与外国港口之间或完全从事外国港口之间营业性的货物和旅客水上运输，以实现客货空间位移为主要业务，并使用常规运输票据结算运费的独立经济实体。国际航运企业的营运方式有：

(1) 自营形式

指国际航运企业本身购买或订造船舶，自行经营客货国际水路运输。

(2) 委托经营形式

指小型航运企业将其船舶委托给大型航运企业或有经验的航运代理人代为运营，支付代理费、货运酬金或付给代管费，船舶经营的盈亏仍由船东自行负责。

(3) 租船运营形式

指航运企业本身不购买或订造船舶，而是通过租用船舶经营国际水路运输，并向出租人支付租金等相关费用。

(4) 联合运营形式

指航运企业在某一条航线上通过一定的形式联合进行运营，通过协商协调达到航线上货载或运营收入的公平分配，联合体内各航运企业仍保留其独立性。

2. 港口服务企业

港口是水路运输的始发地、目的地或途经地,是货物换装和集散的中心,是水路运输和水陆联运的枢纽。港口企业是在港口从事物资装卸、储存、运输、客运等生产性和服务性的经营组织,是港口生产和经营业务的基本单位。

港口的各种功能和作用都必须要通过港口业务来实现。港口业务活动主要涉及三方面的利益:港口经营者希望通过港口经营业务实现自身的利润和效益;港口用户希望通过港口业务实现安全、优质、高效、经济的货物装卸运输;政府希望通过港口实现本国本地区的对外开放,创造就业机会,促进本地区的经济繁荣。

3. 国际船舶代理企业

(1) 船舶代理的概念

船舶代理是指船舶代理机构或代理人接受船舶所有人(船公司)、船舶经营人、承租人或货主的委托,接受委托人的授权,代表委托人办理在港船舶有关业务和服务,船舶代理业纯属服务性行业。

(2) 船舶代理的业务范围

船舶代理业务是一项综合性的业务,其范围相当广泛,详见《中国外轮代理公司业务章程》的规定。

(3) 船舶代理关系的形式

在将要到达的港口选定代办船舶在港期间的一切业务的代理人,并与代理人建立代理关系。船舶公司可能按船舶到达某一港口的频繁程度决定与代理人建立长期代理关系或航次代理关系。

4. 国际船舶理货企业

国际船舶理货是海上贸易运输过程中的一项货物公证业务,即对船舶装、卸的货物数量和状态以第三者的身份进行认可和公证。对认可和公证的结果,与货物有关的各方都要确认,并据此分清责任,履行职责,在国际上具有法律效力。

(1) 理货方式

各国理货机构与船舶建立理货关系的方式有委托理货和强制理货。

1) 委托理货。委托理货是理货机构根据船方申请与船方建立理货关系的理货方式。对国内运输船舶装卸货物、外贸船舶装卸散货和船方不负责箱内货物的装拆箱作业,实行委托理货。

2) 强制性理货。强制性理货是船舶进入本国或本地区港口装卸货物,理货机构与船方自动建立理货关系,不需要船方申请、船方也不能拒绝的理货方式。中国外轮理货总公司对外贸运输船舶在我国港口装卸件杂货、集装箱和船方负责箱内货物的装拆箱作业,实行强制性理货。

(2) 外轮理货业务分类

主要分成五大类：件杂货理货、散装货理货、集装箱理货（含理箱业务和拆箱理货业务）、载驳船理货、其他委托业务（包括随船理货、监卸业务、计量业务和丈量业务等）。

5. 国际货运代理企业

（1）货运代理的概念

国际海运货运代理是指在合法的授权范围内接受货主的委托并代表货主办理有关海运货物的报关、交接、仓储、调拨、检验、包装、装箱、转运、订舱等业务的人。海运货运代理还可将小票货物从不同的货主那里集中起来向班轮公司订舱，以批量大争取优惠运价。集装箱运输可将同一装、卸港的不同托运人的小票货物拼装，享受包箱费率。

（2）海运货运代理进口业务

海运货运代理进口业务是从承揽和接受货物开始，安排船舶到国外港口装货，运至国内安排卸货并将货物快速送交收货人的过程。

1）海运货运代理进口业务环节。承揽和接受货主的租船、订舱委托，缮制货物清单，船货配载，向国外代理发航次安排指示，做好进口单据的保管、分发工作，掌握进口船舶动态，做好进口货物到港后的交接工作，进口代运和审核账单等。

2）海运货运代理进口货物单证。进口货物单据一般分为商务单据和船务单据两种。

①商务单据。商务单据是指买卖双方办理货物交接和货款结算所需的单据，主要有合同、发票、提单、装箱单，重量单、质量证书和保险单等。

②船务单据。船务单据是承运人在装卸港装卸进口货物时所需的一套单据，包括舱单、提单、货物积载图和租船合同。

（3）海运货运代理出口业务

海运货运代理出口业务是从承揽和接受货物开始，安排货物装船，运至国外目的地，并将货物送交收货人的过程。

1）海运货运代理出口业务环节

①揽货。在竞争激烈的货代业务中，大多数货代以广告、优质服务等来争取更多的货源；也有用降低运费或以不同名目的回扣、暗扣等手段来争取货源的。

②订舱。一般是发货人预先向船公司或货运代理申报计划，在规定的时间内向船公司或货运代理递交具体的订舱单。

③装船前的准备工作。在船舶到港之前，货运代理必须做好下列装船准备工作：将所有订舱托运单按不同港口分别编出提单号，写上船名，并制出清洁提单；将订舱托运单连同提单一起交船务代理签单，以便船务代理及时缮制出货清单和画出积载图草图；应在装船之前或船到港之前将所有货物齐集港口，以便船只到港后能及时装运；应在装船前凭全套报关单据（包括报关单、出库单/装箱单以及所需官方证明，如许可证、商检证、免疫证等），向海关申报，海关审核无误后放行，方可装船；到港船舶必须适合货物装运，特殊情况下应申请商检部门对船舶进行检查，并出具适合装运的证明方可装船。

④装运。货运代理在装船时应派人做好装船现场监装工作，做好现场记录，掌握进度，及时处理意外事故，维护货方利益，保证装船质量。

⑤船舶离港后的善后工作。船舶离港后，货运代理应做好如下善后工作：货运代理凭大副收据到租船代理处换取清洁提单，并及时将提单送交发货人，以保证及时结汇；处理退关、短装、漏装货物；船舶离港后应立即向收货人发出离港电报，以便收货人做好提货准备；货运代理应在船舶离港后及时做出航次小结，以备存查。

2) 海运货运代理出口货物单证。主要包括商业单证和官方证明。商业单证是指国内运输单据和结汇单据。官方证明是指出口许可证、商检证、危险品包装鉴定使用证书等。

6. 国际航运经纪人

（1）航运经纪人的分类

1) 船东经纪人。船东经纪人是船东委托的经纪人，代表船东寻找货源或需长期租用船舶的租船人。

2) 租船代理人。租船代理人是租船人委托的经纪人，代表租船人寻找合适的船舶。

船东经纪人和租船代理人每天的洽谈冲突就能反映出不定期船市场的动态。

（2）租船经纪人的作用

在租船实务中，船东和租船人一般不直接到场面谈租船业务，通常做法是通过双方经纪人洽谈租船业务，代为签约。经纪人在整个租船交易过程中，及至在租船市场上发挥了重要作用，归纳起来体现在以下几个方面：经纪人是租船市场间的主要调节者，整个市场通过经纪人运转、平衡和协调船货供求关系；经纪人能帮助船东和租船人迅速、有效地成交；经纪人能减轻船东或租船人的大量租船事务性工作；经纪人能减少船东和租船人在租约中的责任风险等。

当然，委托经纪人是要支付佣金的。经纪人的佣金普遍固定为运费的 1.25%，即使是由托运人或租船人选定的经纪人，也由船舶所有人支付佣金。

二、集装箱班轮进出口业务流程

1. 集装箱班轮出口业务流程

（1）订舱

发货人（或其代理人）应根据贸易合同或信用证条款规定，在货物托运前一定时间（口头或书面）向船公司或船代申请订舱。

（2）接受托运申请

船公司或船代接受订舱申请，则在双方议定船名、航次等信息后，以在发给货方的场站收据副本（海关联）上盖章表示确认，并着手编制订舱清单，然后分送集装箱码头（或内陆港站）堆场、集装箱货运站，据以安排空箱及货物交接。

（3）发放空箱

除货主使用自备箱外，通常整箱货使用的空箱由发货人凭船方签署的提箱单到指定的码头（或内陆港站）的堆场领取空箱，并办理设备交接单（进场）手续。拼箱货使用的空箱由双方议定交接货物的集装箱货运站负责领取。

（4）拼箱货装箱

发货人将货物交至集装箱货运站，由货运站根据订舱清单、场站收据和船方的其他指示负责装箱、加封并制作装箱单，然后将重箱运至码头堆场。

（5）整箱货交接

发货人负责装箱并将已加海关封志的整箱货运至码头堆场，堆场业务员根据订舱清单、场站收据及装箱单验收货物，在场站收据上签字后退还给发货人。

（6）换取提单

发货人凭签署的场站收据向集装箱运输经营人换取提单后到银行结汇。

（7）装船运出

码头装卸区根据装船计划，将出运的集装箱调整到前方堆场，待船舶到港后装船运出。

2. 集装箱班轮进口业务流程

（1）做好卸船准备

在船舶抵达目的港前，起运港船代要将有关单证、资料寄、传给目的港船代。目的港船代应及时通知各有关方（港口装卸、三检、堆场、收货人等）做好卸船准备，船代应制作交货记录。

（2）卸船拆箱

一般集装箱从船上卸下后，要先放在码头（或由集装箱运输经营人办理保税手续后继续运至内陆港站）堆场。整箱货将准备交付给收货人，拼箱货由堆场转到集装箱货运站，拆箱分拨后准备交付。船代将交货记录中的到货通知书寄送收货人。

（3）收货人付费换单

收货人接到货运通知单后，在信用证贸易下应及时向银行付清所有应付款项后，取得有关单证，并凭提单和到货通知书向船代换取交货记录并办理其余手续。

（4）交付货物

整箱货物交付在集装箱堆场进行；拼箱货交付在集装箱货运站进行。堆场和货运站应凭海关放行的提货单，与收货人结清有关费用（保管费、再次搬运费、滞期费、拆箱费）后交付货物并由双方签署交货记录。由于整箱货是连同集装箱一起提取的，故整箱货提货时应办理设备交接单（出场）手续。

（5）还箱

收货人从堆场提取的重箱运到自己的仓库拆箱后，应将空箱尽快运回堆场，凭设备交接单办理还箱手续。

进出口货运手续按各国、各港的不同习惯，可以顺序或交替进行。

第2节　国际海运主要单证制作

一、设备交接单（Equipment Interchange Receipt，简称 EIR）

1. 设备交接单的概念

设备交接单是集装箱进出港口、场站时用箱人或运箱人与管箱人或其代理人之间交接集装箱及设备的凭证。它既是管箱人发放/回收集装箱或用箱人提取/还回集装箱的凭证，也是证明双方交接时集装箱状态的凭证和划分双方责任、义务和权利的依据。此单证通常由管箱人签发给用箱人，用箱人据此向场站领取或送还集装箱及设备。设备交接单分进场（in）和出场（out）两种。

2. 设备交接单流转过程

（1）由管箱人填制（签发）设备交接单（三联，每箱一份）交用箱人。

（2）由用（运）箱人据此单证到码头或内陆堆场办理提（还）箱手续，在堆场经办人核单、双方查验箱体签字后提走（或还回）集装箱及设备，堆场经办人留下码头堆场联与管箱单位联，将用箱人联退还经营人。码头堆场经办人将管箱单位联退还管箱单位。

（3）集装箱还回码头堆场时，双方按单上条款及查验损坏情况，分清责任后，设备交接单作用结束。

设备交接单的背面印有划分管箱人和用箱人之间责任的使（租）用集装箱合同条款。条款的主要内容有：使（租）用方使用集装箱期间的费用；损坏或丢失时的责任划分；对第三者造成损害时的赔偿责任等内容。

二、装箱单（Container Load Plan，简称 CLP）

1. 装箱单的概念

装箱单是详细地记载每一集装箱内所装货物的名称、数量、包装种类、标志等货运资料和积载情况的单证，是集装箱运输中记载箱内货物详细情况的唯一单证。此单以箱为单位制作，由装箱人填制并经装箱人签署后生效。

2. 装箱单的主要作用

装箱单是向承运人、收货人提供箱内货物明细的清单；是集装箱货物向海关申报的主要单证之一；是货方、港方、船方之间货、箱交接的凭证；是船方编制船舶积载计划的依据，是辅助货物舱单；是办理集装箱货物保税运输、安排拆箱作业的资料；是集装箱运输货物商务索赔的依据。

3. 装箱单的主要内容

装箱单的主要内容包括：船名，航次，装、卸港，收、交货地点，集装箱号、规格，铅封号，场站收据或提单号，发货人，收货人，通知人及货名，件数，包装种类，标志，号码，重量，尺码等。对特殊货物还需说明闪点、箱内温度要求、是否检疫等内容。

4. 装箱单的制作

装箱单一般一式数份，分别由货主、货运站、装箱人留存和交船代、海关、港方、理货公司使用，另外还需准备足够份数交船方随货带往卸货港以便交接货物及报关、拆箱等用。制作装箱单时，装箱人负有装箱单内容与箱内货物一致的责任。如需理货公司对整箱货物理货时，装箱人应会同理货人员共同制作装箱单。

三、场站收据（Dock Receipt，简称 DR）

1. 场站收据的概念

场站收据是由承运人发出、证明已收到托运货物并开始对货物负责的凭证。它是一份综合性单证，它把货物托运单（订舱单）、装货单（关单）、大副收据、理货单、配舱回单、运费通知等单证汇成一份。这对于提高集装箱货物托运效率有很大意义。

场站收据一般是在托运人订舱、与船公司达成货物运输的协议、船代确认订舱后，由船代交托运人或货代填制，在承运人委托集装箱货运站收到整箱货或拼箱货后签发生效，托运人可凭场站收据向船代换取已装船或待装船提单。

2. 场站收据的作用

加盖有报关资格单证章的场站收据，意味着运输合同开始执行；场站收据是出口货物报关的凭证之一；场站收据是承运人已收到托运货物并开始对货物负责的证明；场站收据是换取航运提单或联运提单的凭证；场站收据是船公司、港口组织装卸、理货、配载的资料；场站收据是运费结算的依据；如信用证中有规定，场站收据可作为向银行结汇的单证。

3. 场站收据的内容

场站收据是集装箱运输重要出口单证，一般有以下十联：

第一联　集装箱货物托运单——货主留底　白色

第二联　集装箱货物托运单——船代留底　白色

第三联　运费通知（1）　白色

第四联　运费通知（2）　白色

第五联　场站收据副本——装货单（关单）　白色

第六联　场站收据副本——大副联　粉红色

第七联　场站收据（正本联）　淡黄色

第八联　货代留底　白色

第九联　配舱回单（1）　白色

第十联　配舱回单（2）　　白色

4. 场站收据的流转

在集装箱货物出口托运过程中，场站收据要在多个机构和部门之间流转。下面说明 10 联格式的场站收据流转过程及程序：

（1）托运人（或货代）填制后，留下货方留底联，将 2～10 联送船代（签单）编号。

（2）船代编号后，留下 2～4 联，并在第 5 联上加盖确认订舱及报关章后将第 5～10 联退给货代，货代留下第 8 联并把第 9、第 10 联送给托运人做配舱回单。

（3）第 5～7 联报关使用。

（4）海关审核认可后，在第 5 联装货单上加盖放行章并把这些联退给报办人或托运人。

（5）货代负责将箱号、封志号件数等填入第 5～7 联，并将集装箱货物与这些联在堆场规定时间一并送堆场。

（6）场站业务员在集装箱货物进场、验收完毕后，在第 5～7 联上填入实收箱数、进场完毕日期并签收和加盖场站公章。第 6 联由场站留底，第 5 联送理货员。理货员在装船时将该联交大副，并将经双方签字的第 7 联即场站收据正本返回货代。

四、海运提单

海运提单 Marine Bill of Lading or Ocean Bill of Loading，或简称为提单 Bill of Lading，B/L，是指用以证明海上货物运输合同和货物已经由承运人接收或者装船，以及承运人保证据以交付货物的单证。海运提单是国际结算中的一种最重要的单据。海运提单样本见表 6—1。

1. 海运提单的性质和作用

（1）海运提单是货物收据，证明承运人已按提单所记内容收到货物。

（2）海运提单是货权凭证。提单合法持有人有权凭提单在目的港向承运人提取货物，也可以在货物到达目的港之前，通过转让提单而转移货物所有权，或凭以向银行办理抵押贷款。

（3）海运提单是承运人与托运人之间所订运输合同的证明。提单条款明确规定了承、托双方之间的权利与义务、责任与豁免，是处理承运人与货方运输方面争议、纠纷的法律依据。

（4）海运提单是托运人凭以向银行办理议付、结汇的主要单据之一，并且在运输业务的联系、费用的结算和对外索赔中都具有重要的作用。

2. 海运提单的内容

一般包括提单正面的记载事项和提单背面印就的运输条款。

（1）提单正面的内容

正面的记载事项分别由托运人和承运人填写。通常有下列事项：提单的名称、承运人的名称和营业所、托运人、收货人、被通知人、船名、航次及船籍、收货地或装货港、目的地或目的港、唛头及件号、货名及件数、重量和体积、运费和其他费用及付款地点和方式、提单号、正本提单份数和签单地点、日期、承运人或船长，或由他们授权的代理人签字或盖章。

表 6—1   海运提单样张

Shipper SHANGHAI INTERNATIONAL TRADE CORPORATION 1321 ZHONGSHAN ROAD SHANGHAI, CHINA		B/L NO. COCSO 6 11861 ORIGINAL 中国对外贸易运输总公司 CHINA NATIONAL FOREIGN TRADE TRANSPORT CORPORATION 直运或转船提单
Consignee or drder TO ORDER OF SHIPPER		Shipper on board the vessel named above in apparent good order and condition（unless otherwise indicated）the goods or packages specified herein and to be discharged at the above mentioned port of discharge or as near there to as the vessel may safely get and be always a float. The weight, measure marks, number, quality, contents and value, being particulars furnished by the Shipper are not checked by the Carrier on loading. The Shipper, Consignee and the holder of this Bill of Lading hereby expressly accept and agree to all printed, written stamped provisions, exception and condition of this Bill of Lading, including those on the back hereof. In witness whereof, the Carrier or his Agent has signed Bills of Lading all of this tenor and date, one of which being accomplished, the other to stand void.
Notify address YAMADA TRADE CO., LTD 310-224 SKURAMAJI OSAKA JAPAN		
Pre-carriage by Vessel NANGXIGN V. 086	Port of loading SHANGHAI PORT Port of transshipment	
Port of discharge OSAKA PORTV	Final destination	

Container seal No. or marks and Nos.	Number and kind of packages Description of goods	Gross weight（kgs.）	Measurement（m）
TEXU2263999 TEXU2264000	PULASH TOY 　　SAY SIX HUNDRED CARTONS ONLY 　　TOTAL TWO 40'CONTAINER 　　CY TO CY	6420KGS	120CBM

REGARDING TRANSSHIPMENT INFORMATION PLEASE CONTACT			Freight and charge FREJGHT PREPAID	
	Prepaid at SHANGHAI PORT	Freight payable at SHANGHAI PORT	Place and date of issue SHANGHAI OCT. 26, 2006	
Ex. rate	Total Prepaid	Number of original Bs/L THREE	Signed for or on behalf of the master 童曙阳 as Agent	

提单正面除必须记载上述内容外，还有属于承运人声明性质的几段事先印妥的契约条文，大致内容是：装船（或收货）条款——表明外表状况良好的货物已经装上船或已经收妥待运；内容不知悉条款——表明承运人对提单所列重量、数量、品质、内容、价值等不知悉，承运人对此不尽核对之责；承认接受条款——表明托运人、收货人、提单持有人接受本提单和背面所记载的一切免责条款；签署条款——为了证明以上各项内容，承运人或其代理人特签发本提单正本一式几份，其中一份凭以提货，其余各份均告失效。

(2) 提单背面的内容

在班轮提单背面，通常都有印就的运输条款，这些条款是作为确定承运人与托运人之间、承运人与收货人及提单持有人之间的权利和义务的主要依据。

3. 有关海运提单的国际公约

为了统一规定海上运输承运人和托运人的权利和义务，国际上签署了三个有关提单的国际公约。

(1) 1924年签署的《关于统一提单的若干法律规则的国际公约》，简称《海牙规则》。

(2) 1968年《布鲁塞尔议定书》，简称《维斯比规则》。

(3) 1978年《联合国海上货物运输公约》，简称《汉堡规则》。

4. 海运提单的种类

(1) 已装船提单（shipped B/L or shipped on board B/L）

这是指货物已经装上指定船只的提单。提单内注明装货船名和装船日期。除集装箱运输或多式联运所使用的运输单据外，必须提供已装船提单，才能凭以结汇和提货。

(2) 备运提单（received for shipment B/L）

这是表明货物已收妥但尚未装船的提单。提单中只有签单日期，没有装运日期，一般不能凭以结汇和提货。一旦货物装上船后，提单应加装船批注，从而构成已装船提单。

(3) 清洁提单（clean B/L）

这是指在提单签发日未被加注任何货损或包装不良之类批注的提单。结汇时，如无特殊规定必须提供清洁提单。

(4) 不清洁提单（foul B/L）

提单上被加注有货物或包装缺陷的批语，如无特殊规定一般不能凭以结汇。托运人为取得清洁提单结汇，往往向承运人出具保函以换取清洁提单。

(5) 指示提单（order B/L）

提单在"收货人"栏内填写"凭指示"或"凭××指示"，可以通过背书的方法转让给他人提货。

(6) 记名提单（straight B/L）

又称收货人抬头提单，是由托运人指定收货人的提单。这种提单在收货人栏内填具体的收货人名称。托运人不得在记名提单上背书转让，但指定收货人可以转让。由于记名提单失去了它代表货物所有权转让流通的便利,银行也不愿接受记名提单作为议付的凭证,因此,一般只有运输贵重物品或展览品时采用。

(7) 不记名提单 (blank B/L, open B/L, bearer B/L)

这是指在收货人栏内只填交与持有人的提单。这种提单不需背书即可转让,一旦提单遗失或被盗,货物就很容易被人提走,极易引起纠纷,所以这种提单在实务中应避免使用。

(8) 直达提单 (direct B/L)

这是指在运输过程中直接将货物从起运港运至目的港中间不转船的提单,或称直运提单。

(9) 转船提单 (transhipment B/L)

货物自起运港装船后必须在中途港口改换另一条船才能将货物运至目的港,按此条件签发的包括全程运输的提单称为转船提单。只有信用证规定允许转船的情况下才能提供这种提单。

(10) 联运提单 (through B/L)

货物在运输过程中须经两种或两种以上运输方式(例如海陆、海空、海海等)才能从起运港运至目的地,托运人只需在起运港办理一次手续即可得到一份包括全程的提单,这种提单叫联运提单。这种提单的货物承运人只负责本段运输,并负责将货物移交给下段运输的承运人。如果是海海联运提单则与转船提单相同。

(11) 联合运输提单 (combined transport B/L)

又称集装箱提单,是(集装箱)联合运输经营人签发给托运人包括全程运输的提单。联合运输提单与联运提单的区别在于:联合运输提单是联合运输经营人签发,他对全程运输负责,但他本人并不一定承担运输,第一程也不一定是海运,所以不一定要注船名和装船日;联运提单的签发人必须是货物承运人或其代理人,他只对本段运输负责,第一程必须是海运,必须注船名和装船日。

(12) 海运单 (seaway bill)

又称不可转让的海运单 (non-negotiable B/L),是承运人签发的用以证明海上运输合同以及货物已由承运人接管装载的凭据,是一种不可转让的运输单证。承运人承担将货交付给海运单上所指明的收货人的义务。这种提单便于进口人及时提货,手续简便、节约费用,在一定程度上还可以防止有人以假单据行骗。另外,海运单更能适应 EDI 技术在国际贸易中广泛使用的趋势。

第3节　国际航空与铁路运输单证制作

一、空运组织方式及单证的制作

国际航空运输（International Air Transportation）是使用飞机、直升机及其他航空器运送人员、货物、邮件的一种运输方式。具有快速、机动的特点，是现代旅客运输，尤其是远程旅客运输的重要方式，为国际贸易中的贵重物品、鲜活货物和精密仪器运输所不可缺。

1. 航空货物出口运输代理业务程序

航空货物出口运输代理业务程序包含：市场销售→委托运输→审核单证→预配舱→预订舱→接单→制单→接货→标签→配舱→订舱→出口报关→出仓单→提板箱→装箱装板→签单→交接发运→航班跟踪→信息服务→费用结算。

（1）市场销售

需及时向出口单位介绍本公司的业务范围、服务项目、各项收费标准，特别是向出口单位介绍优惠运价、本公司的服务优势等。达成意向后，可以向发货人提供所代理的有关航空公司的"国际货物托运书"。

（2）委托运输

托运书一般应由托运人自己填写，而且托运人必须在上面签字或盖章。托运书又是托运人用于委托承运人或其代理人填开航空货运单的一种表单，表单上列有填制货运单所需各项内容，并印有授权于承运人或其代理人代其在货运单上签字的文字说明。在接受托运人委托后，单证操作前，货运代理公司的指定人员对托运书进行审核或称之为合同评审。审核人员必须在托运书上签上姓名和日期以示确认。

（3）审核单证

单证应包括：发票、装箱单、托运书、报关单、外汇核销单、许可证、商检证、进料/来料加工核销本、索赔/返修协议、到付保函、关封等。

（4）预配舱

代理人汇总所接受的委托和客户的预报，并输入计算机，计算出各航线的件数、重量、体积，按照客户的要求和货物重、泡情况，根据各航空公司不同机型对不同板箱的重量和高度要求，制定预配舱方案，并给每票货配上运单号。

（5）预订舱

代理人根据所指定的预配舱方案，按航班、日期打印出主运单号、件数、重量、体积，向航空公司预订舱。

(6) 接受单证

接受托运人或其代理人送交的已经审核确认的托运书、报关单证和收货凭证。将计算机中的收货记录与收货凭证核对。制作操作交接单，填上所收到的各种报关单证份数，给每份交接单配一份主运单或分运单。将制作好的交接单、配好的主运单或分运单、报关单证移交制单，如此时货未到或未全到，可以按照托运书上的数据填入交接单并注明，货物到齐后再进行修改。

(7) 填制货运单

填制航空货运单，包括主运单和分运单，货运单填写准确与否直接关系到货物能否及时、准确地运达目的地。航空货运单是发货人结汇的主要有效凭证。因此运单的填写必须详细、准确，严格符合单货一致、单单一致的要求。

(8) 接受货物

接受货物是指航空货运代理公司把即将发运的货物从发货人手中接过来并送到自己的仓库。接收货物一般与接单同时进行。对于通过空运或铁路从内地运往出境地的出口货物，货运代理按照发货人提供的运单号、航班号及接货地点、接货日期，代其提取货物。接货时应对货物进行过磅和丈量，清点货物数量、品名、合同号或唛头等是否与货运单上所列一致，检查货物的外包装是否符合运输的要求。

(9) 标记和标签

1) 标记。在货物外包装上由托运人书写的有关事项和记号。如托运人、收货人的姓名，地址，联系电话，传真；合同号；操作（运输）注意事项；单件超过 150 kg 的货物等。

2) 标签

①标签按作用分为：识别标签，说明货物的货运单号码、件数、重量、始发站、目的站、中转站的一种运输标志，又可分为挂签、贴签两种；特种货物标签，说明特种货物性质的各类识别标志，又可分为活动物标签、危险品标签和鲜货易腐物品标签；操作标签，说明货物储运注意事项的各类标志。

②标签按类别分为航空公司标签和分标签两种。航空公司标签是对其所承运货物的标志，标签上三位阿拉伯数字代表所承运航空公司的代号，后八位数字是总运单号码；分标签是代理公司对出具分标签货物的标志，凡出具分运单的货物都要制作分标签，填制分运单号码和货物到达城市或机场的三字代码。

一件货物贴一张航空公司标签，有分运单的货物，每件再贴一张分标签。

(10) 配舱

配舱时，需运出的货物都已入库。这时需要核对货物的实际件数、重量、体积与托运书上预报数量的差别。对预订舱位、板箱的有效领用、合理搭配，按照各航班机型及板箱型号、高度、数量进行配载。同时，对于货物晚到、未到情况以及未能顺利通关放行的货物做出调整处理，为制作仓单做准备。实际上，这一过程一直延续到单、货交接给航空公司后才完毕。

(11) 订舱

订舱是将所接收空运货物向航空公司申请并预订舱位。货物订舱需根据发货人的要求和货物标志的特点而定。一般来说，大宗货物、紧急物资、鲜货易腐物品、危险品、贵重物品等，必须预订舱位，非紧急的零散货物，可以不预订舱位。

(12) 出口报关

出口报关是指发货人在货物发运前，向出境地海关办理货物出口手续的过程。出口报关的基本程序：将发货人提供的出口货物报关单的各项内容输入计算机→在计算机填制的报关单上加盖报关单位的报关专用章→将报关单与有关发票、装箱单和货运单综合在一起，并根据需要随附有关的证明文件→以上报关单证齐全后，由持有报关证的报关员正式向海关申报→海关审核无误后，海关官员即在用于发运的运单正本上加盖放行章，同时在出口收汇核销单上加盖放行章，在发货人用于产品退税的单证上加盖验讫章，粘上防伪标志→完成出口报关手续。

对出运修理件、更换件时需留取海关报关单，以备以后进口报关用；出口货物按动卫检部门的规定和货物种类填制相应的动、卫签单；动植物类货物除《卫检申报单》外，还需《动植检报验单》并加盖放行章；化工类产品须到指定地点检验证明是否适合空运等。

(13) 出仓单

配舱方案制定后就可着手编制出仓单。出仓单上载明编制的日期、承运航班的日期、装载板箱形式及数量、货物进仓顺序编号、总运单号、件数、重量、体积、目的地三字代码和备注。

(14) 提板箱

根据订舱计划向航空公司申领板、箱并办理相应的手续。提板、箱时，应领取相应的塑料薄膜和网。对所使用的板、箱要登记、销号。

(15) 货物装箱装板

除特殊情况外，航空货运均是以"集装箱""集装板"形式装运。航空货运代理公司将体积为 $2 m^3$ 以下货物作为小货交与航空公司拼装，大于 $2 m^3$ 的大宗货或集中托运拼装货，一般均由货运代理自己装板装箱。

(16) 签单

货运单在盖好海关放行章后还需到航空公司签单。主要是审核运价使用是否正确以及货物的性质是否适合空运，只有签单确认后才允许将单、货交给航空公司。

(17) 交接发运

交接是向航空公司交单交货，由航空公司安排航空运输；交单是将随机单据和应由承运人留存的单据交给航空公司，随机单据包括第二联航空运单正本、发票、装箱单、产地证明、质量鉴定书等；交货即是把与单据相符的货物交给航空公司，交货之前必须粘贴或拴挂货物标签,清点和核对货物,填制货物交接清单。

(18) 航班跟踪

货运代理公司从单、货交给航空公司后就需对航班、货物进行跟踪。需要联程中转的货物,在货物出运后,要求航空公司提供二、三程航班中转信息。及时将上述信息反馈给客户,以便遇有不正常情况时能及时处理。

(19) 信息服务

航空货运代理公司须在多个方面为客户做好信息服务,如订舱、审单及报关、仓库收货、交运称重、一程及二程航班、集中托运、单证信息等。

(20) 费用结算

费用结算主要涉及同发货人、承运人和国外代理人三方面的结算。

2. 航空货物进口运输代理业务程序

国际货物运输的进口业务流程是指从飞机要到达目的地机场,承运人把货物卸下飞机直到交给收件人的物流、信息流的实现和控制管理的全过程。主要包含航空公司进港货物的操作程序和航空货物进口运输代理业务程序两大部分。

(1) 代理预报

在国外发货之前,由国外代理公司将运单、航班、件数、重量、品名、实际收货人及其他地址、联系电话等内容通过传真或 E-mail 发给目的地代理公司。

(2) 交接单、货

航空货物入境时,与货物相关的单据(运单、发票、装箱单等)也随机到达,运输工具及货物处于海关监管之下。

货物卸下后,将货物存入航空公司或机场的监管仓库,进行进口货物舱单录入,将舱单主运单号、收货人、始发站、目的站、件数、重量、货物品名、航班号等信息通过计算机传输给海关留存,供报关用。

同时根据运单上的收货人及地址寄发取单、提货通知。若运单上收货人或通知人为某航空货运代理公司,则把运输单据及与之相关的货物交给该航空货运代理公司。

(3) 理货与仓储

代理公司从航空公司接货后,通过短途驳运将货物运进自己的监管仓库,组织理货及仓储。

(4) 理单与到货通知

理单的工作内容是:集中托运,主运单项下拆单;分类理单、编号和编配各类单证。到货通知,是指货物到目的港后,货运代理应从航空运输的时效出发,为减少货主仓储费,避免海关滞报金,尽早、尽快、尽妥地通知货主到货情况,提请货主配齐有关单证,尽快报关。随后进行正本运单处理,由计算机打制海关监管进口货物入仓清单一式五份用于商检、卫检、动检各一份,海关两份,其中一份海关留存,另一份海关签字后收回存档。运单上一般盖六个章：监管章（总运单）、代理公司分运单确认章（分运单）、动检章、卫检章、商检章、海关放行章。

（5）制单、报关

1）制单、报关、运输的形式。除部分进口货物存放民航监管仓库外，大部分进口货物存放于各货代公司自有的监管仓库。由于货主的需求不一，货物进口后的制单、报关、运输形式一般有：货运代理公司代办；货主自行办理；货运代理公司代办制单、报关后，货主自办运输；货主自行办理制单、报关后，委托货运代理公司运输；货主自办制单，委托货运代理公司报关和办理运输。

2）进口制单。进口制单指按海关要求，依据运单、发票、装箱单及证明货物合法进口的有关批准文件，制作"进口货物报关单"。

3）进口报关。是进口运输中的关键环节，报关程序可分为初审、审单、征税、验放四个主要环节。

（6）收费、发货

办完报关、报验等进口手续后，货主须凭盖有海关放行章、动植物报验章、卫生检疫报验章（进口药品须有药品检验合格章）的进口提货单到所属监管仓库付费提货。

仓库发货时须检验提货单据上各类报关、报验章是否齐全，并登记提货人的单位、姓名、身份证号以确保发货安全。再次检查货物外包装，遇有破损、短缺应向货主做出交代。

（7）送货与转运

货运代理公司在代理客户制单、报关、垫税、提货、运输的一揽子服务中，由于工作熟练，衔接紧密，服务到位，因而受到货主的欢迎。

货运代理公司送货与转运的业务主要有：

1）送货上门业务。

2）转运业务。办理转运业务，需由内地货运代理公司协助收回相关费用，同时口岸货代公司亦应支付一定比例的代理佣金给内地代理公司。

3）进口货物转关及监管运输。进口货物转关是指货物入境后不在进境地海关办理进口报关手续，而运往另一个设关地点办理进口海关手续，在办理进口报关手续前，货物一直处于海关监管之下，转关运输亦称监管运输，意思是此运输过程置于海关监管之中。

二、铁路运输组织方式及单证的制作

1. 进口货物的交接与核放

（1）进口货物的交接工作是在交付路和接收路之间进行的，交接的依据是《国际铁路货物联运规章》。

（2）口岸代理人主要是办理接收路接过来的、运到本国的联运货物。按照供给口岸的合同及合同资料，将联运进口货物接过来，按照对外贸易的"安全、迅速、准确、节省、方便"的十字方针核放、变更、分拨到用户。

(3) 代理人还要在口岸处理矛盾货物，把事故消灭在口岸。同时，还要严格地审查过境国运费和联运货物的运到逾期，为国家节省外汇，支援国家建设。

2. 进口货物票据周转程序

(1) 当进口物资列车抵达国境站后，首先由交付路和接收路双方交接人员到发线上检查车辆、办理交接。棚车装运的货物，在换装时办理实物交接。敞车类货车装运的货物按外部状态交接。发现异状时编制双方商务记录；然后由交付路将票据按交接单移交给接收路，接收路由翻译人员填制"联运货物换装清单"一式两份（原本一式三份），并将运单上的发站、发货人、到站、收货人，经由国际站、品名等主要项目译成中文转交给交接员。

(2) 交接员依据两国议定书，核对交接单所载运单批数、项目，无误后将票据交铁路入口，由铁路入口直接持票据向海关申报，海关根据铁路申报的票据全部输入计算机备查；根据海关法进行审查无误后，铁路将票据取回交到铁路票据室，进行登记后口头通知订货人、收货人和代理人签领自己代理的票据。

(3) 口岸代理人和订货人、收货人根据在铁路签领回的票据，并按票据记载的到站、收货人（唛头）、规格、合同号等主要项目核对合同资料。相符时，变更"联运货物换装清单"上的到站、收货人及专用线。对没有问题的票据，预录入海关设置的计算机里，并向海关审单中心申报，审查无误后把信息反馈录入计算机里。此时，代理人可以填制"进口货物明细单"和"中华人民共和国海关进口货物报关单"，审核无误后送检验检疫部门报检、报验，检验检疫部门审查无问题时，在运单的右上角盖章后，送海关报关。

(4) 在海关审票放行前，口岸代理人到海关申领征税缴款书，直接到银行缴税，然后将征税缴款书返回海关征税部门盖章，口岸代理人签领两份。

(5) 海关放行货物后在运单右上方加盖放行章，代理人将票据取回，交铁路票据室销签。

(6) 铁路将货物换装后发往全国各地，移交给收货人。

3. 进口货物的核放工作

进口货物的核放工作要做到先易后难、全面分析、正确核放和准确变更。坚持"三审三查"的连锁复查制度，将一切事故消灭在口岸。

(1) 核放依据及要求

依据合同及合同资料（包括订货部门、收货人的变更函电和进出口总公司的委托书等，以下简称合同资料）核对运单，货物明细所记载的到站、收货人（唛头）经由口岸、合同号、品名、规格、数量、订单号、标记等项目，与合同资料相符时可核放货物，核放货物时要求正确无误。

(2) 货物票据的核放程序

进口货物票据的核放工作共分四个环节。

1）核放

①当票据由铁路取回后，现场代理值班人员根据运单核查交接单内所有的运单批数和项目相符无误后，由核放人员依据订、收货人提供的合同资料，对运单及内附单证（简称票据）记载的到站、收货人（唛头）、合同号、订单号、规格、数量等项目，认真细致地进行核对。核对无误时，将合同资料上的单价、扣价标注在内附单证上，以便制单人员计总价。

②按照不同的专业分类商品和收货人要求确定的明细单份数用计算机，填制"进口货物明细单"和"进口货物报关单"的订货人、收货人的编号及号码（或申报单位及号码）、发站及发货人、到站及收货人、经营单位、贸易性质、外汇来源、经由口岸、品名等项目后，随运单交给制单人员。若遇商务记录时，则应注明商务记录号码及简要内容；若矛盾情况，也应在"进口货物明细单"上注明。

③运输合同变更申请书。收货人只可在到达国进口国境站，且在货物尚未从该站发出时办理运输合同的变更：在到达国范围内变更货物的到站；变更收货人。而且根据规定，发货人和收货人可以各自变更一次运输合同。

口岸代理人，在核放货物时若收到变更申请计划，可按变更计划卡片变更"联运货物换装清单"上的到站和"进口货物明细单"及"进口货物报关单"上的到站、收货人。同时按照"货物运输变更要求书"格式填制一式两份并输入计算机，其中一份贴附在运单正面随运单交给铁路；另一份第二天随进口货物明细单一并转交单位资料室，装订成册备查。

2）制单

①按照商务部规定的统一格式用计算机填制"进口货物明细单"。在货物进口时按原始单证（运单和货物明细单）有关项目逐一进行填制。

②制单人员接到核放的票据后，依据运单及内附单证所记载的项目，正确无误地逐一填制"进口货物明细单"和"进口货物报关单"的收货人标记、合同号、贸易国别、原产国别、运杂费、发货日期、进口日期、交接单号、海关统计商品编号、品名及规格、车号、运单号、包装种类、数量、毛净重、单总价、运单重量等。项目齐全后随运单交给审核人员审核。

3）审核。审核工作是核放工作的重要环节之一，它直接关系到工作质量和正确报关的问题。审核人员接到填制的"进口货物明细单"和"进口货物报关单"，按运单及内附单证逐项核对，正确无误后将"进口货物明细单"贴附在第五号运单的内面随货同行至到站通知收货人，"进口货物报关单"夹在运单内，待整个交接单内所载票据审核后送交海关报关。

4）复核。复核工作由班长承担，负责本班的全面复核工作，对工作质量负全面责任。

4. 填制"进口货物明细单"的要求及明细单的作用

（1）要求

填制"进口货物明细单"时，要求内容全面、正确无误、单面整洁、字迹工整清晰；注明情况要简单、扼要，主题要突出。

（2）作用

按不同运输方式介绍如下：

1）货运。"进口货物明细单"一般情况下填制四份（变更到站、收货人者填制五份）。以下按填制"进口货物明细单"顺序介绍其作用：第一份：口岸代理人留存。供补送货物查询、进口货物统计、资料积累、表报编制使用，又可作为订货、收货部门和收货人函电查询的依据。第二、第三份：寄送订货人、收货人财会和业务部门各一份，作为结算费用和注销合同的依据。按《铁路运输分工联系办法》第十二条五十项规定办理。第四份：贴附在第五号运单内面，随货同行至到站交收货人。按《铁路运输分工联系办法》第十二条五十项规定办理。除以上情况外，若遇直拨货物、代押运货物和收货人委托要求增制"进口货物明细单"的货物，增制一份（或两份）供口岸代理人财会作为直拨变更和三角托收货物结算费用的依据。

2）邮运。邮运进口货物主要是指随邮政列车进口的小件货物。填制"进口货物明细单"一式四份（其中一份口岸代理人留存；两份寄送给订货人、收货人；一份贴附在邮单上随货物同行至到站交收货人）和进口货物报关单一式两份。"进口货物明细单"的作用同货运。

5. 进口货物报关单

"进口货物报关单"由口岸代理人填制。口岸代理人作为联运进口货物订货人、收货人的代理人（也称报关人），应遵守国家有关进口货物政策、法令和海关法规制度，接收并审核订货人、收货人提供海关申报的单证是否齐全、正确。同时，应正确、清楚地填写"进口货物报关单"。并应按海关法的规定和要求办理进口货物的报关事宜。

口岸代理人按进口货物的批次向海关填制"进口货物报关单"一式两份，每份"进口货物报关单"所填项目不能超过五项。审查无误后随货票向口岸海关报关；转关货物填制一份"进口货物报关单"报关；进口退运货物向口岸海关提供两份"出口货物报关单"报关（由发货人填制）；进口退关货物向海关填制一份"进口货物报关单"退关。

第4节 国际多式联运方式及单证制作

国际多式联运单据是指证明多式联运合同及证明多式联运经营人接管货物并负责按合同条款交付货物的单据，在实践中一般称为国际多式联运提单（multimodal transport B/L）。在《国际多式联运公约》中，对该单据的性质、特点、内容、种类、法律效力、签发和使用中应注意的事项等做出了明确规定。

一、国际多式联运提单的性质与作用

公约中对提单所下的定义与《汉堡规则》中对提单所下定义是一致的，因此多式联运提单与海上运输提单的性质与作用是一致的，主要有以下几方面：

1. 国际多式联运提单是多式联运经营人与发货人之间订立的国际多式联运合同的证明，是双方在合同确定的货物运输关系中权利、义务和责任的准则

从国际多式联运合同的订立过程可以看出，发货人提出托运申请，经营人根据自己的情况表示可以接受后，双方即达成了协议，多式联运合同已告成立。签发多式联运提单只是经营人履行合同的一个环节。因此，多式联运提单与各单一方式运输中使用的运单是不同的，不是运输合同而只是合同的证明。

提单正面的内容和背面的条款是经营人与发货人订立合同的条款与实体内容，由于各经营人都提前印好并公开其内容。发货人在订立合同前应了解提单上的所有条款，除非有另外的协议，应把这些内容和条款当作双方合同的内容及权利、义务和责任的准则。即使在发货人用提单按信用证结汇后发生向第三者的转让，多式联运经营人与新的提单持有人之间的责任、权利和义务关系仍然依提单的规定确定。提单发生转移后，发货人根据提单或与经营人另外达成的协议而承担的责任也并不因此而解除。收货人或提单受让人仍要承担运输开始后及提单背书（转让）后所产生的各种义务。

2. 国际多式联运提单是多式联运经营人接管货物的证明和收据

多式联运经营人向发货人签发提单表明：为运送提单上记载的货物，已经从发货人手中接管并占有了该货物。因此提单具有接受货物收据和证明多式联运经营人开始对货物负责的作用。与海运提单一样，当提单在发货人手中时，它是承运人已按其上所载情况收到货物的初步证据，即如果经营人实际收到的货物与提单内容不符，经营人可以提出反证。如果提单"转让至善意的第三者或提单受让人"，除提单上订有有效的"不知条款"外，提单成为经营人按其记载的内容收到货物的绝对证据，经营人不得提出实际收到货物与提单上记载内容不符的任何反证。

3. 国际多式联运提单是收货人提取货物和多式联运经营人交付货物的凭证

无论经营人签发的是哪一种类的提单，也不论是否发生了转让，收货人或受让人在目的地提货时，必须凭借多式联运提单才能换取提货单（或收货记录），反过来，多式联运经营人或其代表也只能把货物交付给提单持有人。提单是在目的地双方货物交接的凭证。

如果提单上注明该提单正本有多份时，经营人或其代表已按其中一份正本交货后，其余正本即告作废。提单是交付货物的凭证，对经营人来讲是十分重要的。无提单放货将使经营人承担巨大的风险。

4. 国际多式联运提单是货物所有权的证明，可以用来结汇、流通、抵押等

谁拥有提单，在法律上就表明其拥有提单上记载的货物。提单持有人虽然不直接占有货物，但可以用它来结汇、流通买卖和抵押等，如发货人可用它来结汇，收货人可在目的港要求经营人交付货物，或用背书或交付提单方式处理货物（转让），可以作为有价证券办理抵押等。一般来讲，提单的转让可产生货物所有权转移的法律效力。

二、多式联运提单的种类

按《国际多式联运公约》规定和在目前实际运作中，多式联运提单按是否可转让的原则可分为两大类：可转让提单和不可转让提单。而可转让提单又可分为按指示交付或向持票人交付两类。不可转让提单一般为记名提单。

1. 指示提单（order B/L）

指示提单是在正面收货人一栏中载明"由某人指示"或"指示"字样的多式联运提单。通常对于前者规定可以是发货人指示或银行指示，后者一般被视为发货人指示。指示提单是目前在多式联运中被实际使用最多的可转让提单。

不论是哪一种形式，指示人通常以背书的方式确定收货人。具体分为：记名背书，即指示人在提单背面写明被背书人的背书，对于记名背书提单，经营人或其代表在目的地交付货物时应把货物交给被背书人或按其进一步指示的收货人；空白背书，即指示人在提单背面只签署自己的姓名，而不写明被背书人的背书，对于空白背书的提单，应将货物交给出示提单的人（同不记名提单）。

两种指示提单均须指示人背书后才能转让，实现提单的流通。如果指示人不做任何背书，则意味着指示人保留对货物的所有权，只有指示人本人才有提货权。

2. 不记名提单（bearer B/L）

不记名提单又称空白提单（blank B/L），是在正面收货人栏不写明具体收货人或由某人指示，通常只注明"持有人"或"交持有人"字样的多式联运提单。对于不记名提单，经营人或其代表应将货物交给持有提单的人。

不记名提单的转让不需要背书即可进行。因此这种提单具有很强的流通性，但也给货物买卖双方带来很大的风险，所以在实践中极少采用。

3. 记名提单（straight B/L）

记名提单是指正面收货人一栏中载明作为收货人的特定的人（或公司）的提单，一般不能发生转让流通（在有些国家规定可经背书或司法部门批准后转让）。由于这种提单流通性差，在实践中采用较少，仅在贵重物品、个人赠送品、展览品等货物运输中使用。

三、多式联运提单的签发

多式联运经营人在收到货物后，凭发货人提交的收货收据（在集装箱运输时一般是场站收据正本）签发多式联运提单，根据发货人的要求，可签发可转让提单或不可转让提单中的任何一种。签发提单前应向发货人收取合同规定的和应由其负担的全部费用。

1. 签发提单时应注意的事项

（1）如签发可转让多式联运提单，应在收货人栏列明按指示交付或向持票人交付。签发不可转让提单，应列明收货人的名称。

(2) 提单上的通知人一般是在目的港或最终交货地点由收货人指定的代理人。

(3) 对签发正本提单的数量一般没有规定，但如应发货人要求签发一份以上的正本时，在每份正本提单上应注明正本份数。

(4) 如签发任何副本（应要求），每份副本均应注明"不可转让副本"字样，副本提单不具有提单的法律效力。

(5) 如签发一套一份以上的正本可转让提单时，各正本提单具有同样的法律效力，而多式联运经营人或其代表如已按其中的一份正本交货便已履行交货责任，其他提单自动失效。

(6) 多式联运提单应由多式联运经营人或经他授权的人签字。如不违背所在国法律，签字可以是手签，手签笔迹的印、盖章、符号或用任何其他机械或电子仪器打出。

(7) 如果多式联运经营人或其代表在接受货物时，对货物的实际情况和提单中所注明的货物的种类、标志、数量或重量、包件数等有怀疑，但又无适当方法进行核对、检查时，可以在提单中做出保留，注明不符之处、怀疑根据。但为了保证提单的清洁，也可按习惯做法处理。

(8) 经发货人同意，可以用任何机械或其他方式保存公约规定的多式联运提单应列明的事项，签发不可转让提单。在这种情况下，多式联运经营人在接管货物后，应交给发货人一份可以阅读的单据，该单据应载有此种方式记录的所有事项。根据公约规定，这份单据应视为多式联运单据。多式联运公约中的这项规定，主要是为适应电子单证的使用而设置的。

2. 多式联运提单签发的时间与地点

多式联运提单一般是在多式联运经营人收到货物后签发的，由于联运的货物主要是集装箱货物，因而经营人接受货物的地点可能是集装箱码头或内陆港堆场、集装箱货运站、发货人的工厂或仓库。由于接受货物地点不同，提单签发的时间、地点及联运经营人承担的责任也有较大区别。

(1) 在发货人工厂或仓库收到货物后签发的提单

这种情况属于在发货人的"门"（door）接受货物，站场收据中应注明。提单一般在集装箱装入运输工具后签发。在该处签发提单意味着发货人应自行负责货物报关、装箱、制作装箱单、联系海关监装及加封，交给多式联运经营人或其代表的是外表状况良好、铅封完整的整箱货物。而经营人应负责从发货人工厂或仓库至码头堆场（或内陆港堆场）的运输和至最终交付货物地点的全程运输。

(2) 在集装箱货运站收货后签发的提单

在这种情况下，多式联运经营人是在他自己的或由其委托的集装箱货运站接受货物。该货运站可在港口码头附近，也可以在内陆地区。接受的货物一般是拼箱运输的货物（有时在货主没有装箱能力时也接受整箱货，但这属于受发货人委托提供装箱服务，另收服务费）。提单签发时间一般是在货物交接入库后。在该处签发提单意味着发货人应负责货物报关，并把货物（以原来形态）运至指定的集装箱货运站，而多式联运经营人（或其委托集装箱货运站）负责装箱，填制装箱单，联系海关加封等业务，并负责将拼装好的集装箱运至码头（或内陆港）堆场。

（3）在码头（或内陆港）堆场收货后签发的提单

这种情况属于码头（或内陆）堆场接受货物，一般由发货人将装好的整箱货运至多式联运经营人指定的码头（或内陆港）堆场，由经营人委托的堆场的业务人员代表其接受货物，签发正本场站收据给发货人，再由发货人用该正本至经营人或其代表处换取提单。联运经营人收到该正本，并收取应收费用后即应签发提单。在该处签发的提单一般意味着发货人应自行负责货物装箱、报关、加封等工作，并负责这些整箱货物从装箱地点至码头（或内陆）堆场的内陆运输。而多式联运经营人应负责完成或组织完成货物由该堆场至目的地的运输。

在上述各地点签发的多式联运提单，均属于"待装船提单"（待运提单）。为了适应集装箱货物多式联运的需要，《跟单信用证统一惯例》最近三次修订本均规定卖方可使用联运提单结汇。在各处签发提单上的日期，一般应是提单签发的日期，否则多式联运经营人要承担较大的风险。

四、多式联运提单的内容

多式联运提单是多式联运经营人、发货人、收货人甚至实际承运人等当事人之间进行业务活动的凭证，是接受货物的收据和交货的凭证，因此提单不仅应能证明合同及其内容（包括经营人、发货人、收货人的名称、地址，货物交接日期、地点、期限，运费支付情况等），也要证明货物的情况（包括外表状况、数量、品质等），提单内容是否准确、清楚、完整，对保证货物正常交接、安全运输和划分责任有重要的意义。同时由于国际多式联运要使用两种或两种以上的运输方式，提单的内容也应适应不同运输方式和集装箱运输的实际需要。因此多式联运提单的内容与各种单一方式运单和提单的内容也有一定的区别。

根据《国际多式联运公约》规定，多式联运提单应载明下列事项：

（1）货物的品类，识别货物所必需的主要标志。哪些属危险货物，其危险特性的明确声明，包件数、货物的毛重或其他方式表示的数量等，所有这些事项均由发货人提供。

（2）货物的外表状况。

（3）多式联运经营人的名称和主要营业所。

（4）发货人、收货人（必要时可有通知人）名称。

（5）多式联运经营人接管货物的地点和日期。

（6）交付货物的地点。

（7）双方明确协议的交付货物地点，交货时间、期限。

（8）表示该提单为可转让或不可转让的声明。

（9）多式联运提单签发的地点和日期。

（10）多式联运经营人或经其授权的人的签字。

(11) 经双方明确协议的有关运费支付的说明,包括应由发货人支付的运费及货币,或由收货人支付的其他说明。

(12) 有关运输方式、运输路线、转运地点的说明。

(13) 有关声明与保留。

(14) 在不违背签发多式联运提单所在国法律的前提下双方同意列入提单的其他事项等。

各多式联运经营人印制的多式联运提单一般都应能注明上述各项内容。这些内容通常由发货人填写,或由多式联运经营人或其代表根据发货人提供的有关托运文件及双方协议填写。如属于跟单信用证下的贸易,提单上填写的内容应与信用证内容及《跟单信用证统一惯例》的规定完全一致,以保证顺利结汇。

《国际多式联运公约》中还规定,如果提单中缺少上述内容中的一项或数项,但不影响多式联运单据的法律性质,不影响货物运输及各当事人之间的利益,这样的多式联运提单仍然有效。

第7章 物流信息采集与处理

由于信息量的爆炸，靠手工处理信息的方式已经远远不能满足需要，而计算机的发展使其成为信息处理的有力工具。人们将计算机技术、通信技术、网络技术应用到现代管理活动中，从而改变了信息的处理方式，同时也带来了管理模式的变化。这些变化使得信息的使用价值得到极大提高，使得信息成为重要资源。

现代物流要在一个相当复杂的大社会系统工程中快速、高效和经济地运行，没有信息这一"统领"的作用是不可思议的。可以说，现代物流信息在物流活动中起着神经系统的作用。

第1节 物流信息采集技术

物流管理中一项最基本的工作就是信息采集。信息采集正在摆脱人工收集的种种弊端，逐渐走向自动化采集。而自动化采集要求高速、准确地对物品信息进行采集；要及时捕捉作为信息源的每一商品在出库、入库、上架、分拣、运输等过程中的各种信息，这就迫切要求建立一种自动识别及信息自动录入的手段。

一、条形码

1. 条形码的起源与发展

条形码（简称条码）最早出现于20世纪40年代，但得到实际应用和迅速发展还是近三、四十年的事。目前条码已广泛应用于商业、金融业、交通运输业、医疗卫生、邮电、制造业、仓储业等，一些管理部门也已开始将条码应用于管理工作，如驾驶证、身份证的管理等。条码的应用极大地提高了工作效率,提高了信息采集和信息处理的速度,为管理科学化和现代化做出了积极的贡献。条形码作为一种可印刷的计算机语言,被誉为商品进入国际市场的"身份证",而印刷在商品外包装上的条形码,像纽带一样将生产制造商、出口商、批发零售、顾客联系在一起。

1970年,美国超市制定了UPC码,至1977年欧洲共同体正式成立欧洲物品编码协会(EAN)。1981年,由于EAN组织已经发展成一个国际性组织,遂改称为"国际物品编码协会"。

我国国家质量技术监督局于1988年12月28日成立中国物品编码中心。1991年4月19日,中国物品编码中心代表我国加入国际物品编码协会,为我国条形码工作的全面开展创造了先决条件。

2. 条形码的概念

条形码是一种光电扫描识读设备自动识读并实现自动将信息输入计算机的图形标记符号,是由一组有规则排列的条、空以及对应的字符组成的标记。"条"指对光线反射率较低的部分,"空"指对光线反射率较高的部分。这些条和空组成的数据表达一定的信息,并能够转换成与计算机兼容的二进制和十进制信息,如图7—1所示。

图7—1 条形码示意图

若将条形码定位、印刷(标贴)在不同的商品或包装上,通过光电扫描输入计算机,便能在数秒内得知不同商品的产地、制造厂商、产品属性、生产日期、价格等一系列的信息。同时,条形码对提高商品的档次,打开销路,促进销售,加强商品包装及各行业现代化管理也起着重要作用。条形码已成为产品流通、销售的"通行证"。

实现条码化能够在速度、准确率和工作效率等方面给使用者带来许多便利和优越性。因此,应该认识到条形码是建立大市场、大流通必不可少的信息技术。

3. 常用条形码简介

(1) 扫码制分

尽管条形码的标准很多,但是国际上公认的用于物流领域的条形码标准主要有三种,即通用商品条码、储运单元条码和贸易单元128条码,这三种条码标准或码制基本上可以满足物流领域的条码应用要求。

1)通用商品条码。通用商品条码是用于标示国际通用的商品代码的一种模块组合型条码。它用于零售业现代化管理，在零售业的 POS 系统中，通用商品条码印在单个商品上，可以实现商品的自动识别、自动寻址、自动结账，使零售业管理高度自动化和信息化。通用商品条码是最终消费单元的唯一标志，它常常是单个商品的条码。消费单元是指通过零售渠道，直接销售给最终用户的商品包装单元，商店里买到的单个商品上的条码都是通用商品条码。

通用商品条码采用的是 EAN/UPC 码制，条码的长度固定，信息容量少。1988 年 12 月，我国成立了中国物品编码中心，并于 1991 年 4 月 19 日正式申请加入了国际编码组织 EAN 协会，国际物品编码协会分配给中国的前缀码（国别代号）为 690，691，692，693，694，695。EAN 码是国际物品编码协会制定的一种商品用条码，通用于全世界。EAN 码符号有标准版（EAN-13）和缩短版（EAN-8）两种。标准码是由 13 位数字码及相应的条形码符号组成；缩短码是在较小的商品上采用 8 位缩短数字码。

UPC 码是美国统一代码委员会制定的一种商品用的条形码，主要用于美国和加拿大地区。UPC 码有两种类型，即 UPC-A 码和 UPC-E 码，在从美国进口的商品上可以看到。

2）储运单元条码。储运单元是指为便于搬运、仓储、订货、运输等，由消费单元组成的商品包装单元。

①定量储运单元的条码。定量储运单元的条码可用 14 位交插二五条码（ITF-14）标示定量储运单元，标示的方法是：由于定量储运单元是由定量消费单元组成的储运单元，如成箱的牙膏、瓶装酒、药品、服装、香烟等，因此可用 14 位交插二五条码（ITF-14），也可用 EAN-128 条码。当定量储运单元由相同的定量消费单元组成时，定量储运单元可用 14 位的数字代码：V+12 位+校验码。这里的 V 为定量储运单元包装指示符，用于指示定量储运单元的包装级别，取值范围为 V=1，2，…，8；当定量储运单元由不同种消费单元组成时，采用交插二五条码（ITF-14），13 位数字代码前加一位"0"变成 14 位数字代码。

②变量储运单元的条码。变量储运单元由 14 位数字的主代码和 6 位数字的附加代码组成。主代码用 ITF-14 条码，附加代码用 ITF-6 条码（6 位）。变量储运单元包装指示字符（LI）指示在主代码后面有附加代码，取值为 LI=9。附加代码是指包含在变量储运单元内（如布匹、农产品等），按确定的基本计量单位（如 kg，m 等）计量取得的商品数量。

③交插二五条码。交插二五条码在仓储和物流管理中被广泛采用。它是一种连续、非定长、具有自校验功能，且条、空都表示信息的双向条码。为了防止扫描产生的误差，交插二五条码的符号经常采用保护条，即在符号数据条的顶部和底部各加一个横条，如图 7—2 所示。

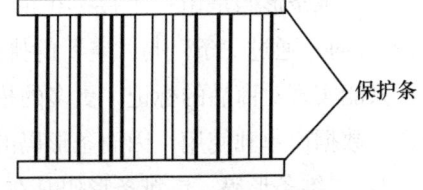

图 7—2　带有保护条的交插二五码

ITF 条码是在交插二五条码的基础上扩展形成的一种应用于储运包装箱上的固定长度的条码。ITF 字符的条形码符号表示和交插二五条码相同。为适应特定的印刷条件，多数情况下都在条形码符号的周围加上保护框,如图7—3所示。

图7—3 ITF-14与ITF-6条码

在物流系统中,常常用ITF-14和ITF-6来标示商品装卸、仓储、运输等储运单元,通常印在包装外箱上,用来识别商品种类与数量;也可用于仓储批发业销售现场的扫描结账。

3)贸易单元128条码。商品条码与储运条码都属于不携带信息的标志码,在物流配送过程中,如果需要将生产日期、有效日期、运输包装序号、重量、体积、尺寸、送出地址、送达地址等重要信息条码化,以便扫描输入,这时就可使用贸易单元128条码(EAN-128)。

贸易单元128条码是一种可变长度的连续型条形码,可携带大量信息,所以其应用领域非常广泛,包括制造业的生产流程控制、批发物流业或运输业的仓储管理、车辆调配、货物追踪、医院血液样本的管理、政府对管制药品的控制追踪等。贸易单元128条码是物流条码实施的关键,其样式如图7—4所示。

图7—4 贸易单元128条码

(2)按维数分

1)一维条形码。上述的通用商品条码、储运单元条码、贸易单元128条码均为一维条形码。一维条形码是由一个接一个的"条"和"空"排列组成的,因此只能在一个方向上(水平方向)通过"条"与"空"的排列组合来存储信息。这种一维条形码技术的信息容量小,只能实现对商品的标记,更多的描述商品的信息只能依赖数据库的支持。一维条形码不能脱离数据库单独使用,因而条形码的应用范围受到了一定的限制。

2)二维条形码。二维条形码是在水平和垂直方向的二维空间上存储信息的条形码。二维条形码储存数据量大,无需另接数据库;容错能力强(有较强的纠错能力),污损50%仍可读取完整信息;编码范围广,可表示多种语言文字、声音、图像、指纹等;引入了加密机制,防伪性好;译码可靠性更高,误码率不超过一千万分之一(一维条形码译码错误率为一百万分之二)。

最常用的二维条形码有 PDF417、QR Code、Code 49 码、Code 16K 码等。我国已经制定了 PDF417 的国家标准。目前,二维条形码已经应用在对车辆的信息、安全、检验、审核等项内容的管理上。

4. 条形码扫描器

条形码是一种要印刷的计算机语言,条形码的识读和数据的采集主要是由条形码扫描器来完成的。扫描器作为阅读器的输入装置发展较快,大体上可分为接触式、非接触式、手持式和固定式扫描器等,目前常用的有笔式、CCD 式和激光式等。

(1) 笔式扫描器

顾名思义是笔形的扫描器,笔头装有发光元件,如图 7—5 所示。这种方式的扫描,光笔必须与被扫描阅读的条形码接触,才能达到读取数据的目的。笔式扫描器的优点是成本低、耗电省、耐用,适合数据采集,可读较长的条形码符号;缺点是光笔对条形码有一定的破坏性,随着条形码应用的推广,目前已逐渐被 CCD 取代。

(2) 手持式扫描器

手持式扫描器具有小型、方便使用的特点。阅读时只需将读取头(光源)接近或轻触条码即可进行自动读取。手持式扫描器具有以下优点:

1) 无须移动即可进行自动扫描,读取条形码信息。

2) 条形码符号缺损对扫描器识读影响很小。

3) 弯曲面(30°以内)商品的条形码也能读取。

4) 扫描速度 30~100 次/s,读取速度快。

手持式扫描器所使用的光源有激光(氦-氖激光、半导体激光)和可见光 LED(发光二极管)。LED 类扫描器又称 CCD 扫描器,如图 7—6 所示。

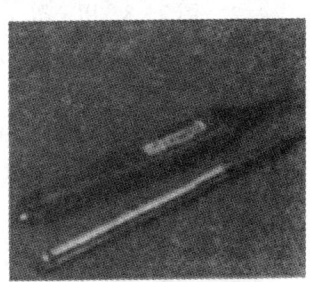

图 7—5 笔式扫描器

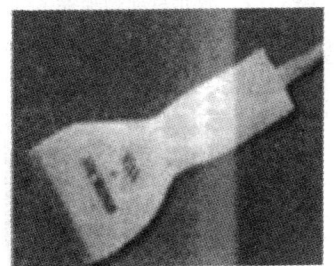

图 7—6 CCD 扫描器

CCD 扫描器操作方便,易于使用,对于表面不平的物品、软质的物品也能方便地进行识读。与其他条码扫描设备比较,具有耗电省、体积小、价格便宜等优点。但其扫描景深长度不如激光扫描器。

(3) 激光自动扫描器

激光自动扫描器（见图7—7）的最大优点是扫描光照强，可以远距离扫描且扫描景深长。激光扫描器的扫描速度高，有的产品扫描速度可以达到1 200次/s，这种扫描器可以在0.01 s内对某一条形码标签扫描阅读多次，而且可以做到每一次扫描不重复上一次扫描的轨迹。

（4）台式扫描器

台式扫描器适合于不便使用手持式扫描方式阅读条形码信息的场合。它的用途很广，大都固定安装在某一位置上，用来识读在某一范围内出现或通过的条形码符号。这种扫描器也可以安装在生产流水线传送带旁的某一固定位置，等待标附有条形码标签的待测物体以平稳、缓慢的速度进入扫描范围，对自动化生产流水线进行控制。如图7—8所示是用于超级市场POS系统的台式激光扫描器，这种扫描器对条形码的方向没有要求，又称全方位的扫描器。由于台式激光扫描器具有稳定、扫描速度快的优点，目前超级市场POS系统应用比较普遍。为适应不同场合的使用，台式扫描器的形状也越来越多样化，有台灯式扫描器及其他各种形状的扫描器，如图7—9所示。

（5）卡槽式扫描器

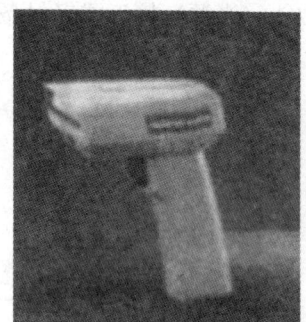

图7—7　激光自动扫描器　　　　　图7—8　用于超级市场POS系统的台式激光扫描器

图7—9　各种台式扫描器

卡槽式扫描器可以用于医院病案管理、身份验证、考勤和生产管理等领域。手持带有条码符号的卡片在槽中通过时即可实现读取。这种扫描器目前在厂矿、宾馆、会议考勤等方面得到了广泛的应用。卡槽式扫描器如图7—10所示。

（6）便携式条码阅读器

便携式条码阅读器是为适应卡槽式扫描器一些现场数据采集而设计的，适合于脱机使用的场合，如扫描笨重物体的条形码符号等。它是将扫描器带到物体的条形码符号前扫描，因此又称为手持终端机、盘点机。

图7—10 卡槽式扫描器

便携式条码阅读器本身就是一台专用计算机，具有对条码信号的译解能力。通常它带有显示屏、键盘、条码识别结果声响指示及用户编程功能。目前广泛应用于仓库管理、商品盘存等作业中。常见的便携式条码阅读器如图7—11所示。

图7—11 便携式条码阅读器

5. 条形码的优越性

条形码的优越性体现在以下几个方面：

（1）可靠性高

键盘输入数据出错率为三百分之一，利用光学字符识别技术出错率为万分之一，而采用条形码技术误码率低于百万分之一。

（2）输入速度快

与键盘输入相比，条形码输入的速度是键盘输入的5倍，并且能实现"即时数据输入"。

（3）灵活、实用

条形码标志既可以作为一种识别手段单独使用，也可以和有关识别设备组成一个系统，实现自动化识别，还可以和其他控制设备连接起来实现自动化管理。

（4）采集信息量大

利用传统的一维条形码一次可采集几十位字符的信息，二维条形码更可以携带数千个字符的信息，并有一定的自动纠错能力。

(5) 设备简单、易于操作

条形码符号识别设备的结构简单，操作容易，无须专门培训。

(6) 投资费用低

与其他自动识别技术相比较，推广应用条形码技术，所需费用比较低。

二、射频识别技术（RFID）

1. 射频识别技术简介

射频技术 RF（Radio Frequency）是应用电磁理论的无线电射频技术。而 RFID（Radio Frequency Identification）则是射频技术在信息识别中的应用，称射频识别。最基本的无线射频识别系统由标签（每个标签具有唯一的电子编码）、阅读器（读取标签信息的设备）、天线（在标签与阅读器之间传递射频信号）。作为一种信息识别技术，RFID 具有非接触识读能力，识别距离远，可从几厘米到几十米，最远可达 100 m；并可识别高速运动物体；还可以同时识别多个识别对象，应用领域十分广阔；保密性强；具有读写能力，对一些需要频繁修改数据内容的场合十分适用；射频识别技术不仅可携带大量数据，还难以伪造，且具有智能。

射频技术适用的领域很广，广泛应用于工业自动化、交通运输控制管理、医疗卫生等领域。如物料跟踪、运载工具和货架识别等要求非接触数据采集和交换的场合。所以一般安置在运输线的检查点、仓库、车站、码头、机场等关键地点，通过在包装箱或集装箱上的射频识别标签，可随时掌握所有的信息。

2. 射频标志在物流中的应用

近年来，根据射频技术开发而成的便携式数据终端（portable data terminal，简称 PDT）的应用多了起来。该设备包括一个扫描器、一个体积小但功能很强并带有存储器的计算机，一个显示器和供人工输入的键盘。操作时先用扫描器扫描位置标签，于是货架号码、产品数量便进入 PDT 的存储器，存储器中的数据随时通过射频通信技术传送给主计算机，可以得到客户产品清单、发票、发运标签、该地所存产品代码和数量等。

由于射频技术接收转发装置通常安装在关键地点，所以物资无论是在订购中、运输中，还是仓库储存中，通过贴在包装上或集装箱上的射频识别标签，都可随时掌握所有的信息。接收装置在收到射频识别标签信息后，自动获取接收地的位置信息并传到通信卫星，再由卫星传送给运输调度中心。

我国射频识别技术的应用也已经开始，一些高速公路的收费站口使用射频技术可以不停车收费，我国铁路系统使用射频识别技术已经实现了货车车号或集装箱箱号的自动识别。一些物流公司也正在准备将射频技术用于物流管理中。

第 2 节　POS 系统应用

一、POS 系统的概念

POS（point of sales）称为"销售时点管理系统"，它主要负责销售点的销售，同时又是所有销售数据的采集点。POS 系统是随着零售业的迅速发展，在计算机技术逐渐成熟的基础上产生的新一代销售结算方式。它不但消除了手工结算的诸多弊病，而且开创了计算机结算的快速、准确、详尽的销售信息采集的新局面，从而为制定各种销售策略、实现商品的单品管理和库存的优化管理提供了捷径。

零售业的单品管理是以单个商品为单位进行销售跟踪和管理。由于 POS 系统能及时准确地记录、传输单个商品的销售信息，如商品名称、规格、价格、数量，然后由计算机完成结算，并自动生成账单。因此，POS 系统的应用使高效率的单品管理成为可能。

在超级市场，商品条码依赖于 POS 系统，具有直接、及时入账的实时处理能力，也就是说，在销售时，商品的各种信息数据处理是在交易的瞬间完成的。如每售出一件商品，POS 系统数据库中就相应地减少该商品的库存记录，并能自动完成商品的盘点。因此，POS 系统是一种全新的商业销售管理系统。如美国超级市场商品种类为 2.2 万多种，每年约有 1 万种新商品进入市场，1 万种老商品被清除，新旧交替的比例达 50%，如此繁重的工作量，没有条码和 POS 系统的应用是难以应付的。

二、POS 系统的组成

POS 系统包含前台 POS 系统和后台 MIS 系统两大基本部分。商场在完善前台 POS 系统的同时，还需建立相应的商场管理信息系统（Management Information System，简称 MIS，是 POS 系统网络的后台管理部分）。这样，在商品销售的任何过程中的任一时刻，商品的经营决策者都可以通过 MIS 了解和掌握 POS 系统的经营情况，实现商场库存商品的动态管理，使商品的储存量保持在一个合理的水平，减少了不必要的库存。

1. POS 系统的硬件设备

POS 系统的硬件主要包括收款机、扫描器、显示器、打印机、网络、微机与硬件平台等，如图 7—12 所示。

（1）收款机

可采用具有顾客显示屏和票据打印机、条码扫描仪的 XPOS，PROPOS，PCBASE 机型。这样可随时掌握商品库存信息，从而保证对商品库存的实时处理，以便后台随时查询销

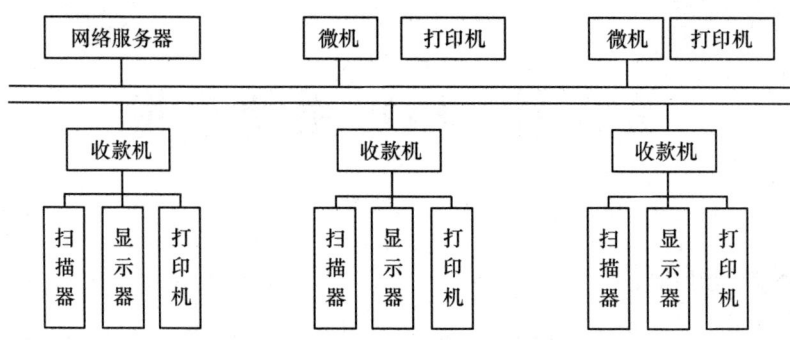

图 7—12 POS 系统的硬件结构

售情况，进行商品的销售分析与管理。

(2) 硬件平台（微机）

主要进行日常操作、管理、数据录入、报表打印输出等工作。大型商业企业的商品进、存、调、销的管理复杂，账目数据量大，并且需要频繁地进行管理和检索，所以一般应该采用比较先进的客户机，这可大大提高工作效率，并保证数据的安全性、实时性及准确性。

(3) 网络

商业 POS-MIS 管理信息系统是一个集计算机、网络、通信、信息处理等多项技术和产品为一体的综合管理系统。整个系统分为网络与硬件系统层、系统软件层、应用软件层等，如图 7—13 所示。

1) 网络与硬件系统层。网络与硬件系统层是系统运行的基础平台，有网络服务器、数据服务器、网络设备、POS 收款机、条码设备、PC 商用机、打印机等。

2) 系统软件层。包括网络操作系统、关系数据库、开发工具、前台 POS 机操作系统等。

3) 应用软件层。由实现用户各项功能要求的各子系统构成，包括前台销售系统、后台进销存管理系统及总经理查询系统等。

2. 后台 MIS 系统的功能

(1) 商品入库管理

对入库商品进行登录，并建立数据库，实现对库存的查询、修改及入库验收单的打印；同时进行溢耗处理、代销结算、供货商管理等。

(2) 商品销售管理

针对商品的销售记录，可实现商品销售、查询、统计、报表等管理；同时还可进行代销、经销、联销、零售、批发、退货及各种付款方式。

(3) 系统分析

分析内容涵盖进、销、调、存过程中的所有主要指标，并以图形和表格方式提供给管理者，如分类表、统计表、库存盘点表、销售监测时段分析、某种或某类商品销售预测及分

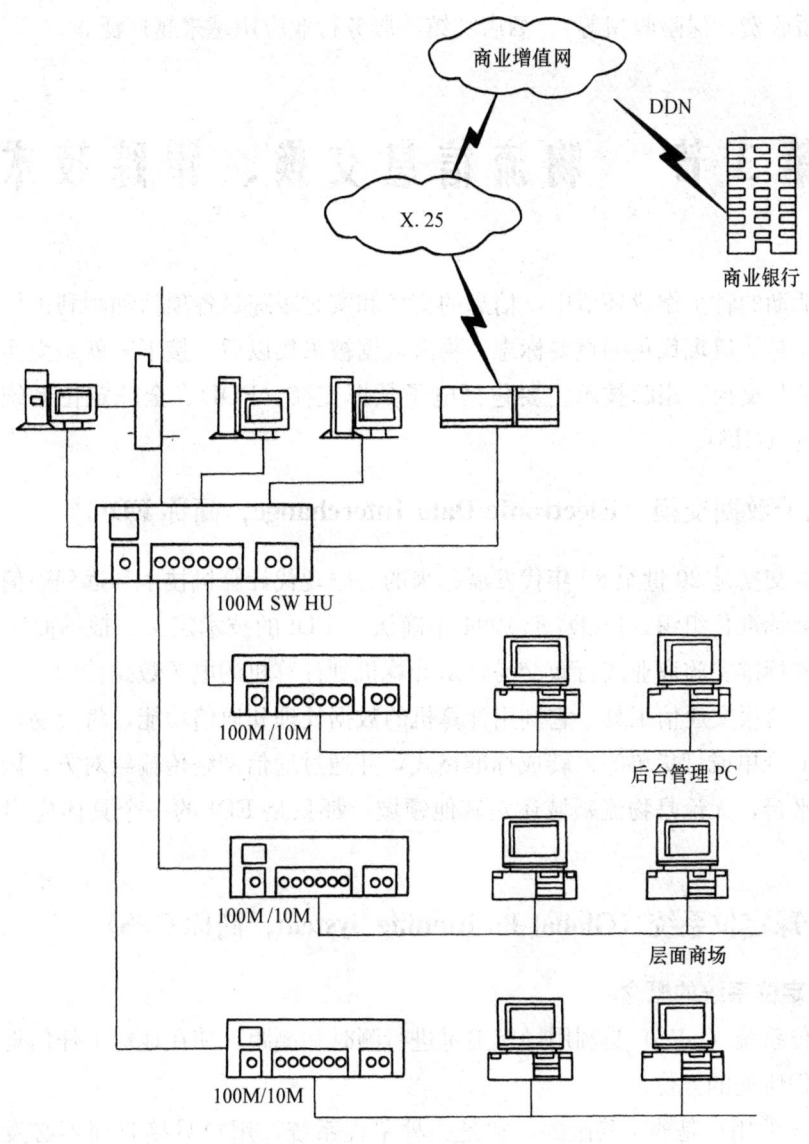

图 7—13 网络结构示意图

析等。

（4）数据维护管理

实现收款机、收款员的编码、口令管理，支持各类权限控制。并具有对本系统所涉及的各类数据进行备份，以及对交易断点的恢复功能。

三、POS 系统的技术应用

目前，POS 系统技术不仅普遍在超市里应用，而且在金融领域（电子汇兑、自动清算、通存通兑等）、票务领域（制票、售票、订票、退票管理）、收费领域（水电气缴费、高速公路收费、过桥收费、保险收费等）、酒店宾馆等服务行业应用越来越广泛。

第3节　物流信息交换、跟踪技术

在物流活动的各个作业环节中，信息的交换和实时跟踪是各项活动顺利进行的有效手段和重要保障，是物流现代化的重要标志。物流数据被采集以后，接下来就是交换、跟踪信息数据。物流信息交换、跟踪技术主要包括电子数据交换（EDI）、全球定位系统（GPS）和地理信息系统（GIS）。

一、电子数据交换（Electronic Data Interchange，简称 EDI）

电子数据交换是20世纪80年代发展起来的、融现代计算机技术和远程通信技术为一体的产物。国际标准化组织（ISO）于1994年确认了EDI的技术定义：根据商定的交易或电文数据的结构标准实施商业或行政交易，从计算机到计算机的电子数据传输。

EDI是一套报文通信工具，它利用计算机的数据处理和通信功能，将交易双方彼此往来的文档（如询价单或订货单等）转成标准格式，并通过通信网络传输给对方。因此，EDI只是一个电子平台，无论是物流领域还是其他领域，都只是EDI的一个具体应用对象或应用实例。

二、全球定位系统（Global Positioning System，简称 GPS）

1. 全球定位系统的概念

全球定位系统（GPS）是利用导航卫星进行测时和测距，使在地球上任何地方的用户都能计算出他们所处的方位。

GPS系统的用户是非常隐蔽的，它是一种单程系统，用户只接收而不必发射信号，因此用户的数量也是不受限制的。虽然GPS系统一开始是为军事目的而建立，但很快在民用方面得到极大的发展，各类GPS接收机和处理软件纷纷涌现。

2. GPS系统的组成

（1）空间部分

GPS空间部分是由卫星组成的星座，卫星高度为20 200 km，运行周期12 h。全球任何地方、任何恶劣的气候条件下，都能为用户提供24 h不间断的服务。

（2）地面控制部分

GPS地面监控部分由分布在全球的若干个跟踪站所组成的监控系统构成。根据其作用的不同，这些跟踪站又被分为主控站、监控站和注入站，当工作卫星出现故障时，调度备用卫星，替代失效的工作卫星工作。

（3）用户设备部分

用户设备部分包括用户组织系统和根据要求安装相应的设备，但其中心设备是 GPS 接收机。GPS 接收机是一种特制的无线电接收机，用来接收导航卫星发射的信号，并以此计算出定位数据。根据不同性质的用户和要求的功能，要配置不同的 GPS 接收机，其结构、尺寸、形状和价格也大相径庭。例如：航海和航空用的接收机，要具有与存有导航图资料的存储卡相接的能力；测地用的接收机要求具有很高的精度，并能快速采集数据；军事上用的接收机，要附加密码模块，并要求能高精度定位。

GPS 是美国的全球定位系统。近几年，中国的"北斗"卫星导航系统也已经进入成熟的应用期，中国自主研制的"北斗二号"系列将覆盖全球卫星导航定位系统。

三、地理信息系统（Geographic Information System，简称 GIS）

1. 地理信息系统的概念

地理信息系统（GIS）是处理地理数据的输入、输出、管理、咨询、分析和辅助决策的计算机系统，其基本功能是将各类数据以地理图形显示，然后对显示的结果进行浏览、操纵和分析。其显示可以从洲际地图到非常详细的街区地图，显示对象包括人口、销售情况、运输路线以及其他内容。在物流管理中，GIS 通常与 GPS 结合使用。

2. 地理信息系统的种类

地理信息系统按内容、功能和作用可分为两类。

（1）工具型地理信息系统

工具型地理信息系统也称为地理信息系统开发平台或外壳，它是具有地理信息系统基本功能，供其他系统调用或用户进行二次开发的操作平台。

（2）应用型地理信息系统

应用型地理信息系统是根据用户的需求和应用目的而设计的一种解决一类或多类实际应用问题的地理信息系统，除了具有地理信息系统的基本功能外，还具有解决地理空间实体及空间信息的分布规律、分布特性及相互依赖关系的应用模型和方法。

3. 地理信息系统在物流中的应用

（1）仓库规划中的应用

用地理坐标方式能更直观地反映仓库的全貌。

（2）铁路运输中的应用

包括环境分析、动态预测、区域规划、客户服务等。

（3）物流分析方面的应用

软件集成了车辆路线、最短路径、网络物流、分配集合和设施定位等模型。

第4节 物流信息系统

一、物流信息系统概述

现代物流管理很大程度上依赖于对信息的处理,以现代信息技术为手段,对信息资源实施计划、组织、指挥、控制和协调的活动。因此,如何利用现代信息技术,发挥好物流信息系统的作用,已经成为物流管理研究的基本问题。

当今,物流信息系统是整个物流系统的心脏,是现代物流企业的灵魂。对于物流企业来说,拥有物流信息系统在某种意义上比拥有车队、仓库更为重要。

物流信息系统主要是面向企业,运用信息技术以支持管理现代化的一门综合性学科,也是计算机应用最为广泛的一个领域。物流信息系统的建立与运行是企业管理现代化水平和企业信息化水平的主要标志,因此蕴涵着极其丰富的管理理念。

物流信息系统强调从系统的角度来处理物流活动中的问题,把局部问题置于整体之中,以求得整体物流活动最优化。物流信息系统把大量的事务性工作交由计算机来完成,有利于管理效率的提高。物流信息系统在解决复杂问题时,还可建立多种数学模型,从而对管理问题进行定量分析。

二、物流信息系统的内容

在物流信息系统中,物流活动主要是通过物流企业子系统来实现的。物流企业子系统主要包括订单处理系统、采购订货系统、库存管理系统、进货系统、出货系统和配送系统等。

物流信息系统涉及的内容很多,应用的技术也很广,加之信息技术的发展日新月异,管理思想、管理模式也在不断地创新,因此本节仅从物流信息系统应用人员的需要出发对物流信息系统做一些基本介绍。

1. 订单处理系统

订单处理系统是指接受顾客订货、检查、核实商品库存、确认与回复交货期限、订货量管理的作业系统。对于订购的商品,接到订购通知之后,应通过连贯性的作业,经出货系统、配送系统的指示送达客户手中。

2. 采购订货系统

采购订货系统是为了有效防止销售商品库存量不足的状况产生,针对货物的来源进行适时、适量的商品订购的作业系统。这个系统与库存管理系统、客户订购系统产生联动,从而在库存量低于设定标准时便会自动显示、提醒追加商品订购的功能。

3. 库存管理系统

库存管理系统是以物流信息运作为中心的一个作业系统,与订购、采购、进出货各个系统形成联动,在出货的同时,系统立即更新库存数量。

在库存管理系统中,最关键的是商品的现有库存量与账面上的库存量必须一致。也只有做到了这一点,才能以系统信息为基准,从而取得进出货的完整数据。

4. 进货系统

进货系统是对所进的货完成品质检验之后,对订购资料进行冲销,当货物确定入库,便列入了库存管理和进货管理系统。在进货系统中,最关键的是货物本身、所进的货以及库存量必须完全一致。

为了有效落实这个作业运行系统,必须建立一个能够促使现有货物与账面资料一致的环境和架构,如在包装上列出货物名称及数量的条形码等。

5. 出货系统

出货系统指与订单处理系统、库存管理系统形成联动,执行库存保管、仓库位置管理、滞销品显示,并制作出货单、对配送的准备等相关作业的系统。

6. 配送系统

配送系统是根据货物的配送类型进行分类,然后按照货物重量与体积等因素制订派车计划、根据体积大小制订装载计划以及配送所要行程的计划等作业系统。

三、物流信息系统的实施体现

1. 管理信息系统（Management Information System,简称 MIS）

随着计算机逐步进入企业的管理工作,企业内部的信息处理水平提高到由计算机部分地代替和辅助,将原来大量烦琐的简单劳动交给计算机完成。这个时期,MIS 的应用水平可以分为两个层次：

在第一个层次中,一个企业内包含多种管理系统,如生产管理子系统、财务管理子系统、人事管理子系统、库存管理子系统等,这些子系统本身都在运转,但彼此独立,互不影响。这时企业内部需要大批起协调作用的管理人员,专门负责维护相关部门之间的完整性和一致性。

在第二个层次中,一个统一的 MIS 系统把各个子系统集成起来,使它们在数据共享的基础上协调工作,使企业内部的业务变成一个有机的整体,理顺了企业内部各部门的关系,去除了部门间的人为协调工作。但企业还是与外界独立的,凡是涉及到外部实体的地方,尚需人为管理与协调. 在整个供应链上,仍然存在若干阶段,对手工处理阶段的贸易格局没有太多的改变。

2. 制造资源计划（Manufacturing Requirement Planning,简称 MRPⅡ）

把生产、财务、销售、工程技术、采购等各个子系统集成为一个一体化的系统,称为制造资源计划系统。MRPⅡ的基本思想就是把企业作为一个有机整体，从整体最优化的角度出发，通过运用科学方法对企业的产、供、销、人、财、物各个环节进行有效的计划、组织和控制，使其协调发展。它是一个比较完整的生产经营管理计划体系，是实现制造业企业整体效益的有效管理模式。

3. **企业资源计划**（Enterprise Resource Planning，简称 ERP）

20 世纪 90 年代，随着市场竞争的进一步加剧，企业竞争空间与范围的进一步扩大，ERP 也就随之产生了。它在 MRPⅡ基础上扩展了管理范围，形成了新的结构。

MRPⅡ主要侧重对企业内部人、财、物等资源的管理，而 ERP 系统是把客户需求和企业内部的制造活动以及供应商的制造资源整合在一起，形成一个完整的企业供应链并对供应链的所有一切环节，如订单、采购、库存、计划、生产制造、质量控制、运输、分销、服务与维护、财务管理、人事管理、实验室管理、专案管理、配方管理等进行有效管理。对 ERP 下一个定义是：企业对拥有的人力、资金、材料、设备、技术、信息、时间、客户等资源进行综合平衡、优化管理，并把企业外部与企业内部的资源整合在一起，以取得最佳的经济效益。

4. **客户关系管理**（Customer Relationship Management，简称 CRM）

CRM 是一个通过详细管理企业与客户之间的关系来实现客户价值最大化的方法。CRM 的核心思想是：了解客户所想，满足客户所想，企业运作流程的每个环节都要设身处地地为客户着想。

CPM 软件的基本功能包括客户管理、营销管理、电话营销、服务管理等，有的软件还包括了呼叫中心、合作伙伴关系管理、商业智能、知识管理、电子商务等。

第8章 物流英语专业术语

一、物流概念术语

1. article 物品
2. artificial intelligence 人工智能
3. benchmarking 基准检查
4. business behavior 企业行为
5. capital flow 资金流动
6. cargo 货物
7. core business 核心业务
8. customer value 客户价值
9. customized logistics 定制物流
10. decision flow 决策流程
11. demand chain 需求链
12. distribution logistics 销售物流
13. environmental logistics 环保物流
14. expectation of customer 客户预期
15. external logistics 社会物流
16. freight 运费；货运
17. global logistics 全球物流
18. goods 货物
19. goods flow 货物流量
20. information flow 信息流

21. integration 一体化
22. integration logistics benchmarking 一体化物流基准
23. internal logistics 企业物流
24. international logistics 国际物流
25. lead time 前置期
26. lean logistics 精益物流
27. logistics 物流
28. logistics activity 物流活动
29. logistics alliance 物流联盟
30. logistics center 物流中心
31. logistics cost 物流成本
32. logistics documents 物流单证
33. logistics firm（enterprise） 物流企业
34. logistics information 物流信息
35. logistics management 物流管理
36. logistics modulus 物流模数
37. logistics network 物流网络
38. logistics operation 物流作业
39. logistics technology 物流技术
40. original equipment manufacture（OEM） 原始设备制造商
41. production life cycle 产品生命周期
42. pull system 拉动式系统
43. push system 推动式系统
44. returned logistics 回收物流
45. reversed logistics 逆向物流
46. supplier 供应商
47. supply logistics 供应物流
48. third part logistics 第三方物流
49. trade-offs 效益背反
50. value-added logistics 增值物流
51. virtual logistics 虚拟物流
52. working capital 流动资金

二、物流管理术语

1. ABC classification   ABC 分类管理
2. after-sales service   售后服务
3. arbitrary   仲裁
4. business process reengineering（BPR）   业务流程重组
5. business to business（B2B）   企业与企业的电子商务
6. business to consumer（B2C）   企业与消费者的电子商务
7. claim   索赔
8. computer assisted ordering（CAO）   计算机辅助订货系统
9. continuous replenishment program（CRP）   连续库存补充计划
10. data warehousing   数据仓库
11. demand forecasting   需求预测
12. distribution requirements planning（DRP）   配送需求计划
13. distribution resource planning（DRPⅡ）   配送资源计划
14. economic order quantity（EOQ）   经济订货批量
15. efficient customer response（ECR）   有效客户反应
16. electronic order system（EOS）   电子订货系统
17. enterprise resource planning（ERP）   企业资源计划
18. fixed quantity system（FQS）   定量订货方式
19. geographic information system（GIS）   地理信息系统
20. global positioning system（GPS）   全球定位系统
21. INCOTERMS   国际贸易术语解释通则
22. integrated logistics   一体化物流
23. inventory control   库存控制
24. just in time   准时制
25. just-in-time logistics   准时制物流
26. logistics cost control   物流成本控制
27. logistics resource planning（LRP）   物流资源计划
28. logistics strategy   物流战略
29. logistics strategy management   物流战略管理
30. manufacturing resource planning（MRPⅡ）   制造资源计划
31. material requirements planning（MRP）   物料需求计划
32. NVOCC   无船承运商

33. outsourcing   业务外包

34. quick response（QR）   快速反应

35. supply chain management（SCM）   供应链管理

36. vendor management inventory（VMI）   供应商管理库存

37. warehouse layout   仓库布局

38. warehouse management   仓库管理

三、物流作业术语

1. air cargo service   航空货物承运人

2. airfreight forwarder   航空货运代理人

3. article reserves   物品储备

4. assorting   分类

5. automatic data collection（ADC）   自动数据采集

6. automatic identification system   自动识别系统

7. automatic replenishment   自动补货

8. available vehicle capacity   车辆承载率

9. average clear stacking height   平均净堆垛高度

10. back haul   回程

11. bulk carrier   散货承运人

12. carrier   承运人

13. cash on delivery（COD）   交货付款

14. cold chain   冷链

15. combined transport   联合运输

16. concentration of part-load goods consignment   零担货物集中托运

17. consignee   收货人

18. consignment by rail in complete wagon load   整车铁路托运

19. container interchange   集装箱交接

20. container liner   集装箱班轮

21. container transport   集装箱运输

22. containerization   集装化

23. containerized transport   集装运输

24. cross docking   直接换装

25. cubed out   装载率

26. customer relationship management（CRM）   客户关系管理

27. customer service 客户服务

28. cycle stock 经常库存

29. deadhead 空回头车

30. delay in delivery 延迟交货

31. deviation surcharge 绕航费

32. distribution 配送

33. distribution center 配送中心

34. distribution processing 流通加工

35. door to CFS 门到站

36. door to CY 门到场

37. door to door 门到门

38. drop and pull transport 甩挂运输

39. economic stock 经济存货

40. electronic billing service 电子账单服务

41. electronic business（EB） 电子商务

42. electronic clearance 电子通关

43. electronic data interchange（EDI） 电子数据交换

44. electronic signature 电子签名

45. empty backhaul 空回头车

46. empty return charge（ERC） 集装箱空箱回运费

47. factory price 出厂价格

48. first in first out（FIFO） 先进先出

49. full container load（FCL） 整箱货

50. goods collection 集货

51. goods stack 货垛

52. handling/carrying 搬运

53. in bulk 散装化

54. inspection 检验

55. international freight forwarding agent 国际货运代理

56. international multimodal transport 国际多式联运

57. international through railway transport 国际铁路联运

58. international transportation cargo insurance 国际货物运输保险

59. inventory control 库存控制

60. inventory cycle time 库存周期

61. joint distribution　共同配送

62. Kanban system　看板系统

63. land bridge transport　大陆桥运输

64. less-than container load（LCL）　拼箱货

65. loading and unloading　装卸

66. multimodal transport operator（MTO）　国际多式经营人

67. neutral packing　中性包装

68. notify party　通知方

69. ocean and rail　海铁联运

70. order cycle time　订货处理周期

71. order picking　拣选

72. overload　超载

73. package/packaging　包装

74. packing of nominated brand　定牌包装

75. palletizing　托盘包装

76. procurement（order）　采购

77. recycling　再生资源

78. routing and scheduling　运输路线与时刻表

79. safety stock　安全库存

80. sales package　销售包装

81. scrap disposal　废料处理

82. shift　班次

83. shipment advice　装运通知

84. shipper　托运人

85. sortation　分货

86. sorting　分拣

87. stacking　堆码

88. stockout　缺货

89. storage　保管

90. storing　储存

91. sundry charge　杂费

92. tariff　运费率

93. through transport　直达运输

94. transfer transport　中转运输

95. transferring 换箱

96. transit time 中转时间

97. transport package 运输包装

98. transportation 运输

99. unit loading and unloading 单元装卸

100. variable cost 可变成本

101. wrapping 打包

102. zero stock 零库存

四、物流装备与设施术语

1. air-surface container 空海联运集装箱

2. automated storage and retrieval system（ASRS） 自动存取系统

3. automated warehouse 自动仓库

4. automatic guided vehicle（AGV） 自动导引车

5. automatic warehouse 自动化仓库

6. bar code label 条码标签

7. bar code scanner 条码扫描器

8. belt conveyor 带式输送机

9. boned warehouse 保税仓库

10. box car 箱式车

11. bulk container 散货集装箱

12. cargo under custom's supervision 海关监管货物

13. chill space 冷藏区

14. combined roll-on/off container vessel 滚装吊装两用集装箱船

15. combo ship 散装集装箱两用船

16. commodity inspection 进出口商品检验

17. container 集装箱

18. container bag 集装袋

19. container bay 货箱集散区

20. container berth 集装箱船泊位

21. container fork lift 集装箱叉车

22. container freight station 集装箱货运站

23. container on flat car 平板车装运集装箱

24. container semi-trailer 集装箱半挂车

25. container straddle carrier 集装箱跨运车

26. container terminal 集装箱码头

27. container trailer 集装箱挂车

28. container yard（CY） 集装箱堆场

29. conveyor 输送机

30. corrugated box 瓦楞纸箱

31. corrugated carton 瓦楞纸盒

32. crane 起重机

33. customs broker 报关员

34. customs declaration 报关

35. de-consolidation center 分货中心

36. depalletizer 卸托盘机

37. dispatch area 发货区

38. dry bulk carrier 散装干货船

39. European article number（EAN） 通用条码系统

40. export supervised warehouse 出口监管仓库

41. firewall 防火墙

42. fixed rack 固定式货架

43. flatbed trailer 平台拖车

44. fleet 车（船）队

45. flow rack 流动式货架

46. fork lift truck 叉车

47. forty-foot equivalent unit（FEU） 40英尺集装箱

48. freeze space 冷冻区

49. full container ship 全集装箱船

50. gateway 转运站

51. goods shed 料棚

52. goods shelf（rack） 货架

53. goods stack 货垛

54. goods yard 货场

55. hand pallet truck 油压托盘叉车

56. homeward freight 回程运费

57. humidity controlled space 控湿储存区

58. inland container depot 公路集装箱中转站

59. interchange terminal 联运站

60. liner 班轮

61. multi-story warehouse 多层仓库

62. order point system（OPS） 订货点系统

63. owner code 箱主代码

64. pallet 托盘

65. picking 拣货

66. portable data terminal（PDT） 便携式数据端设备

67. rail flatcar 铁路平板货车

68. rail terminal 铁路起点站，铁路终点站

69. railway container yard 铁路集装箱场

70. receiving space 收货区

71. shipping agency 船务代理

72. shipping by chartering 租船运输

73. shipping space 发货区

74. specific cargo container 特种货物集装箱

75. stacker 堆垛机

76. stereoscopic warehouse 立体仓库

77. storehouse 库房

78. tally 理货

79. tank container 罐式集装箱

80. temperature controlled space 温度控制区

81. trucking 卡车运输

82. twenty-foot equivalent unit（TEU） 换算标准箱

83. universal product code（UPC） 通用产品代码

84. utility 轻型货车

85. vacuum packaging 真空包装

86. vehicle 车辆

87. virtual warehouse 虚拟仓库

88. warehouse 仓库

89. wharf 码头

90. yard 堆场

五、物流单证术语

1. air bill of lading　空运提单
2. airway bill　航空运单
3. bill at sight　即期票据
4. bill of lading（B/L）　提单
5. cargo receipt　承运货物收据
6. certificate of origin（CO）　一般原产地证
7. cost insurance and freight（CIF）　到岸价
8. customs declaration（C/D）　报关单
9. delivery receipt　配送收据
10. delivery order（D/O）　提货单
11. dock receipt（D/R）　场站收据
12. document against acceptance（D/A）　承兑交单
13. document against payment（D/P）　付款交单
14. document of title　物权凭证
15. documentation　单证
16. free on board（FOB）　离岸价
17. house air way bill　航空分运单
18. inbound for receipt　进货收据
19. invoice　发票
20. letter of credit（L/C）　信用证
21. master air way bill　航空主运单
22. multimodal transport document（MTD）　多式联运单据
23. ocean bill of lading　海运提单
24. packing list（P/L）　装箱单
25. railway bill　铁路运单
26. received for shipment B/L　备运提单
27. sea B/L（S-B/L）　船公司签发的提单
28. sea bill　海运提单
29. shipping list　出货单
30. shipping order　装货单
31. warehouse receipt　仓单